JN081260

決算書の読み方

の読み方

［最強の教科書］

決算情報からファクトを掴む技術

公認会計士 吉田有輝

ソシム

はじめに

　ここ最近、会計の基礎知識や、決算書の読み方に関する情報コンテンツが増えてきたこともあり、会計や決算書に興味を持たれる方がかなり増えてきたように感じます。これは会計・ファイナンスに携わっている筆者としても非常に嬉しいことで、多くの方のファイナンシャル・リテラシーを高めるという意味でも、間違いなく社会全体にとってプラスだろうと確信しています。

　ところが、簿記・会計の知識や決算書の読み方についてある程度学ばれた方がほぼ間違いなく直面する壁があります。それが、**理論と実践の間に立ちはだかる高い壁**です。

　簿記や会計の知識を勉強したり、「決算書の読み方」に関する書籍を読むと、どうも決算書を読めるようになった気がしてきます。しかし、会社の実物の決算書を見てみると、途端にどのように読み進めていけばよいのかが分からなくなってしまうのです。また、そもそも複数種類存在する決算資料をどのように活用していけばいいのかも分からない、といった悩みも出てきます。実際にそのような経験をされたことがある方も少なくはないのではないでしょうか？

　筆者自身、学生時代に死に物狂いで勉強して公認会計士試験に合格したときは、「これだけ簿記や会計の勉強をしてきたんだから、決算書も読み解けるようになっているだろう」と思っていました。ところが、実際に色々な会社の決算書を目の前にすると、どこから何を見ればよいのかが全然分からないのです。あれだけ簿記・会計のことを勉強したのに、自分が「決算書が読める状態」とは程遠い場所にいることを知り、大きなショックを受けたことを覚えています（笑）

　それから仕事での財務分析やブログの執筆等を通じて決算書を何度も何度も読み込んでいくうちに、次第に決算書から様々な情報を見つけ出すことができるようになりました。そんな今改めて痛感するのが、「**実践なくして、決算書が読めるようにはならない**」ということです。

とはいえ、何のコツも押さえないままいきなり手探りで読み始めても、本当の意味で「決算書を読める」状態になるまでには、かなり時間がかかってしまうのがオチです。

　そこで本書では、**読者の皆様に、自分で様々な会社の決算書を読み解くチカラを身につけていただく**ということをゴールとして設定しています。

　そのため、単に決算書における財務指標の意味等を解説するのではなく、実際に上場企業が開示している有価証券報告書、決算説明資料、統合報告書等の様々な情報をフルに活用しながら、「数字の裏に隠されたストーリー」を探りにいくというスタンスをとっており、読者の皆様に「なるほど、こういう点に注意しながら読んでいけばいいのか」というイメージを持ってもらいやすいように書き上げています。

　なお、本書はかなり「実践」に主眼を置いた構成となっていることから、「売掛金とは…」といった基礎的な知識については説明していません。そのため、簿記や会計を全く学ばれたことのない方には少し難しく感じるかもしれません。

　とはいえ、高度な専門知識がないと読み進められないのかと言われると、そういうわけではないのでご安心ください。簿記3級程度の知識があればなんなく読み進められるよう、可能な限り分かりやすく説明することを心がけて書き上げております。

　正直なところ、筆者は、決算書が一朝一夕で読めるようになるほど簡単なものだとは全く思っていません。しかし、だからこそ非常に奥が深くて面白いものだと思っています（かくいう筆者も、まだまだ勉強と実践の毎日です）。

　どうしても「無機質でつまらない」と思われがちな決算書ですが、一定程度読めるようになってくると、会社のストーリーを見える化してくれる貴重な書類へと生まれ変わります。

　本書をきっかけに、少しでも多くの方にそのような決算書の魅力を知っていただければ幸いです。

contents

第3章　BSから事業の特性を探り出す

なぜ、メルカリは赤字でも勝負を続けられるのか

第4章 複数事業を手がける会社の 決算書を読み解く

丸井グループの決算書は、 ビジネスの変遷と共にどう変わってきたのか

第5章 決算書から事前に危険を察知する方法

なぜ、スカイマークや江守グループは倒産したのか

第6章　業界ごとの決算書の特徴を知る

住友不動産やファーストリテイリング等の決算書から業界の特性を探る

第7章　M&Aを行った会社の決算書を読み解く

なぜ、日本電産はM&Aで成功し続けたのか

第8章　実践!各企業の決算を読み込んでみよう

ラクスル、ソフトバンクグループの
決算書を深読みする

決算書を読みこなすために
最低限必要な基礎知識

簿記では習わないけど知っておくべきこと

　それでは早速、どんどん決算書を読んでいきましょう！…と言いたいところですが、どんな物事にも必ず「基礎」というものがあります。これは決算書も同じで、基礎をきちんと押さえておかないと、どれだけ実践で決算書を読んでもなかなか会社の実態を見ることはできません。

　そこで第1章では、決算書を読みこなすために最低限必要と思われる基礎知識について、ざっくりと説明していきたいと思います。

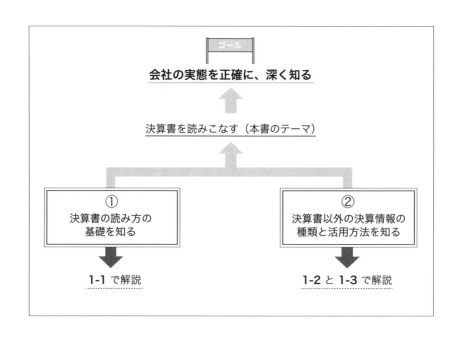

1-1
決算書を読むにあたって、まず知っておくべきこと

✓ BSを読むにあたってのポイントとは？
✓ 財務三表はどのように繋がっているのか？
✓ よく目にする「連結」とはどのような概念なのか？

❖決算書の種類

決算書とは、一般的に以下の書類の総称を指します。

① 貸借対照表（Balance Sheet→BSと略される）
② 損益計算書（Profit and Loss Statement→PLと略される）
③ キャッシュ・フロー計算書（Cashflow Statement→CSと略される）
④ 株主資本等変動計算書（Statement of Shareholder's equity→SSと略される）

これらの書類は、一般的には「決算書」と呼ばれますが、法律上の名称は「財務諸表」や「計算書類」となります。呼び方こそ色々あれど、特に厳密な違いがあるというわけではないので、単純に「決算書＝財務諸表」と思っていただいてOKです。

なお、上記の書類のうち特に重要性が高い①〜③は、「財務三表」とも呼ばれます。本書においても、「決算書」というのは、基本的に上記の書類一式を指していると考えてください。

❖ BSを読むにあたってのポイント

　決算書を読む際に、PLを全く見ないという人はまずいないと思います。一方で、PLだけしか見ないという人は結構多いのではないでしょうか。「とりあえず売上高と利益だけはチェックするけど、他の細かいところは正直見ていない」といった具合です。

　しかし、決算書をしっかり読もうと思ったら、実はPLだけでなく、BSやCSも組み合わせて見ていく必要があります。

　とはいえ、「PLってある程度単純明快で分かりやすいけど、BSやCSはどこをどう見ればいいのかよく分からないんだよね…」という気持ちも分かります。

　そこで、ここではまず簡単にBSを読むにあたってのポイントと、CSを読むにあたってのポイントをざっと整理しておきたいと思います。

　まずはBSからいきましょう。以下に、BSを読む際にポイントとなる事項を挙げてみました。

---

　① 　どのようにキャッシュを調達しているか
　② 　調達したキャッシュを何に投じているか
　③ 　どのようなビジネス上の特徴を持っているか

---

①どのようにキャッシュを調達しているか

　まず、BSの貸方を見て分かるのが、その会社がどのようにキャッシュを調達しているかということです。

　具体的には、負債の部における「有利子負債（借入金や社債等）」と、純資産の部における「資本金、資本剰余金」を見ることで分かります。

　例えば、図1-1-1は東レの19/3期の連結BS（貸方）ですが、19/3月末における有利子負債での調達額が972,422百万円（①合計）、株式での調達額が265,633百万円（②合計）となっていることが分かります。

図1-1-1　東レ_2019年3月期連結BS

（単位：百万円）

	前連結会計年度 （2018年3月31日）		当連結会計年度 （2019年3月31日）	
負債の部				
流動負債				
支払手形及び買掛金	※2,※7	245,550	※2,※7	240,554
短期借入金	※2	135,936	※2	175,567
1年内返済予定の長期借入金	※2	62,974	※2	44,094
コマーシャル・ペーパー		46,000		–
1年内償還予定の社債		229		50,000
未払法人税等		13,966		13,578
賞与引当金		21,531		22,029
役員賞与引当金		226		179
その他	※7	150,084	※7	150,492
流動負債合計		676,496		696,493
固定負債				
社債		241,264		290,000
長期借入金	※2	326,393	※2	412,761
繰延税金負債		31,387		48,758
役員退職慰労引当金		1,220		1,337
退職給付に係る負債		101,786		100,730
その他		28,176		24,328
固定負債合計		730,226		877,914
負債合計		1,406,722		1,574,407
純資産の部				
株主資本				
資本金		147,873		147,873
資本剰余金		117,572		117,760
利益剰余金		763,504		817,263
自己株式		△20,631		△20,358
株主資本合計		1,008,318		1,062,538
その他の包括利益累計額				
その他有価証券評価差額金		74,290		64,662
繰延ヘッジ損益		△901		75
為替換算調整勘定		4,830		896
退職給付に係る調整累計額		4,158		2,862
その他の包括利益累計額合計		82,377		68,495
新株予約権		1,334		1,338
非支配株主持分		77,159		81,573
純資産合計		1,169,188		1,213,944
負債純資産合計		2,575,910		2,788,351

出所：東レ_2019年3月期有価証券報告書

これを見ると、「有利子負債がそれなりに大きいな。ということは、本業で出てくるCFだけでなく、借入資金も活用して積極的な投資を行っているということかな？」と推測することができます。

逆に、資本金や資本剰余金の金額がかなり大きい一方で有利子負債が小さければ、その会社がこれまで主に株式の発行等による資金調達を行なってきたということが分かります。

このようなパターンは、IPO（新規上場）をして間もない会社によく見られます。最近は、IPO前から既にVCをはじめとした投資家から大規模な資金調達を行なっている、というケースがよくあるためです。

図1-1-2　チャットワーク2019年6月期BS

（単位：千円）

	当第2四半期会計期間 （2019年6月30日）
負債の部	
流動負債	
未払金	144,584
未払費用	69,800
未払法人税等	30,262
前受金	201,595
その他	58,128
流動負債合計	504,371
負債合計	504,371
純資産の部	
株主資本	
資本金	914,138
資本剰余金	899,998
利益剰余金	△1,238,677
株主資本合計	575,459
純資産合計	575,459
負債純資産合計	1,079,831

出所：チャットワーク_新規上場申請のための有価証券報告書

　例えば、2019年9月に上場したチャットワークはその典型例で、BSを見ると、有利子負債はゼロである一方で資本金と資本剰余金の合計額がかなり大きくなっていることが分かりますよね（図1-1-2）。

　また、有利子負債もなければ、資本金も資本剰余金も小さい会社もあります。このようなパターンは歴史の長い安定した大企業によく見られます。
　こういう会社は、本業で生じるキャッシュフローのみで投資に必要となる資金を十分賄えているため、そもそも外部から資金調達を行う必要がないと考えられるのです。その分、利益剰余金は大きく膨らんでいる傾向にあります。ちなみに、このパターンに当てはまる典型例としては、キーエンスや任天堂が挙げられます。

　このように、BSの貸方から調達状況を見るだけで、その会社がエクイティ（資本）かデット（負債）のどちらを活用して調達しているのか、もしくは本業から潤沢なキャッシュが生まれているために、そもそも資金調達を行っていないのか等が分かります。

②そのキャッシュを何に投じているか

　では、調達してきたキャッシュは、一体何に使われているのでしょうか？
　今度は借方の資産項目を見てみることで、調達したキャッシュが何に使われているのかを見ていきます。次ページの図1-1-3は、東レの連結BSの借方です。

図1-1-3 東レ_2019年3月期連結BS

(単位：百万円)

		前連結会計年度 (2018年3月31日)		当連結会計年度 (2019年3月31日)
資産の部				
流動資産				
現金及び預金	※2	141,101	※2	168,507
受取手形及び売掛金	※7	489,549	※7	531,058
商品及び製品		248,513		228,480
仕掛品		92,501		85,880
原材料及び貯蔵品		98,659		105,167
その他	※7	58,739	※7	74,517
貸倒引当金		△2,037		△2,280
流動資産合計		1,127,025		1,191,329
固定資産				
有形固定資産				
建物及び構築物		631,681		651,084
減価償却累計額		△354,530		△364,855
建物及び構築物（純額）		277,151		286,229
機械装置及び運搬具		1,902,003		1,989,553
減価償却累計額		△1,479,810		△1,531,879
機械装置及び運搬具（純額）		422,193		457,674
土地		78,370		77,687
建設仮勘定		120,514		143,847
その他		115,121		121,512
減価償却累計額		△86,320		△90,073
その他（純額）		28,801		31,439
有形固定資産合計	※2	927,029	※2	996,876
無形固定資産				
のれん		40,146		85,712
その他		28,501		85,537
無形固定資産合計		68,647		171,249
投資その他の資産				
投資有価証券	※1,※2	353,091	※1,※2	333,670
長期貸付金		1,447		2,477
繰延税金資産		21,539		21,978
退職給付に係る資産		28,812		24,440
その他	※1,※2	51,281	※1,※2	49,113
貸倒引当金		△2,961		△2,781
投資その他の資産合計		453,209		428,897
固定資産合計		1,448,885		1,597,022
資産合計		2,575,910		2,788,351

出所：東レ_2019年3月期有価証券報告書

　調達したキャッシュが何に使われているのか（あるいは、使われずに現預金として残っているのか）は、基本的には有形固定資産、無形固定資産、投資有価証券等を見ていただければOKです。

　東レの場合だと、やはり機械装置をはじめとした有形固定資産に多額のキャッシュが投じられていることが分かりますね。また、意外と投資有価証券を多く保有しているということも分かります。

　ただし、調達したキャッシュはBSだけでなく、PLに行くこともあります。極端な話、例えば銀行から1億円を借りてきて、それを全て広告宣伝投資に注ぎ込んだとしたら、BSの借方には何も表れず、全てPLの販管費として計上されますよね。そのため、必ずしもBSの借方だけを見れば運用状況が分かるわけではないという点に注意してください。

　ちなみに、流動資産に計上されている売掛金等は、運用状況を表しているというよりかは、「運転資本」といって、本業におけるお金の出入りとPLの動きの間のズレを表すものだと言えます（例えば、運転資本の1つである売掛金は、PLでは売上計上されているものの、まだお金は入ってきていないときに計上されるものですよね）。

　そのため、売掛金等の項目は、こと「キャッシュの使い途を見る」という観点からはあまり着目しなくても大丈夫です。

③どのようなビジネス上の特徴を持っているか

　BSには、その会社のビジネスの特徴がはっきりと表れます。

　例えば、営業利益率50％超という驚異的な収益性の高さを誇るキーエンスのBS（資産）を見てください。

図1-1-4　キーエンス_2019年6月期連結BS

（単位：百万円）

	前連結会計年度 （2019年3月20日）	当第1四半期連結会計期間 （2019年6月20日）
資産の部		
流動資産		
❶　現金及び預金	468,206	434,833
受取手形及び売掛金	169,342	154,596
❶　有価証券	394,999	332,502
たな卸資産	38,349	40,013
その他	7,834	7,774
貸倒引当金	△347	△327
流動資産合計	1,078,383	969,393
固定資産		
❷　有形固定資産	24,443	24,968
無形固定資産	5,888	5,826
投資その他の資産		
❶　　投資有価証券	557,368	671,076
その他	9,890	10,002
貸倒引当金	△61	△61
投資その他の資産合計	567,197	681,017
固定資産合計	597,529	711,812
資産合計	1,675,913	1,681,205

出所：キーエンス_2020年3月期第1四半期報告書

　これを見ると、資産の内容はほとんど現預金、有価証券、投資有価証券といった事業とは直接関連性のないものであることが分かります（図中①）。

　一方で、有形固定資産は資産規模と比較してかなり小さくなっていますよね（図中②）。これが「ファブレス（自社で工場（Fab）を持たずに（Less）経営活動を行うこと）」と言われる所以ですね。

　そのため、キーエンスは一般的なメーカーのビジネスモデルとは異なり、とにかく製品を安く買って高く売ることでキャッシュを稼ぎまくるという、PL型のビジネスを行なっていることが分かります。

　では、国内一の売上規模を誇る高炉鉄鋼メーカー、日本製鉄（旧新日鐵住金）の資産の内訳はどうなっているでしょうか。

図1-1-5　日本製鉄_2019年6月期連結BS

（単位：百万円）

	注記番号	前連結会計年度 （2019年3月31日）	当第1四半期連結会計期間 （2019年6月30日）
資産			
流動資産			
現金及び現金同等物		163,176	185,370
営業債権及びその他の債権		968,333	847,906
棚卸資産		1,567,116	1,626,949
その他の金融資産	11	16,915	23,035
その他の流動資産		143,669	143,567
流動資産合計		2,859,211	2,826,829
非流動資産			
有形固定資産		3,246,669	3,203,126
使用権資産		−	78,450
のれん		52,803	52,137
無形資産		106,131	102,784
持分法で会計処理されている投資		793,146	791,835
その他の金融資産	11	812,668	770,842
退職給付に係る資産		82,247	84,520
繰延税金資産		88,357	92,926
その他の非流動資産		8,292	8,297
非流動資産合計		5,190,316	5,184,922
資産合計		8,049,528	8,011,751

出所：日本製鐵_2020年3月期第1四半期報告書

　日本製鉄が製造する鉄鋼は、製造するのにかなり時間がかかることから、棚卸資産がかなり大きくなっています。また、製造を行うために巨大な製造工場や機械装置が必要となるため、有形固定資産もかなり大きくなっていますね。これは、典型的な製造業のBSに近いと言えます。

　この他にも、例えばクレジットカード会社は売上債権がかなり大きくなる傾向にある一方で、外食ビジネスや小売店を展開する会社の売掛金は小さくなる傾向にありますし、積極的にM＆Aを行う会社はのれんが大きくなる傾向にあります。

　このように、BSにはその会社の事業活動状況やビジネスモデルの特徴が如実に現れてくるのです。

「決算書を読む」というと、総じてPLに焦点が当てられがちですが、BSを見にいくことも非常に大切だということを、まずは押さえていただきたいと思います。

❖CSを読むにあたってのポイント

次に、CSを見る際のポイントをまとめてみました。

---

① 営業CFと営業利益に大きな差がないか(ある場合、その要因は何か)
② CSの形態がどのようなパターンになっているか

それぞれ見ていきましょう。

①営業CFと営業利益に大きな差がないか

まず、CSにおける「営業活動によるキャッシュ・フロー(営業CF)」とPLにおける「営業利益」に大きなズレがないかを確認することが挙げられます。

詳しくは第3章で述べますが、例えば、期末日に200円を売り上げて、代金は2ヶ月後に受け取ることとなっていた場合、当期のPL上は売上げた段階で利益が計上されますが、実際にキャッシュが入ってくるのは翌期になりますよね。このように、PLの利益の動きとキャッシュの動きがズレることは往々にしてあるのです。

また、「PLは意見、キャッシュは事実」とも言われるように、キャッシュの動きは嘘をつかない一方で、PLはある程度会社の裁量によって操作することも可能なのです。もちろん、意図的に利益を操作することは粉飾決算にあたるため違法ですが、如何せん株式市場が「PLの利益」を重視する文化がまだまだ根強いため、未だに粉飾決算を行う事例は後を絶ちません。

そのため、PLにおける営業利益と、CSにおける営業CFの金額に大きな差がある場合、なぜそのような差が生じているのかを明らかにする必要があります。

第5章の1節でも少し触れていますが、特に営業利益がかなり良くなっているのに営業CFがずっとマイナスとなっている場合は、実態よりPLの数字がよく見えているだけかもしれないので、注意するべきだと言えます。

例えば、2018年の秋頃に、イケイケドンドンだと思われていたRIZAPが、実は危機的な状況に陥っていたことが突如明らかになりましたが、RIZAPも営業利益と営業CFの間に大きな乖離が生じていました（RIZAPの事例については、筆者のブログ「会計士の気まぐれ日記」の「RIZAPの決算を分析してみた」というエントリーに詳細を書いているので、是非ご一読ください）。

このように、営業利益と営業CFのズレに注視していると、何か異変が起きていたときに一足早く気づくことができるかもしれないので、必ずチェックしておきましょう。

②CSの形態がどのようなパターンになっているか

CSは、本業から生じる営業CF、設備投資や有価証券の取得、売却等の投資活動から生じる投資CF、借入や増資による資金調達、配当の支払等の財務CFに分類されることはご存知の方も多いかもしれませんが、この他にも、CSは会社の「経営姿勢」や「財務状況」が如実に現れるところだと言えます。

第2章でも触れていますが、例えば本業がおぼつかないなかで資金繰りに喘いでいる場合、持っている資産を片っ端から売り払って銀行からお金を借りるはずです。その場合は、営業CFがマイナス、投資CFがプラス、財務CFがプラスになることが多くなります。

つまり、CSを見ることで、ある程度会社が今どのような経営状態にある

のかが見えてくるのです。この動きは、幾つかのパターンに分類することができるので、それぞれの動きのパターンを参考にしてもいいでしょう。

このパターンについては、第2章の図2-2-2に詳細を記載しているので、そちらを参照してみてください。

❖ 財務三表はどのように繋がっているのか

さて、PL以外にもBSとCSが重要だと言ってきましたが、この財務三表はそれぞれ独立した資料だというわけではなく、互いに連動しています。そしてこの連動性こそが、複式簿記の凄さだとも言えるし、決算書を読みこなす上で理解しておくことが欠かせないものだと言えるのです。

では、具体的に財務三表はどのように連動しているのでしょうか？

イメージがつきやすいように、簡単な取引事例と、各取引後の財務三表を表示してみます。どのように財務三表が連動しているかに注目してみてください。

まず、Aさんが起業して、X社を資本金500円で設立したとします。このときの財務三表は次のようになります。

　Aさんはその後、営業用の車両を100円で買いました。また、販売用の商品を現金200円で仕入れました。

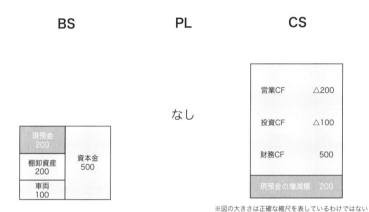

※図の大きさは正確な縮尺を表しているわけではない

　Aさんは、200円で仕入れた商品を300円で販売しました。なお、代金は掛けとしたため、入金されるのは2ヶ月後です。

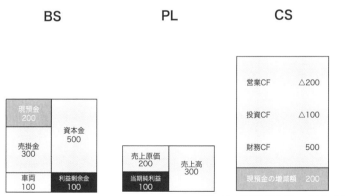

※図の大きさは正確な縮尺を表しているわけではない

ここで初めて、PLに売上高と売上原価が反映されてきます。また、BS にも利益剰余金が現れてきていることが分かりますね。

Aさんは、事業を加速させるため、銀行から500円の借入を行いました。

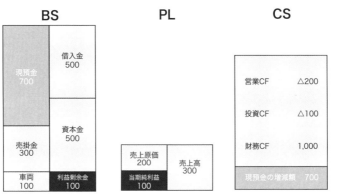

※図の大きさは正確な縮尺を表しているわけではない

Aさんは、500円で機械装置を購入しました。また、社長である自分自身に対する役員報酬を50円支払いました。

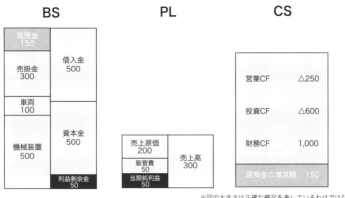

※図の大きさは正確な縮尺を表しているわけではない

　たったこれだけの取引でも、最初の財務三表から随分様変わりしました
よね。実際には、会社の取引内容は開示されないので、財務三表だけを見
てどのような取引が行われたのかということを想像するわけです。

　このような財務三表の連動が理解できていると、最後の財務三表を見た
ときに、

　「ふむふむ、この会社は500円ずつをデットとエクイティで調達して、車
両に100円、機械装置に500円使っているのか。で、原価200円のものを
300円で売り上げて、人件費を差し引いて50円の利益が出ているのだな。
ただ、まだ売上金は入金されてきていないから、営業CFはマイナスになっ
ているのか」

　といったように、背後で起きている取引について想像を張り巡らせるこ
とができます。こうなると、単なる勘定科目と数字の羅列にしか見えなかっ
た決算書が、様々なストーリーを想起させてくれる超重要な資料へと変わ
ります。なので、まずは財務三表の連動性を理解した上で、BS、PL、CS
を同時に読むというクセをつけるようにすることをオススメします。

❖「連結」って何？

　実際の決算書を見ていると、「連結貸借対照表」とか「連結損益計算書」
等、「連結」という言葉がついていることがよくあります。
　このように、当たり前に使われている「連結」という言葉は一体何なの
でしょうか。ここでは、かなりざっくりですが、連結財務諸表の概念を説
明しておきます。
　連結財務諸表というのは、複数の会社の財務諸表を合算して作成した、
企業集団全体の財務諸表のことを指します。

ここでいう企業集団とは、親会社と子会社のことを指します。子会社とは、厳密には少し細かいルールが設けられているのですが、一旦「議決権を特定の会社に50％超持たれている会社」と考えていただいてOKです。そして、このような子会社を支配している会社を、親会社と呼びます。

　また、議決権比率が20％以上50％以下の会社は、「関連会社」と呼ばれます。

図1-1-6　親会社、子会社、関連会社の関係図

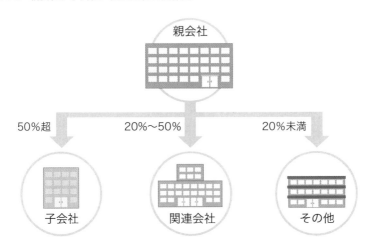

出所：筆者作成（なお、厳密には子会社と関連会社の判定規準は議決権比率以外にも存在するが、便宜上ここでは度外視している）

　子会社に該当する会社については、基本的には全ての財務諸表が合算されます。資産、負債、損益の全てがそのまま合算されるのです。たとえ議決権比率が100％でなくても、子会社の財務諸表が100％連結財務諸表に取り込まれる、という点がポイントです。

　なお、親会社の議決権比率が100%未満の場合、親会社の他にも子会社の株主が存在しますよね。この、親会社以外の子会社の株主のことを、「非支配株主」と呼びます。

図1-1-7　非支配株主

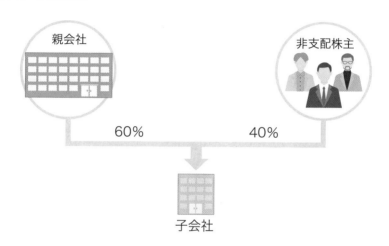

出所：筆者作成

　連結PLを見ると、当期純利益の内訳として「親会社株主に帰属する当期純利益」と「非支配株主に帰属する当期純利益」という項目があります。これは、子会社の計上する当期純利益を親会社株主に帰属する分と非支配株主に帰属する分に分けて記載していることによるものです。

図1-1-8　親会社に帰属する当期純利益と、非支配株主に帰属する当期純利益

	（単位：百万円）	
	前連結会計年度 （自 2017年4月1日 至 2018年3月31日）	当連結会計年度 （自 2018年4月1日 至 2019年3月31日）
当期純利益	103,180	87,788
非支配株主に帰属する当期純利益	7,265	8,415
親会社株主に帰属する当期純利益	95,915	79,373

出所：東レ_2019年3月期有価証券報告書

例えば、親会社の子会社に対する議決権比率が60%である場合に、子会社の当期純利益が100となったら、親会社株主に帰属する当期純利益が60、非支配株主に帰属する当期純利益が40と記載されるということです。

　親会社株主に帰属する当期純利益と当期純利益が大きく乖離することはあまりありませんが、仮に両者が大きく乖離している場合、基本的には「親会社株主に帰属する当期純利益」の方を当期純利益として考えていただいて大丈夫です。

　さて、子会社の場合は、資産も負債も損益も全てそのまま連結財務諸表に取り込むと述べましたが、関連会社の場合は、子会社のように財務諸表を100%取り込むといったことはせず、「持分法」という方法で連結財務諸表に取り込まれることになります。

　持分法の場合、子会社のように財務諸表は合算されず、損益を連結PLの「持分法による投資損益」として、持分 ※ を連結BSの「投資有価証券」として計上することとなります。

図1-1-9　持分法による投資損益

（単位：百万円）

	前連結会計年度 （自 2017年4月1日 至 2018年3月31日）		当連結会計年度 （自 2018年4月1日 至 2019年3月31日）	
売上高		2,204,858		2,388,848
売上原価	※1,※3	1,748,017	※1,※3	1,935,486
売上総利益		456,841		453,362
販売費及び一般管理費	※2,※3	300,377	※2,※3	311,893
営業利益		156,464		141,469
営業外収益				
受取利息		1,384		2,294
受取配当金		3,838		4,589
持分法による投資利益		9,221		9,619
雑収入		4,607		5,395
営業外収益合計		19,050		21,897

出所：東レ_2019年3月期有価証券報告書

※基本的には、投資先の会社の純資産に持分比率を乗じた金額であると考えていただいて問題ありません（厳密にはイコールになるわけではありませんが、本書では詳細な説明は割愛します）。

このように、特定の勘定科目を用いて連結財務諸表に取り込むため、この持分法は「一行連結」と呼ばれたりもします（ちなみに、子会社を連結することは「全部連結」と呼びます）。

例えば、投資会社の関連会社に対する議決権比率が30%である場合に、関連会社の当期純利益が100となったら、連結PLの「持分法による投資利益」は30になります。

また、このとき、持分の増加に応じて連結BSの「投資有価証券」も30増えることとなります。

具体的な子会社の連結の仕方や持分法については、説明すると少し長くなるので本書では割愛しますが、とにかく、子会社は財務諸表の100%がそのまま取り込まれ、関連会社は議決権比率に対応する部分のみが「持分法による投資損益」と「投資有価証券」として取り込まれる、ということだけは覚えておいてください。

1-1のまとめ

- BSは、①どのようにキャッシュを調達しているか、②そのキャッシュを何に投じているか、③どのようなビジネス上の特徴を持っているかを確認する
- CSは、①営業CFと営業利益に大きな差がないか（ある場合、その要因は何か）、②CSの形態がどのようなパターンになっているかを確認する
- 財務三表の繋がりを理解することで、背景にある取引の流れが理解できるようになる
- 連結財務諸表上、子会社は財務諸表の100%が取り込まれ、関連会社は議決権比率に対応する部分のみが「持分法による投資損益」と「投資有価証券」として取り込まれる

1-2
決算情報の種類と読み進め方

ポイント

✓ 決算情報にはどのような種類があるのか？
✓ それらはどこに格納されているのか？
✓ それぞれの資料をどのように活用すれば良いのか？

❖ 決算書を見るだけでは足りない？

1-1で決算書を読む際の基礎知識を見てきましたが、実は本当の意味で「決算書を読みこなす」ためには、決算書だけを見ているのでは不十分だと言えます。

というのも、決算書には勘定科目と数字だけが記載されていますが、それを補完するその他の決算情報も駆使しながら決算書を見ることで、より会社の実態が見えてくるのです。

そのため、本書でいう「決算書を読む」というのは、単に決算書だけを読み進めていくだけではなく、決算書以外の様々な決算情報もうまく活用しながら、決算書を見ていく、ということを意味しています。

これらの決算情報は幾つか種類があり、それぞれに特徴があります。ここからは、決算情報の種類や、それぞれの情報がどこから見つけられるのかを説明したいと思います。

❖ 決算情報の種類

まず、上場会社の決算情報は、大きく次の4つに分類することができます。

- **・決算書が載っているもの**
①有価証券報告書・四半期報告書
②決算短信

- **・決算書が載っていないもの**
③決算説明資料
④その他（統合報告書やファクトブック等）

①有価証券報告書・四半期報告書

　有価証券報告書は、全ての上場企業が年に1回財務局へ提出・公表する財務書類です。決算書はもちろん、会社の沿革や事業の内容、役員や大株主の構成等実に様々な情報が記載されていることから、情報量が最も多い資料となっています。

　なお、3ヶ月毎に提出される書類は「四半期報告書」といい、情報量としては後述する決算短信と同程度となります。

　有価証券報告書に記載される財務諸表は、監査法人による監査対象となります。そのため、末尾には必ず監査法人が発行する「監査報告書」が添付されており、そこから財務諸表が適正であるかどうかに関する監査法人の意見を確認することができます（これを、「監査意見」と呼びます）。

　監査意見には、無限定適正意見、限定付適正意見、意見不表明、不適正意見の4種類が存在するのですが、ほとんどの場合は無限定適正意見となっており、逆にそれ以外の意見の場合は相当警戒するべきだと言えます。

　監査意見の種類は、監査報告書の末尾にある「監査意見」を見ることで分かるようになっているので、念のためここは目を通しておきましょう。

図1-2-1　東レ_有価証券報告書

有 価 証 券 報 告 書

第138期

$$\left(\begin{array}{l}\text{自　2018年4月1日}\\\text{至　2019年3月31日}\end{array}\right)$$

東レ株式会社

東京都中央区日本橋室町二丁目1番1号

E00873

出所：東レ_2019年3月期有価証券報告書

②決算短信

　決算短信は、全ての上場企業が四半期毎、及び年度末に証券取引所へ提出する書類です。決算短信には、決算書や業績に関する説明、業績予想等が記載されています。

図1-2-2　東レ_決算短信

2019年3月期 決算短信〔日本基準〕（連結）

2019年5月14日

上場会社名　東レ株式会社　　　　　　　　　　　　　　　　　　上場取引所　　東
コード番号　3402　　URL www.toray.co.jp
代表者　　　（役職名）代表取締役社長　　　　　（氏名）日覺 昭廣
問合せ先責任者（役職名）広報室長　　　　　　　（氏名）松村 俊紀　　　　TEL 03-3245-5178
定時株主総会開催予定日　2019年6月25日　　　　配当支払開始予定日　2019年6月26日
有価証券報告書提出予定日　2019年6月25日
決算補足説明資料作成の有無　：　有
決算説明会開催の有無　　　　：　有　（証券アナリスト・機関投資家向け）

（百万円未満四捨五入）

1. 2019年3月期の連結業績（2018年4月1日～2019年3月31日）

（1）連結経営成績　　（%表示は対前期増減率）

	売上高		営業利益		経常利益		親会社株主に帰属する当期純利益	
	百万円	%	百万円	%	百万円	%	百万円	%
2019年3月期	2,388,848	8.3	141,469	△9.6	134,518	△11.7	79,373	△17.2
2018年3月期	2,204,858	8.8	156,464	6.5	152,305	6.0	95,915	△3.5

（注）包括利益　2019年3月期　72,576百万円（△31.1%）　2018年3月期　105,328百万円（3.3%）

	1株当たり当期純利益	潜在株式調整後1株当たり当期純利益	自己資本当期純利益率	総資産経常利益率	売上高営業利益率
	円 銭	円 銭	%	%	%
2019年3月期	49.61	49.56	7.1	5.0	5.9
2018年3月期	59.97	59.90	9.1	6.1	7.1

（参考）持分法投資損益　2019年3月期　9,619百万円　2018年3月期　9,221百万円

（2）連結財政状態

	総資産	純資産	自己資本比率	1株当たり純資産
	百万円	百万円	%	円 銭
2019年3月期	2,788,351	1,213,944	40.6	706.95
2018年3月期	2,575,910	1,169,188	42.3	681.92

（参考）自己資本　2019年3月期　1,131,033百万円　2018年3月期　1,090,695百万円

（3）連結キャッシュ・フローの状況

	営業活動によるキャッシュ・フロー	投資活動によるキャッシュ・フロー	財務活動によるキャッシュ・フロー	現金及び現金同等物期末残高
	百万円	百万円	百万円	百万円
2019年3月期	176,239	△260,247	118,891	173,078
2018年3月期	129,180	△186,685	61,773	134,315

2. 配当の状況

	年間配当金					配当金総額（合計）	配当性向（連結）	純資産配当率（連結）
	第1四半期末	第2四半期末	第3四半期末	期末	合計			
	円 銭	円 銭	円 銭	円 銭	円 銭	百万円	%	%
2018年3月期	－	7.00	－	8.00	15.00	24,004	25.0	2.3
2019年3月期	－	8.00	－	8.00	16.00	25,611	32.3	2.3
2020年3月期(予想)	－	8.00	－	8.00	16.00		27.5	

3. 2020年3月期の連結業績予想（2019年4月1日～2020年3月31日）

（%表示は、通期は対前期、四半期は対前年同四半期増減率）

	売上高		営業利益		経常利益		親会社株主に帰属する当期純利益		1株当たり当期純利益
	百万円	%	百万円	%	百万円	%	百万円	%	円 銭
第2四半期(累計)	1,210,000	1.6	70,000	△9.9	67,000	△13.4	39,000	△19.6	24.38
通期	2,530,000	5.9	160,000	13.1	155,000	15.2	93,000	17.2	58.13

情報量は有価証券報告書より劣りますが、決算短信は決算が発表されてから一番最初に決算書を見ることができる、速報性を重視した書類です。なお、決算短信は、監査法人の監査対象とはならないため、監査法人と会計処理について折り合いがつかない状態のまま開示されることがあります。そのため、特に四半期報告書や有価証券報告書の開示が遅れている場合は、決算短信の数字は懐疑的に見た方が良いと言えます。

③決算説明資料

決算説明資料は、会社が独自で作成する決算の説明資料で、多くの場合、パワポ形式で作成されています。

図1-2-3　東レ_決算説明資料

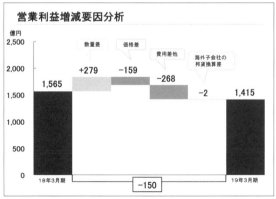

　特に法令上開示が要求されているわけではないため、全ての上場企業が公表しているわけではなく、また情報量や構成、フォーマットは会社毎に異なりますが、有価証券報告書や決算短信からは見つからない情報が記載されていることもあります。

④その他

　上記①〜③の資料とは別に、統合報告書やファクトブック等の資料が開示されていることもあります。これらは作成に結構な時間とコストがかかるため、社内に豊富なリソースがある大企業が公表している傾向にあります。

図1-2-4　東レ_統合報告書

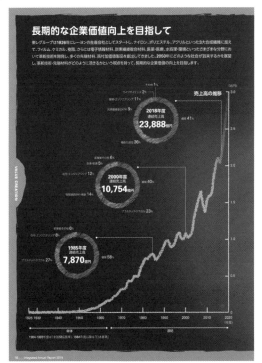

出所：東レ_統合報告書2019年3月期

中でも、「統合報告書」は、財務情報だけでなく、会社のミッション・ビジョンや、長期的な戦略等の非財務情報を含めた非常に豊富な情報が記載されています。

　なお、ここまで紹介してきた決算情報は、各社のHPに掲載されている「IR情報」から確認することができます。また、「株主プロ」や「決算プロ」等の、決算情報がまとめられているサイトもあるので、各社のHPへアクセスしなくてもこういったサイトから有報や決算短信を閲覧することが可能です。

❖決算説明資料を鵜呑みにしてはいけない理由

　どこまで詳細な情報が開示されているかは会社毎に異なるため、一概には言えませんが、複数存在する決算資料を上手く活用することでより深く決算情報を読み込んでいくことが可能となります。

　ここで注意していただきたいのが、決算説明資料はバイアスがかかった記載がなされていることが多いということです。

　当然ながら、会社は決算説明資料を読む投資家等にいい印象を持ってもらいたいし、少なくとも出来るだけ悪い印象は持ってほしくないと思っています。

　そのため、業績が伸びているときは売上の伸び等を積極的にアピールし、会社の状態がイマイチのときは、それがバレてしまうような情報や文章は極力載せないようする、なんてことが往々にしてあります。

　つまり、決算説明資料に書いてあることをそのまま鵜呑みにしてしまうのは、少し危険だと言えるのです。

　一方で、有価証券報告書や決算短信に記載されている情報は、決算説明資料とは異なり、記載事項がある程度決められているため、相対的にバイアスがかかっていない情報を見ることができます（もちろん粉飾決算が行われている可能性もありますし、全くバイアスがかかっていないというわけではありませんが…）。

　そのため筆者は、あくまで有価証券報告書や決算短信等にある情報をベースとして読み込み、更に深掘りしていくために決算説明資料や統合報告書も読むというスタンスで決算書を読んでいくことを勧めています。

　特に、有価証券報告書は「会社情報の宝庫」といっても過言ではなく、決算分析に際しては必ず目を通しておくべき資料だと言えます。

　そこで、次節では、決算資料の中でも特に重要性の高い「有価証券報告書」を最大限活用するための基礎知識を押さえていきたいと思います。

1-2のまとめ

・決算情報には、①有価証券報告書、②決算短信、③決算説明資料、④その他、の4種類がある
・決算情報は、会社のHPから簡単に閲覧することができる
・決算説明資料は、バイアスがかかった記載がなされていることがある

1-3
有価証券報告書の構成と読むべきポイント

ポイント

✓ 有価証券報告書の構成はどのようになっているか？
✓ 結局押さえるべきポイントはどこなのか？

❖ 有価証券報告書の構成

　1-2で、有価証券報告書（有報と略されます）は会社情報の宝庫であると述べましたが、宝庫とあるだけに非常にボリューミーな内容となっています。
　図1-3-1は、東レの有報の目次です。

　なんだか小難しそうな雰囲気が出ているし、そっと閉じたくなるようなボリュームですよね。
　でも安心してください。何も有報の内容を隅から隅まで全て読み込む必要はなく、押さえておくべき点はある程度限られています。
　ここからは、決算書が掲載されている「第5 経理の状況」以外の箇所で、特に押さえておくべき点を説明していきたいと思います。

図1-3-1　東レ_有価証券報告書（目次）

目　　　　次

頁

第138期　有価証券報告書

【表紙】 …… 1

第一部　【企業情報】 …… 2

第１　【企業の概況】 …… 2

1　【主要な経営指標等の推移】 …… 2

2　【沿革】 …… 4

3　【事業の内容】 …… 6

4　【関係会社の状況】 …… 8

5　【従業員の状況】 …… 11

第２　【事業の状況】 …… 12

1　【経営方針、経営環境及び対処すべき課題等】 …… 12

2　【事業等のリスク】 …… 13

3　【経営者による財政状態、経営成績及びキャッシュ・フローの状況の分析】 …… 15

4　【経営上の重要な契約等】 …… 19

5　【研究開発活動】 …… 20

第３　【設備の状況】 …… 22

1　【設備投資等の概要】 …… 22

2　【主要な設備の状況】 …… 23

3　【設備の新設、除却等の計画】 …… 25

第４　【提出会社の状況】 …… 26

1　【株式等の状況】 …… 26

2　【自己株式の取得等の状況】 …… 34

3　【配当政策】 …… 35

4　【コーポレート・ガバナンスの状況等】 …… 36

第５　【経理の状況】 …… 54

1　【連結財務諸表等】 …… 55

2　【財務諸表等】 …… 105

第６　【提出会社の株式事務の概要】 …… 118

第７　【提出会社の参考情報】 …… 119

1　【提出会社の親会社等の情報】 …… 119

2　【その他の参考情報】 …… 119

第二部　【提出会社の保証会社等の情報】 …… 120

監査報告書

2019年３月連結会計年度 …… 121

2019年３月会計年度 …… 125

内部統制報告書

決算書が載っている箇所

確認書

出所：東レ_2019年3月期有価証券報告書

❖「第1企業の概況」から、会社の概要をチェックする

　有報の冒頭部分には、「第1企業の概況」が記載されています。ここで筆者が必ず見るのが「主要な経営指標の推移」、「沿革」、「事業の内容」です。

　まず、主要な経営指標の推移は、以下のようになっています。

図1-3-2　東レ_主要な経営指標等の推移

1　【主要な経営指標等の推移】
（1）連結経営指標等

回次		第134期	第135期	第136期	第137期	第138期
決算年月		2015年3月	2016年3月	2017年3月	2018年3月	2019年3月
売上高	（百万円）	2,010,734	2,104,430	2,026,470	2,204,858	2,388,848
経常利益	（百万円）	128,572	150,170	143,736	152,305	134,518
親会社株主に帰属する当期純利益	（百万円）	71,021	90,132	99,418	95,915	79,373
包括利益	（百万円）	191,127	12,890	101,958	105,328	72,576
純資産額	（百万円）	1,080,757	1,024,909	1,100,176	1,169,188	1,213,944
総資産額	（百万円）	2,357,925	2,278,386	2,396,785	2,575,910	2,788,351
1株当たり純資産額	（円）	616.70	591.50	638.64	681.92	706.95
1株当たり当期純利益	（円）	44.33	56.38	62.17	59.97	49.61
潜在株式調整後1株当たり当期純利益	（円）	44.28	56.31	62.10	59.90	49.56
自己資本比率	（％）	41.8	41.5	42.6	42.3	40.6
自己資本利益率	（％）	7.7	9.3	10.1	9.1	7.1
株価収益率	（倍）	22.7	17.0	15.9	16.8	14.2
営業活動によるキャッシュ・フロー	（百万円）	141,282	196,142	173,958	129,180	176,239
投資活動によるキャッシュ・フロー	（百万円）	△140,662	△154,414	△135,242	△186,685	△260,247
財務活動によるキャッシュ・フロー	（百万円）	△9,998	△77,605	△18,018	61,773	118,891
現金及び現金同等物の期末残高	（百万円）	112,489	109,778	131,405	134,315	173,078
従業員数	（人）	45,789	45,839	46,248	45,762	48,320

出所：東レ_2019年3月期有価証券報告書

　基本的に、決算書には2期分の数字しか記載されないのですが、ここでは5期分の数字が記載されているので、長期的にその会社の業績がどのようなトレンドで推移してきているのかがざっくりと確認できます。

　ここで5年間のトレンドを見たら、次に「沿革」を確認します。ここには会社の設立から現在までに至る歴史が記載されているのですが、目を通すのが面倒臭い場合でも「いつ設立されたか」は必ずチェックしてください。

　というのも、設立からどれくらい経っている会社なのかで成長フェーズが全く異なるためです。例えば、設立から50年以上経っている会社の売上高が毎年2%ずつしか成長していなくてもそこまで問題とはならないかもしれませんが、設立から5年しか経っていない会社の場合だと「早くも頭打ちか？」等の問題意識を持つことができますよね。

　その他にも、「いつ何の事業を開始しているか」や、「いつどんな会社を買収してきたのか」等についても、目を通しておくことをオススメします。

　次に必ず見ておくべき項目として、「事業の内容」が挙げられます。ここでは、会社がどのような事業を展開しているのか記載されています。

　ポイントは、どの会社が、どんなサービスを、どのように提供しているのかを理解することが重要だと言う点です。

　第6章で詳しく触れますが、決算書の数字は業種によって大きく変わってきます。決算書を読むときは、前提としてその会社の事業内容やビジネスモデルを理解しておくことが不可欠になってくるので、この「事業の内容」から、会社がどのような事業を行っているのかをざっくりと理解しておきましょう。

図1-3-3　東レ_事業の内容（一部抜粋）

3　【事業の内容】
　当社グループ(当社及び当社の関係会社)が営んでいる主な事業内容と、当社及び当社の関係会社304社(子会社261社・関連会社43社、2019年3月31日現在)の当該事業に係る位置付けは、次のとおりである。本事業内容の区分は、「第5　経理の状況　1　連結財務諸表等　(1)連結財務諸表　注記事項」に掲げるセグメント情報における事業区分と同一である。

繊維事業：
　連結財務諸表提出会社(以下、東レ㈱という)は、合成繊維製品(糸・綿・織編物・人工皮革等)の製造・販売を行っている。一村産業㈱(連結子会社)、丸佐㈱(連結子会社)、東レインターナショナル㈱(連結子会社)、Alcantara S.p.A.(連結子会社)、P.T. Indonesia Toray Synthetics(連結子会社)、Luckytex (Thailand) Public Company Limited(連結子会社)、Thai Toray Synthetics Co., Ltd.(連結子会社)、Penfabric Sdn. Berhad(連結子会社)、東麗合成繊維(南通)有限公司(連結子会社)、東麗高新聚化(南通)有限公司(連結子会社)、東麗酒伊織染(南通)有限公司(連結子会社)、東麗国際貿易(中国)有限公司(連結子会社)、Toray Industries (H.K.) Ltd.(連結子会社)、Toray Advanced Materials Korea Inc.(連結子会社)、Toray Chemical Korea Inc.(連結子会社)、東レ・オペロンテックス㈱(関連会社)、日本バイリーン㈱(関連会社)、Pacific Textiles Holdings Ltd.(関連会社)等117社は、合成繊維の製造・加工及び同製品の販売、アパレル製品の流通に携わっている。

機能化成品事業：
　東レ㈱は、樹脂、フィルム、ケミカル製品及び電子情報材料の製造・販売を行っている。東レプラスチック精工㈱(連結子会社)、東レ・ファインケミカル㈱(連結子会社)、曽田香料㈱(連結子会社)、東レフィルム加工㈱(連結子会社)、蝶理㈱(連結子会社)、Toray International America Inc.(連結子会社)、Toray Plastics (America), Inc.(連結子会社)、Toray Resin Co.(連結子会社)、Toray Films Europe S.A.S.(連結子会社)、Penfibre Sdn. Berhad(連結子会社)、Toray Plastics (Malaysia) Sdn. Berhad(連結子会社)、Toray International Singapore Pte. Ltd.(連結子会社)、東麗塑料(中国)有限公司(連結子会社)、Toray Advanced Materials Korea Inc.、Toray Battery Separator Film Korea Limited(連結子会社)、STEMCO, Ltd.(連結子会社)、東レ・デュポン㈱(関連会社)、ダウ・東レ㈱(関連会社)、三洋化成工業㈱(関連会社)、儀化東麗聚酯薄膜有限公司(関連会社)、STECO, Ltd.(関連会社)等92社は、各種機能化成品の製造・加工・販売を行っているほか、東レ㈱製品の受託生産・加工も行っている。

出所：東レ_2019年3月期有価証券報告書

　なお、多くの会社が、この「事業の内容」において、事業の流れを図示した「事業系統図」を掲載しているので、そちらも参考にしながら大まかな事業の流れを理解されると良いでしょう。

❖「第2 事業の状況」で会社の財務分析をチェックする

　先ほども少し触れたように、決算書だけを眺めていても、なかなか意味のある情報を汲み取ることは難しいのが実情です。
　例えば、図1-3-4は東レの19/3期の連結PLの一部ですが、これだけ見て

いても正直何が起こっているのかはあまり分かりませんよね。

図1-3-4　東レ_連結PL（一部抜粋）

（単位：百万円）

	前連結会計年度 （自 2017年4月1日 至 2018年3月31日）		当連結会計年度 （自 2018年4月1日 至 2019年3月31日）	
売上高		2,204,858		2,388,848
売上原価	※1,※3	1,748,017	※1,※3	1,935,486
売上総利益		456,841		453,362
販売費及び一般管理費	※2,※3	300,377	※2,※3	311,893
営業利益		156,464		141,469

出所：東レ_2019年3月期有価証券報告書

　しかし、「第2事業の状況」における「経営者による財政状態、経営成績及びキャッシュ・フローの状況の分析」を見ると、業績の変動要因がざっくり記載されています。

図1-3-5　東レ_経営者による財政状態、経営成績及びキャッシュ・フローの状況の分析

　当連結会計年度の売上高は、ライフサイエンス事業を除くすべてのセグメントで増収となり、前連結会計年度比1,840億円（8.3％）増収の2兆3,888億円で過去最高となった。営業利益は、機能化成品事業、炭素繊維複合材料事業を中心に減益となり、前連結会計年度比150億円（9.6％）減益の1,415億円となった。
　営業利益の前連結会計年度比増減要因を分析すると、販売・生産数量の増加による増益279億円があった一方で、原料価格上昇や費用の増加などによる減益△429億円があり、差し引き150億円の減益となった。
　営業外損益は、休止設備関連費用が増加したことなどにより、前連結会計年度比28億円の減益となり、経常利益は同178億円（11.7％）減益の1,345億円となった。
　特別利益は有形固定資産売却益が増加したことを主因に前連結会計年度比178億円増の223億円、特別損失は減損損失が増加したことを主因に同92億円増の294億円となり、税金等調整前当期純利益は同92億円（6.7％）減益の1,274億円となった。
　親会社株主に帰属する当期純利益は、前連結会計年度比165億円（17.2％）減益の794億円となった。自己資本利益率は、7.1％と前連結会計年度比1.9ポイント悪化した。

出所：東レ_2019年3月期有価証券報告書

　ここの分析のレベル感は会社によって結構異なってきます。ものすごく詳細まで分析結果を書いてくれている会社もあれば、非常にあっさりした記載でほとんど参考にならないという会社もあるといった具合です。その

ため、必ずここを見れば全ての数字の変動要因が分かるわけではないですが、ここに記載されている分析結果がかなり役立つこともあるため、決算書を見るときは、必ず一度はこの「経営者による分析」も参照するようにしましょう。

❖ 意外と重要な「第3 設備の状況」

　通常あまり注目されることのない項目として、「第3 設備の状況」が挙げられるかと思いますが、この設備の状況には意外と有用な情報が記載されています。

　例えば、BSには、「建物」や「機械装置」等、有形固定資産の内訳が記載されていますが、具体的にどこにどのような資産を持っているかまでは分かりません。

　この点、設備の状況には主要な有形固定資産の内訳が記載されているので、ここを見れば、会社がどこにどのような資産をどれだけ持っているのかがざっくり分かります（図1-3-6）。

　また、例えばキャッシュ・フロー計算書（CS）おける「有形固定資産の取得による支出」がかなり大きくなっていたとしましょう。この場合「一体どんな固定資産を取得したんだ！？」という疑問が湧いてきますよね。

　そんなときも、設備の状況における内訳を前期のものと見比べることで、どのような固定資産を取得したのかが分かります。

図1-3-6 東レ＿主要な設備の状況

2 【主要な設備の状況】
　当社グループ(当社及び連結子会社)における主要な設備は、以下のとおりである。

(1) 提出会社

2019年3月31日現在

事業所名 (所在地)	セグメントの 名称	設備の内容	帳簿価額(百万円)					従業員数 (人)
			建物及び 構築物	機械装置 及び運搬具	土地 (面積千㎡)	その他	合計	
滋賀事業場 (滋賀県大津市)	繊維、機能化成品、炭素繊維複合材料、環境・エンジニアリング、ライフサイエンス	ディスプレイ関連材料生産設備、研究開発用設備等	22,970	14,753	670 (844)	5,249	43,642	1,305
瀬田工場 (滋賀県大津市)	ライフサイエンス	医療機器生産設備等	2,848	1,340	87 (158)	467	4,742	138
愛媛工場 (愛媛県伊予郡松前町)	繊維、機能化成品、炭素繊維複合材料、環境・エンジニアリング	ポリエステルステープル、炭素繊維生産設備等	23,956	23,804	6,307 (861)	14,313	68,380	1,193
名古屋事業場 (名古屋市港区)	機能化成品	ナイロン樹脂生産設備等	9,130	7,861	605 (412)	2,764	20,361	612
東海工場 (愛知県東海市)	機能化成品	テレフタル酸、カプロラクタム生産設備等	5,235	13,245	7,070 (582)	1,340	26,890	259
愛知工場 (名古屋市西区)	繊維、機能化成品	ナイロン糸生産設備等	1,714	1,545	152 (171)	215	3,626	134
岡崎工場 (愛知県岡崎市)	繊維、機能化成品、環境・エンジニアリング、ライフサイエンス	ナイロン糸、ポリエステル糸生産設備等	5,981	7,053	268 (309)	981	14,283	573
三島工場 (静岡県三島市)	繊維、機能化成品、ライフサイエンス	ポリエステル糸、ポリエステルフィルム、医薬品生産設備等	10,178	5,893	909 (334)	2,932	19,911	585
千葉工場 (千葉県市原市)	機能化成品	ABS樹脂生産設備等	1,386	1,996	521 (190)	508	4,411	99
土浦工場 (茨城県土浦市)	機能化成品	ポリプロピレンフィルム生産設備等	2,259	2,443	167 (110)	157	5,025	122
岐阜工場 (岐阜県安八郡神戸町)	繊維、機能化成品	スエード調人工皮革、ポリエステルフィルム生産設備等	2,150	7,536	888 (192)	2,694	13,268	318
石川工場 (石川県能美市)	繊維、炭素繊維複合材料	ポリエステル糸、ナイロン糸、プリプレグ生産設備等	4,004	3,386	960 (347)	580	8,930	339
那須工場 (栃木県那須塩原市)	機能化成品	バッテリーセパレータフィルム生産設備等	3,059	5,520	1,469 (102)	571	10,618	248
基礎研究センター (神奈川県鎌倉市)	全社的研究業務	研究開発用設備等	3,649	141	812 (276)	802	5,404	201
その他	―	営業施設、福利厚生施設ほか	6,586	1	10,365 (151)	81	17,034	―

出所：東レ_2019年3月期有価証券報告書

　加えて、設備の状況には「設備の新設、除却等の計画」が記載されています。

図1-3-7　東レ_設備の新設、除却等の計画

3 【設備の新設、除却等の計画】

(1) 重要な設備の新設等

　当連結会計年度末現在において、当社グループ（当社及び連結子会社）が計画している2019年度の設備の新設等は以下のとおりである。

セグメントの名称	投資予定金額 （百万円）	主要な計画
繊維事業	45,000	・ナイロン糸生産設備及びエアバッグ用基布生産設備の新設 　(Toray Advanced Textile Mexico, S.A. de C.V.) ・Alcantara®生産設備の増設 　(Alcantara S.p.A.)
機能化成品事業	72,000	・ABS樹脂生産設備の増設 　(Toray Plastics (Malaysia) Sdn. Berhad) ・バッテリーセパレータフィルム生産設備の増設 　(Toray Battery Separator Film Korea Limited) ・バッテリーセパレータフィルム用コーティング設備の増設 　(Toray BSF Coating Korea Limited) ・ポリプロピレンフィルム生産設備の増設 　(Toray Plastics (America), Inc.)
炭素繊維複合材料事業	27,000	・炭素繊維生産設備及びプリプレグ生産設備の新設 　(Toray Composite Materials America, Inc.) ・燃料電池電極基材生産設備の新設 　(東レ㈱愛媛工場) ・炭素繊維生産設備の増設 　(Zoltek Zrt.)
環境・エンジニアリング事業	12,000	生産設備の増設等
ライフサイエンス事業	3,000	生産設備の増設等
その他	2,000	―
全社	4,000	―
合計	165,000	

出所：東レ_2019年3月期有価証券報告書

　これを見ることで、その会社が翌期に積極的な投資を行う予定なのか、又は重要な設備を除却・売却する予定なのか等が分かります。

　例えば、ここを見ることで新しい工場の建設が計画されていることが分かれば、会社が生産能力を向上させて売上規模を拡大させようとしていることが分かりますよね。逆に、重要な資産の除却が予定されている場合は、それを除却・現金化しなければならないほどに経営状況が悪化しているのか等を見極める材料にもなります。

　このように、「設備の新設・除却等の計画」を確認することで、会社が翌期以降どのような状況になり得るのかを一足早く予想することができる場合があるので、特に有形固定資産の残高が重要になる製造業等の会社を見るときは、必ずチェックしておくことをオススメします。

　この他にも、「第4 提出会社の状況」には、役員の氏名や経歴、大株主上位10名の名前と保有株式割合等が記載されています。
　ここを見ることで、役員の年齢層がどれくらいなのか、どのようなバックグラウンドの役員が多いのか（生え抜きか、社外から招聘した人か？）、オーナー会社なのか、どのような機関投資家が大株主となっているのか等々、色々な情報を確認することができます。

　ここまで見てきたように、有報には、決算書以外にも実に様々な情報が詰まっているので、慣れてくるとかなり有用で面白い書類になります。
　最初は量も多くて文字ばかりなので読むことに抵抗があるかもしれませんが、決算書を読む際に有報を見るクセをつけることで間違いなく決算書を読むスキルはアップするので、ほとんど読んだことがないという方も是非チャレンジしてみてください。

1-3のまとめ

・有報は、財務諸表以外の定性的な情報も豊富に記載されている
・「第1 企業の概況」から、会社の事業内容とビジネスモデルを確認する
・「第2 事業の状況」のうち、「経営者による財政状態、経営成績及びキャッシュ・フローの状況の分析」には、有用な分析結果が記載されている可能性があるため、必ず目を通しておくべき
・「第3 設備の状況」は、有形固定資産の内容や、設備投資計画が確認できるため、有形固定資産が重要になる製造業等の会社を見る際は目を通しておくべき

「百万円」と「千円」の単位表記を一瞬で読む方法

　決算書を見たときに、単位が「百万円」とか「千円」となっていて、金額の単位がすぐに分からない！と地味〜に困っている方は意外と多いのではないでしょうか？

　かくいう筆者も、今でこそ一瞬で分かるものの、昔は「億円か万円で書けよ！」と思っていました。そこで、ここでは簡単に単位を読めるようになる方法を紹介したいと思います。その方法は至ってシンプル。

・単位が千円のときは、右から2つ目の数字を「万」と覚え、
・単位が百万円のときは、右から3つ目の数字を「億」と覚える

　これだけです。つまり、下図の青塗りの箇所だけ覚えればOKだということです。

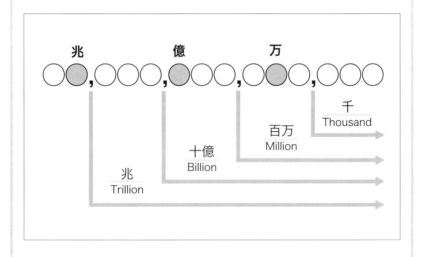

　これを覚えたうえで、慣れてくると、下記のように千円や百万円といった単位表記の数字も一瞬で読めるようになります。

単位が 千円 の場合

693千円 ━━▶ 69万3千円

89,382千円 ━━▶ 8938万2千円

単位が 百万円 の場合

151百万円 ━━▶ 1億5100万円

516,983百万円 ━━▶ 5169億8300万円

　更に、千円単位や百万円単位の数字が一瞬で読めるようになると、ビジネス英会話においてもかなり役立ちます。英語では、日本語のように「億」や「万」ではなく「Million」や「Thousand」が使われるので最初は混乱しやすいのですが、Million→百万で、Thousand→千なので、例えば「495 million Yen」と言われても「あ、495百万円だから、4.9億円ね」ということがすぐに分かるようになります。

このように、3点区切りの数字が一瞬で読めると、決算書を読むときやビジネス英会話等、様々なシチュエーションで役立つようになるので、是非このスキルを身につけられることをオススメします。

決算書から会社の
優位性を見つけ出す

なぜ、家具販売の王者「ニトリ」は一人勝ちができたのか

　今や、日本一有名な国内インテリア専門店として認知されているといっても過言ではないニトリですが、実は業績の伸びも日本一なのです。ニトリと競合他社の売上高の推移を比較してみると、ニトリだけ飛び抜けて成長を続けていることがわかります（図参照）。

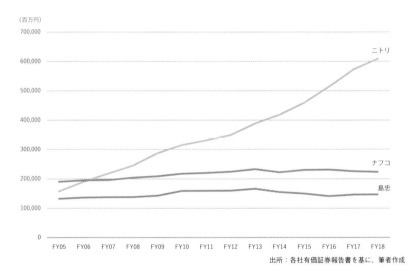

（百万円）

出所：各社有価証券報告書を基に、筆者作成

　競合他社の売上が総じて伸び悩んでいるなか、ニトリだけがなぜ、こんなにも業績を伸ばし続けることができたのでしょうか？　競合との差は、どこで生まれたのでしょうか？

　この章では、決算情報を基に「会社の強みを発見する方法」と「成長する会社とそうでない会社の違いを見分ける方法」を紹介し、更に、これまで好調に業績を伸ばしてきたニトリが「今後も成長を続けられるのかどうか」ということについても考えていきたいと思います。

2-1
決算分析の基本の "キ"=「収益性分析」

ポイント

✓ 利益率を見ることがなぜ重要なのか？
✓ ROICを使って、どのように事業優位性を見つけ出すことができるのか？

❖ ニトリの粗利率が高いのはなぜ？

決算書を読む際は、「競合比較」が非常に重要となります。競合比較とは、文字通り分析対象の会社と競合他社の決算書を見比べることです。

「A社の営業利益率を計算してみたところ、10％だった」

これだけ言われても、「なるほど…それで？」となりますよね。
一方で、競合のB社とC社の営業利益率が2％であることが分かっている場合、「なぜ、A社だけ利益率が高いのだろう？」という疑問が生まれ、分析の効用が一気に高まります。国際的な会計基準である「IFRS」も、投資家が世界中の企業を比較できるようにするためにできたのです。

競合比較を行うときはまず、粗利率や営業利益率等の利益率を比較することから始めます。これは、継続的に競合他社より高い利益率を叩き出している会社は、ビジネスモデルや自社内のオペレーションにおいて必ず何らかの強みを持っているためです。

そして、ここでポイントとなるのは、それぞれの会社の利益率をただ見比べるだけでなく「なぜ、利益率に差が生じているのか？」を深掘りしていくことが非常に大切だという点です。

　実際に、ニトリと競合他社の粗利率を比較してみましょう。
　図2-1-1は、ニトリと競合他社の粗利率の推移をグラフ化したものです。なお、競合会社として島忠とナフコを選定しています。

図2-1-1　ニトリと競合他社の粗利率比較

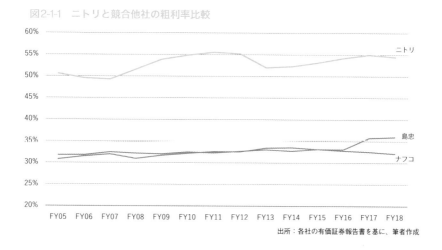

出所：各社の有価証券報告書を基に、筆者作成

　島忠とナフコの粗利率が30〜40％の間で推移している一方で、ニトリだけ50〜60％という、圧倒的に他社より高い利益率で推移しています。
　なぜ、こんなにも粗利率に差が出ているのでしょうか？
　ビジネスモデルに何か高い利益率を叩き出すヒントが隠されていないかを探るため、ニトリの直近の有価証券報告書から、ニトリの事業系統図を確認してみました。

図2-1-2　ニトリの事業系統図

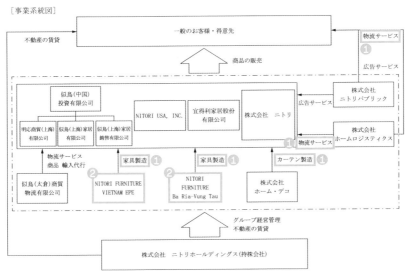

出所：ニトリ_2019年2月期有価証券報告書

会社数が多いですが、ポイントとなりそうなのは以下の点です。

・製造→物流→販売までを自社内で担っていること
・製造拠点が海外（ベトナム）にあること

　ニトリといえば、「家具の大型小売店」というイメージを持たれている方が多いかと思いますが、実はニトリは製造と物流も自社で行なっていたことが、この事業系統図を見ることで分かりました（図中①）。
　自社内で製造や物流を行なった場合、外部業者に委託した場合と比べて、委託先に利鞘を抜かれることがなくなる分コストが下がります。

　さらに、ニトリは製造拠点をベトナムに置いていますが（図中②）、図2-1-3を見ていただくと分かるとおり、ベトナムの人件費は日本と比べると

相当低い水準となっています。これにより、自社内での製造コストが極限まで抑えられていることが分かりますね。

図2-1-3　ベトナムと日本の賃金比較

【アジア・オセアニア各国の一般工の米ドル建て月額賃金の比較】

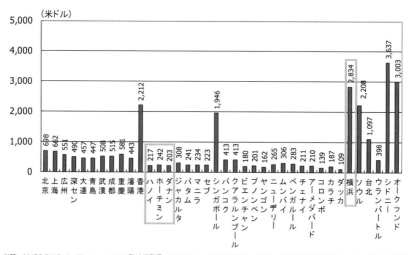

出所：MUFG BK Global Business Insight臨時増刊号　AREA Report514 アジア・オセアニア各国の賃金比較（2019年5月）より抜粋

　では、競合他社のビジネスモデルはどうなっているのでしょうか？

　各社の有価証券報告書の「事業の内容」を見るとわかりますが、他の競合はみな自社で製造を行なっておらず、他社から商品（完成品）を仕入れています。

　つまり、製造・物流も自社で行うニトリとは異なり、基本的には小売のみを行なっているという点にビジネスモデルの大きな違いがあるのです。

　もちろん、ニトリのように製造・物流の機能を内製化したからといって、優秀な従業員の確保や社内教育がしっかり行なわれない場合、製造効率が悪くなってむしろコストが跳ね上がってしまう可能性もあります。

　それだけでなく、製品の品質が落ちたり、顧客の指定日に製品が届かない等により顧客の不満を増大し、売上が落ちるリスクもありますよね。

　それが起きていないということは、ニトリが海外工場での現地人への教育や、通関システムの構築、配送業務等について確固たるノウハウを持っているということだと言えます。

　筆者を含むほとんどの方は、ニトリの店舗のことしか知らなかったと思いますが、実は裏で強固なオペレーションを回していたということですね。

　このように、ニトリの粗利率が高い主な要因は、製造や物流をうまく内製化し、かつ製造機能を日本より製造コストが遥かに低いベトナムに持たせていることにありそうだということが分かりました。

❖近年注目されつつある指標「ROIC」とは？

　ここまでPLに照準を絞って見てきましたが、収益性を見比べるときは、PLを使って利益率を比較するだけでなく、PLとBSを組み合わせて分析を行うことも重要となります。どういうことか、少し具体的に説明してみましょう。

　例えば、自動車の製造・販売を国内で展開しているA社とB社があったとします。どちらも同じようなビジネスで、売上・利益の規模もほぼ同等、営業利益率も共に10％程度です。

　このとき、PLだけを見て利益率を比較しても、どちらが高い事業優位性を持っているのかはなかなか見えてきませんよね。

	A社	B社
売上高	40,000	50,000
売上原価	32,000	40,000
売上総利益	**8,000**	**10,000**
販管費	4,000	5,000
営業利益	**4,000**	**5,000**
営業利益率	*10.0%*	*10.0%*

PLだけ見ると、どちらも同じような会社に見える

　しかし、A社が100,000の工場を持っており、B社が200,000の工場を持っていた場合はどうでしょう？

　この場合、A社の工場規模はB社の半分しかないのに、ほとんど同程度の営業利益を稼ぎ出しているということになります。

　これはつまり、A社の方が少ない投資から効率的に利益を生み出しているということです。ここから、「A社の方がB社より生産効率が良いんじゃないの？であれば、A社がこれから更に投資を拡大してB社と同程度の工場を保有することになったら、A社の方がB社より利益が大きくなるのでは？」等の想像を張り巡らせることができます。

　このように、どれくらいの資産からどの程度の利益を生み出しているのかを見ることで、PLだけを見た場合とはまた別の視点から事業優位性を見つけ出すことができます。これが、PLとBSを組み合わせて分析するということです。

　PLとBSを組み合わせて分析する際に利用する代表的な指標が、最近注目されつつある「ROIC（投下資本利益率）」です。ROICの計算式は、統一されたものがあるわけではないですが、基本的には次の式で算出できます。

> ### ROIC＝税引後営業利益（営業利益－税金費用*）
> ### ÷投下資本（有利子負債＋純資産)*

*基本的には、PLにおける「法人税、住民税及び事業税」と「法人税等調整額」の合計と考えていただいて問題ありません。
*BS数値（有利子負債と純資産）は、期首と期末の平均値を利用することに注意。

　この「投下資本」という概念は、考えれば考えるほど深みにはまっていくために混乱してしまいがちですが、一旦「事業に投下しているお金の総量」と考えていただいて大丈夫です。

　要は、ROICは、会社が事業に投下したお金からどれだけ効率的に利益を生み出しているかを表す指標だということです。

　なお、ROICは次のように要素分解することで、更に深掘りして分析を行うことが可能になります。

　数式だけ見ていてもいまいちイメージがつきづらいですよね。もう少し可視化して分かりやすくするために、BSとPLを並べる形で図示してみました。

図2-1-4 ROIC分解の関係図

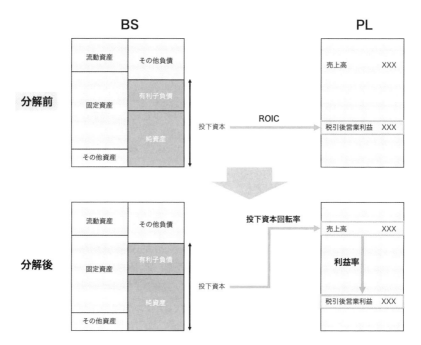

出所：筆者作成

　このように、ROICを回転率と利益率に分解することで、①投下資本からどれだけ効率的に売上を獲得しているのか、②その売上からどれだけ利益が出ているのか、ということが分かるようになります。

　例えば、極端な話「ROIC=10%」という数字だけを見る場合より、「利益率が50%で回転率が0.2」という情報もある場合の方が、「この会社は利益率はめちゃくちゃ高いけど、投下資本回転率が低いから、資本効率に改善の余地がありそうだ」と一歩進んだ分析ができるということです。

❖ニトリのROICはなぜ高いのか

　それでは、実際にニトリのROICを算出したうえで、競合他社と比較してみましょう。まず、ニトリの2019年2月期有価証券報告書の連結財務諸表からROICを算出してみます。

図2-1-5　ニトリ2019年2月期連結PL

② 【連結損益計算書及び連結包括利益計算書】
　　【連結損益計算書】

(単位：百万円)

	前連結会計年度 (自 2017年2月21日 至 2018年2月20日)	当連結会計年度 (自 2018年2月21日 至 2019年2月20日)
売上高	572,060	608,131
売上原価	257,281	276,709
売上総利益	314,778	331,421
販売費及び一般管理費	※1　221,400	※1　230,642
営業利益	93,378	**❶**100,779
(中略)		
法人税、住民税及び事業税	30,875	33,813
法人税等調整額	△2,310	△1,504
法人税等合計	28,564	**❷**32,309
当期純利益	64,219	68,180
親会社株主に帰属する当期純利益	64,219	68,180

出所：ニトリ_2019年2月期有価証券報告書

　2019年2月期の税引後営業利益は、①100,779百万円－②32,309百万円＝68,470百万円と算出されました。

　次に、投下資本を確認するためにBSを確認してみましょう。有利子負債と純資産がわかればいいので、ここでは貸方だけを見ればOKです。

　なお、有利子負債とは、その名の通り利息の支払いが発生する負債のことを指します。ニトリの場合は借入金とリース債務のみが有利子負債に該当していますが、その他にも社債やコマーシャルペーパー等が含まれます。

図2-1-6を基に期首期末平均投下資本を算出すると、482,500百万円となるので、ニトリのROICは68,470百万円 ÷ 482,500百万円 = 14.2%と算出されます。

図2-1-6　ニトリ2019年2月期連結BS

(単位：百万円)

	前連結会計年度 (2018年2月20日)		当連結会計年度 (2019年2月20日)	
負債の部				
流動負債				
支払手形及び買掛金	※1	19,607	※1	20,956
短期借入金		2,000		2,639
リース債務		187		187
未払金		18,323		23,752
未払法人税等		17,399		19,472
賞与引当金		3,395		4,206
ポイント引当金		1,625		2,014
株主優待費用引当金		290		343
資産除去債務		4		−
その他	※1	20,592	※1	21,444
流動負債合計		83,425		95,016
固定負債				
長期借入金		8,000		6,028
リース債務		2,143		1,956
役員退職慰労引当金		228		228
退職給付に係る負債		2,713		3,202
資産除去債務		4,950		5,365
その他	※1	7,377	※1	7,296
固定負債合計		25,413		24,078
負債合計		108,839		119,094
純資産の部				
株主資本				
資本金		13,370		13,370
資本剰余金		18,232		19,841
利益剰余金		415,108		472,755
自己株式		△8,640		△7,727
株主資本合計		438,072		498,240
その他の包括利益累計額				
その他有価証券評価差額金		796		947
繰延ヘッジ損益		△704		−
為替換算調整勘定		3,105		901
退職給付に係る調整累計額		△279		△367
その他の包括利益累計額合計		2,918		1,481
新株予約権		677		470
純資産合計		441,668		500,192
負債純資産合計		550,507		619,286

出所：ニトリ_2019年2月期有価証券報告書

このROIC14.2%という数値は、高いのでしょうか？それとも低いのでしょうか？

同じく、競合他社の過去5年間のROICを算出して比較してみると、図2-1-7のようになります。

図2-1-7　ニトリと競合他社のROICの推移

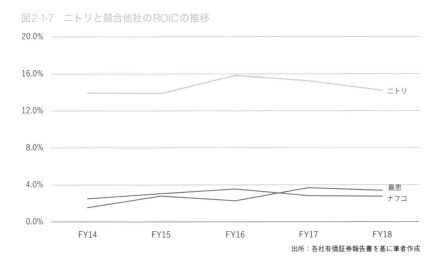

出所：各社有価証券報告書を基に筆者作成

島忠とナフコのROICが3%程度で推移している一方で、ニトリは15%程度と、かなり高い水準で推移していることが分かります。

では、ニトリはなぜROICが高くなっているのでしょうか？

FY18のROICを利益率と投下資本回転率に要素分解して見てみましょう。

	利益率	回転率	ROIC
ニトリ	11.3%	1.26	**14.2%**
ナフコ	2.1%	1.32	**2.8%**
島忠	4.2%	0.76	**3.2%**

なるほど、ROICを分解してみると、ニトリは利益率が圧倒的に他社より高いためにROICが高くなっていることがよくわかります。一方で、回転率を見てみると、ナフコの方がニトリよりも高くなっていますね。これは、ニトリがそこまで効率的に売上を獲得できていないということなのでしょうか？

❖ニトリとナフコ、「事業の効率性」が高いのはどっち？

　「投下資本」は、一般的に「企業が事業活動に投じた資金」と言われます。そしてROICの算出時に用いている「投下資本」は、「有利子負債＋純資産」で算出していましたよね。
　しかし、考えてみてください。ここで算出している投下資本は、実際に事業活動に使われている資産とイコールになるでしょうか？
　実は、そうとは限らないのです。例えば極端な話、過去数十年間ずーっと安定的に利益を稼いできたために、借方の現預金と貸方の純資産がたんまり溜まっている会社があるとします（実際この状態になっている会社は結構多いです）。

図2-1-8 投下資本回転率が低くなる理由

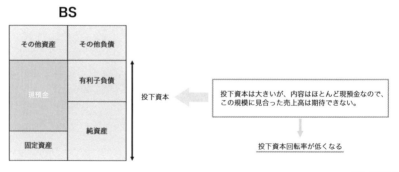

出所：筆者作成

　この場合、たとえ現預金のほとんどが余剰キャッシュで事業活動に使われていなかったとしても、投下資本がかなり大きくなってしまいます。

　しかし、基本的に余剰キャッシュをいくら持っていてもそこから売上は生まれません。そのため、このような会社は投下資本回転率が低くなってしまうのです。このような場合、投下資本回転率だけを見て「この会社は事業の効率が悪い」という誤った判断をしてしまう可能性があります。

　つまり、手元のキャッシュを寝かせてばかりで有効活用できておらず、「資本効率」が悪くなっていることに問題があるのに、それを「事業効率」が悪いと問題点を履き違えてしまう可能性があるということです。

　そのため、事業の効率性を見ようと思ったら、機械的にROICを利益率と投下資本回転率に分解するのではなく、実際にBSの借方を見て、何が事業に投下されている資産なのかを見極めることも重要となります。

　ニトリとナフコはいずれも店舗型のビジネスなので、事業に投下している資産の大部分が店舗等の固定資産、つまり有形固定資産となっています。

　そのため、このような場合は「有形固定資産回転率（売上高÷有形固定資産）」も併せて見ることで、事業の効率性に特化した分析ができるようになります。

　実際に、ニトリとナフコの有形固定資産回転率を比べてみました。

図2-1-9　ニトリとナフコの回転率比較

		ニトリ	ナフコ
現預金		80,488	22,211
有形固定資産	a	296,678	123,159
その他		105,334	24,277
投下資本合計	**b**	**482,500**	**169,646**
売上高	c	608,131	223,246
投下資本回転率	*c / b*	*1.26*	*1.32*
❶ *有形固定資産回転率*	*c / a*	*2.05*	*1.81*

（注）BSは前期末との平均値を利用。

出所：ニトリ_2019年2月期有価証券報告書、ナフコ_2019年3月期有価証券報告書を基に、筆者作成

こうして見ると、有形固定資産回転率はニトリの方が高いということがわかりますね（図中①）。

　有形固定資産回転率が高いというのは、店舗内にお客さんがたくさんいて、常にレジが稼働している状態を想像してもらえればと思います。逆に有形固定資産回転率が低いというのは、店舗規模は大きいものの、客足が少なく店内は閑散としており、店員さんが常に暇そうにしている状態を想像してください。

　つまり、有形固定資産回転率が高いニトリの方が、事業の効率性が高い（≒店舗の稼働率が高い）と考えられるということです。

　ちなみに、図2-1-9を見ると、ニトリの投下資本回転率がナフコよりも低くなっていたのは、ニトリが現預金やその他の資産を多く保有しているためであることが分かりますよね。ここから、「ニトリはちょっと余剰キャッシュを持ちすぎなのでは？」という想像を張り巡らせることもできます（キャッシュを多く持っている理由については後述します）。

　さて、2-1では主に収益性の観点から、ニトリにどのような強みがあるのかを見てきました。2-2では、少しニトリから離れた一般論となりますが、どのような会社が成長するのか、また、そのような会社をどのように見分けることができるのか、ということについて説明していきたいと思います。

2-1のまとめ

- ニトリは、製造や物流を内製化したり、製造拠点をベトナムに置くことでコストを低減しているため、競合他社より粗利率がかなり高くなっている
- ROICは、必要に応じて要素分解することで、より効果的な分析を行うことが可能となる
- ニトリは現預金等を多く保有しているため、投下資本回転率はナフコより低いものの、事業効率を表す有形固定資産回転率は最も高くなっている

2-2
成長する会社の共通点

ポイント

✓ どのような会社が成長するのか？
✓ CS会社の状態を読み解く方法とは？
✓ 投資がPLに表れる場合とは？

❖ 会社が成長するメカニズム

　競合他社の売上高が総じて伸び悩んでいる一方で、なぜニトリだけが成長を続けてこられたのかを考察していく前に、そもそもどのような会社が持続的に成長することができるのか、ということについて考えていきたいと思います。

　大前提として、事業というものは基本的に以下のサイクルで成長していきます。

図2-2-1　事業の成長サイクル

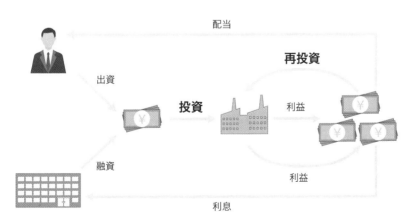

出所：筆者作成

まず、投資家から出資を受けたり、銀行から融資を受けることでキャッシュが会社に入ってきます。しかし、キャッシュを持っているだけでは雀の涙ほどの預金利息しか利益は出てこないので、キャッシュを何か別のものに変える、つまり投資を行ないます（ここでいう投資は、設備投資だけでなく、従業員への給料や企業買収等、広く捉えてください）。

　そして、投資によりキャッシュから形を変えたものが、更にキャッシュを生み出し、投資家へは配当、銀行へは利息や元本返済という形で還元し、残ったキャッシュで再投資して、更に利益を生み出す…このサイクルを繰り返していくことで会社は成長していきます。

　そのため、基本的には投資に対して積極的である会社の方が将来的に成長する可能性が高いのです。逆に言うと、市場全体が相当伸びているような領域で事業を展開している等の事情がない限り、何も投資をせずに勝手に売上が伸びていくということはまず考えられません。

❖ CSは、会社の声を表している

　では、投資に積極的かどうかは決算書のどこから見分けることができるのでしょうか？
　基本的には、CSの「投資活動によるCF（投資CF）」を見れば、その会社の投資に対する姿勢が分かります。
　CSは、お金の流れを以下の3つに分類して表示したものです。

　・営業活動によるキャッシュ・フロー（営業CF）
　・投資活動によるキャッシュ・フロー（投資CF）
　・財務活動によるキャッシュ・フロー（財務CF）

この3つのCFがプラスになっているか、マイナスになっているかで、会社が今どのような状態にあるのかが分かります。3つのCFは、図2-2-2のような8パターンに分類することができます。

図2-2-2 キャッシュ・フローの8パターン

		営業CF	投資CF	財務CF
	①	+	+	+
	②	+	+	−
投資に積極的なパターン ⇒	③	+	−	+
	④	+	−	−
	⑤	−	−	+
	⑥	−	−	−
要注意パターン ⇒	⑦	−	+	+
	⑧	−	+	−

出所：筆者作成

ただし、このパターンは参考程度に覚えるくらいで大丈夫です。重要なのは、このパターンに単に当てはめて見ることではなく、金額感等も勘案しながら今会社がどのような状態になっているのかを考えることです。

例えば、あなたが会社の経営者だったとしましょう。事業が好調でめちゃくちゃ儲かっており、お金もいくらでも調達できる場合、あなたはどのような行動をとるでしょう？

逆に、事業がうまくいかず赤字続きで、資金繰りが危険な状態であった場合、経営者のあなたならどのような行動をとるでしょうか？

このようなことを想像し、自分の思い描く行動をとったときにキャッシュ・フローがどのようになるかを考えることで、少しずつヒントが見えてきます。

とはいえ、百聞は一見にしかず。実際の会社のCSを見てみましょう。

まず、2015年に親子喧嘩が勃発したことで話題となった、大塚家具のCSを見てみます。図2-2-3は、大塚家具の2018年12月期のCSです。

図2-2-3　大塚家具2018年12月期CS

④【キャッシュ・フロー計算書】

(単位：千円)

	前事業年度 (自 2017年1月1日 至 2017年12月31日)	当事業年度 (自 2018年1月1日 至 2018年12月31日)
営業活動によるキャッシュ・フロー		
税引前当期純損失（△）	△7,229,876	△3,213,575
減価償却費	121,639	16,306
差入保証金償却額	93	86
役員退職慰労引当金の増減額（△は減少）	4,023	―
貸倒引当金の増減額（△は減少）	―	16,541
販売促進引当金の増減額（△は減少）	△13,755	△9,870
ポイント引当金の増減額（△は減少）	199,169	60,599
事業構造改善引当金の増減額（△は減少）	1,420,299	△706,287
減損損失	1,532,574	167,443
投資有価証券売却損益（△は益）	△1,128,850	△900,811
固定資産除却損	306	2,819
固定資産売却損益（△は益）	40,738	△1,401,927
受取利息及び受取配当金	△49,316	△19,804
支払利息		5,117
支払手数料	27,357	149,887
売上債権の増減額（△は増加）	134,894	583,663
たな卸資産の増減額（△は増加）	1,423,189	3,729,102
前渡金の増減額（△は増加）	△87,217	△27,715
その他の流動資産の増減額（△は増加）	378,930	153,528
仕入債務の増減額（△は減少）	△822,165	△964,474
前受金の増減額（△は減少）	△186,014	△76,808
未払費用の増減額（△は減少）	△339,739	△278,481
その他の流動負債の増減額（△は減少）	△299,394	57,105
未払消費税等の増減額（△は減少）	112,239	167,918
未払法人税等（外形標準課税）の増減額 （△は減少）	35,805	△29,744
その他	△100,230	△77,392
小計	△4,825,299	△2,596,773
利息及び配当金の受取額	49,316	19,804
利息の支払額		△5,117
法人税等の支払額	△23,935	△33,605
法人税等の還付額	14,850	7,593
❶ 営業活動によるキャッシュ・フロー	△4,785,068	△2,608,098
投資活動によるキャッシュ・フロー		
定期預金の預入による支出	―	△700,000
有形固定資産の取得による支出	△368,709	△87,111
有形固定資産の売却による収入	226,740	❷ 1,506,179
無形固定資産の取得による支出	△145,138	△74,058
投資有価証券の売却による収入	❷ 2,848,513	1,792,193
関係会社株式の取得による支出	△1,000	
差入保証金の差入による支出	△59,681	△48,129
差入保証金の回収による収入	540,038	501,614
受入保証金の返還による支出	―	△36,976
受入保証金の受入による収入	2,432	90,030
保険積立金の解約による収入	1,464	27,312
会員権の売却による収入	50,000	25,004
その他	296	108,677
❸ 投資活動によるキャッシュ・フロー	3,094,957	3,104,735
財務活動によるキャッシュ・フロー		
短期借入金の純増減額（△は減少）		1,170,000
配当金の支払額	△1,408,251	△757,786
自己株式の処分による収入	1,051,350	
その他	―	△214,595
財務活動によるキャッシュ・フロー	△356,901	197,618
現金及び現金同等物の増減額（△は減少）	△2,047,012	694,254
現金及び現金同等物の期首残高	3,853,798	1,806,785
現金及び現金同等物の期末残高	※ 1,806,785	※ 2,501,040

74

営業CFが2期連続で、相当大きくマイナスになっていることが分かりますね（図中①）。

17/12期の現預金の期首残高が38億円である一方で、同時期の営業CFはマイナス48億円となっています。これはつまり、手元の資産を売り払って現金化するか、借入か増資を行なって外部から資金調達をするしかない状態であったいうことです。

そのため、大塚家具は手元の投資有価証券と有形固定資産を片っぱしから売却していることが分かります（図中②）。これにより、投資CFが各年プラス30億円程度となっていますが（図中③）、これがなかったら大塚家具は資金ショートしていたことが分かります。つまり、なんとか資金繰りを持ち堪えるために、手持ちの資産を売るしかないという相当苦しい状態であったことが窺えるということです。

次に、ニトリと同じく長年増収増益を達成している、ヤオコーのCSを見てみましょう。図2-2-4は、ヤオコーの2019年3月期のCSです。

営業CFは2期ともプラスとなっています（図中①）。しかし一方で、有形固定資産の取得や子会社株式の取得が積極的に行われていることから、投資CFは大きくマイナスとなっています（図中②）。18/3期の投資支出は営業収入を上回るほどとなっていますね。

18/3期は、投資CFを見る限り恐らく会社を買収するために借入金による調達を行なったのだと考えられますが（図中③）、財務CFもプラスとなっています（図中④）。

このことから、ヤオコーは十分本業で儲けられる状態となっているものの、それをそのまま溜めるのではなく、積極的に投資に回している、つまりリスクをとって勝負をしかけていることが分かります。そして、この姿勢こそが、ヤオコーの長期的な成長につながっているのだと考えられます。

図2-2-4　ヤオコー2019年3月期CS

（単位：百万円）

	前連結会計年度 （自 2017年4月1日 至 2018年3月31日）	当連結会計年度 （自 2018年4月1日 至 2019年3月31日）
営業活動によるキャッシュ・フロー		
税金等調整前当期純利益	16,292	17,730
減価償却費	7,630	9,028
減損失	492	1,971
のれん償却額	1,015	1,015
役員退職慰労引当金の増減額（△は減少）	△60	5
執行役員退職慰労引当金の増減額（△は減少）	2	2
株式給付引当金の増減額（△は減少）	333	264
役員株式給付引当金の増減額（△は減少）	40	42
退職給付に係る負債の増減額（△は減少）	147	254
受取利息及び受取配当金	△124	△102
支払利息	627	607
固定資産売却損益（△は益）	17	△2,530
固定資産除却損	66	382
投資有価証券売却損益（△は益）	△295	－
売上債権の増減額（△は増加）	△631	△815
たな卸資産の増減額（△は増加）	△355	△59
仕入債務の増減額（△は減少）	1,237	1,355
未払又は未収消費税等の増減額	△791	1,626
その他	△293	△1,708
小計	25,350	29,072
利息及び配当金の受取額	27	12
利息の支払額	△594	△573
法人税等の支払額	△6,170	△5,540
① 営業活動によるキャッシュ・フロー	18,613	22,970
投資活動によるキャッシュ・フロー		
定期預金の預入による支出	△60	－
定期預金の払戻による収入	60	60
有形固定資産の取得による支出	△19,903	△18,936
有形固定資産の売却による収入	476	6,020
無形固定資産の取得による支出	△3,307	△2,405
投資有価証券の売却及び償還による収入	522	－
③ 連結の範囲の変更を伴う子会社株式の取得による支出	※2 △8,127	－
差入保証金の差入による支出	△1,434	△1,525
差入保証金の回収による収入	846	873
その他	122	△518
② 投資活動によるキャッシュ・フロー	△30,805	△16,431
財務活動によるキャッシュ・フロー		
長期借入れによる収入	18,000	5,500
長期借入金の返済による支出	△10,984	△8,779
自己株式の取得による支出	△1,000	△0
自己株式の売却による収入	1,000	3
配当金の支払額	△2,052	△2,258
非支配株主への配当金の支払額	△5	－
リース債務の返済による支出	△221	△180
④ 財務活動によるキャッシュ・フロー	4,736	△5,715
現金及び現金同等物の増減額（△は減少）	△7,456	824
現金及び現金同等物の期首残高	22,326	14,869
現金及び現金同等物の期末残高	※1 14,869	※1 15,693

出所：ヤオコー_2019年3月期有価証券報告書

このように、CSには単にキャッシュの動きが表示されているだけではなく、会社が現在どういう状態にあるのかも表示されています。

そのため、「この会社は投資に積極的なのか？」を調べる際は、まずCSのキャッシュの動きからその会社がどのような声を発しているのかをキャッチしにいきましょう。

❖ 投資の姿勢は、PLに表れることもある

ここまで、CSから会社の投資の姿勢も読み取ることができると説明してきました。ただし、会社の投資に対する姿勢は、必ずしも投資CFを見ればわかるというわけではありません。例えば、インターネットサービスを展開するような会社は一般的に多額の設備投資は必要とされておらず、「投資＝資産の取得」とはならないことがよくあるからです。

どういうことか、具体例を用いて紹介していきます。

「お金を前へ。人生をもっと前へ。」

こんなミッションを掲げた会社があります。家計簿アプリで知られる、マネーフォワードです。マネーフォワードは、主に家計簿アプリ「マネーフォワード Me」や、法人向けクラウドサービス「マネーフォワードクラウド」等を展開しており、BtoCとBtoBの両輪をなしています。

実はこのマネーフォワード、2017年9月に東証マザーズに上場して以来継続して赤字を計上してきています（図2-2-5）。

一体なぜ、上場以来継続的に赤字となっているのでしょうか？

原因を探るためにまずPLを見てみましょう（図2-2-6）。

図2-2-5　マネーフォワードの主要な経営指標等

1【主要な経営指標等の推移】
(1) 連結経営指標等

回次		第3期	第4期	第5期	第6期	第7期
決算年月		2014年11月	2015年11月	2016年11月	2017年11月	2018年11月
売上高	（千円）	－	－	－	2,899,548	4,594,789
経常損失（△）	（千円）	－	－	－	△834,315	△824,374
親会社株主に帰属する当期純損失（△）	（千円）	－	－	－	△842,814	△815,445
包括利益	（千円）	－	－	－	△842,814	△836,833
純資産額	（千円）	－	－	－	4,011,742	3,383,433
総資産額	（千円）	－	－	－	7,397,364	8,660,169

出所：マネーフォワード_2018年11月期有価証券報告書

図2-2-6　マネーフォワードの連結PL

【連結損益計算書】

（単位：千円）

	前連結会計年度 （自　2016年12月1日 至　2017年11月30日）	当連結会計年度 （自　2017年12月1日 至　2018年11月30日）
売上高	2,899,548	4,594,789
売上原価	959,063	1,811,910
売上総利益	1,940,485	2,782,878
販売費及び一般管理費	※2,737,783	※3,579,070
営業損失（△）	△797,298	△796,191
営業外収益		
受取利息	19	60
その他	311	3
営業外収益合計	331	63
営業外費用		
支払利息	11,010	23,927
株式交付費	11,045	2,271
上場関連費用	13,657	－
その他	1,634	2,048
営業外費用合計	37,348	28,247
経常損失（△）	△834,315	△824,374
特別利益		
新株予約権戻入益	605	3,778
特別利益合計	605	3,778
税金等調整前当期純損失（△）	△833,709	△820,595
法人税、住民税及び事業税	9,105	12,073
法人税等調整額	－	1,249
法人税等合計	9,105	13,322
当期純損失（△）	△842,814	△833,918
非支配株主に帰属する当期純損失（△）	－	△18,472
親会社株主に帰属する当期純損失（△）	△842,814	△815,445

出所：マネーフォワード_2018年11月期有価証券報告書

　なるほど、販管費がかなり大きいために赤字となっていることが分かります。これを見ると、「一体何にそんなコストをかけているんだろう？」と販管費の内訳も見たくなりますよね。

　販管費の内訳は有価証券報告書の注記にも記載されているのですが、ここには主要な費目しか載っていないので、決算説明資料から費用の内訳を探ってみます。

図2-2-7 マネーフォワードの費用内訳

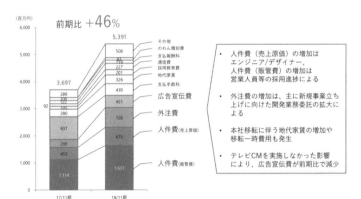

出所：マネーフォワード_2018年11月期決算説明資料

　すると、17/11期は広告宣伝費が、18/11期は外注費がかなり大きくなっていることが分かります。人件費もそれなりに大きく見えますが、対売上高比率で比較すると、17/11期は54%、18/11期50.3%と負担は低減しています。そのため、基本的には広告宣伝費と外注費が多額に計上されているために、赤字となっていると考えることができます。

　マネーフォワードは、主にサービス利用者からの月額課金によりマネタイズを行なっています。ここ数年、よく話題にあがるようになった「サブスクリプションモデル」ですね。サブスクリプションモデルの事業を展開

する場合、事業の初期の段階では、とにかくユーザー数を増やし、獲得したユーザーに辞められないようにするということが肝になります。

　なぜなら、積極的な広告宣伝等を通じてユーザーを獲得し続けることができれば、解約率を低く抑えている限り安定的に売上が伸び続けるためです。

　そのため、マネーフォワードにとっての投資は、認知度を高めてユーザーを増やすための投資、つまり広告宣伝費であったり、新規サービスを開発するための開発費だったりするわけです。

　このような会社の場合、投資を積極的に行なっているかどうかはCFやBSだけを見てもなかなか分かりにくく、PLの費用内訳を見ることで初めて分かるのです。しかも、投資額がそのままPL上費用計上されてしまうので、現時点の利益や損失だけを見て判断すると将来の成長可能性があるのに見逃してしまう、なんてこともあり得ます。

　そのため、投資に対する姿勢を見る際は、分析対象の会社によってはPLも併せて見る必要があるということを覚えておきましょう。

2-2のまとめ

・会社は、積極的な投資を行なうことで成長することができる
・積極的な投資を行なっているかどうかは、CF計算書を見ることで分かる
・一方で、ITサービス業等の会社は、大部分の投資がPLに表れることがあるため、表面的な利益だけを見るのではなく、費用内訳まで見にいく必要がある

ニトリの成長は
予測できたのか?

ポイント

✓ 15年前の決算書から、ニトリだけが成長することを予測できたか?
✓ ニトリが一人勝ちできた要因は何だったのか?

❖ 15年前の決算書を見てみよう

さて、本章の冒頭でも述べたように、同じインテリアショップという業態でも、ニトリだけがぶっち切りで売上高を伸ばし続けていました。しかし、もちろん最初からニトリが一番だったわけではありません。

では、一体どの時点から、なぜ競合と差がつくこととなったのでしょうか?

過去の決算書から、一人勝ちの状態になるに至った要因を探っていきましょう。

少し遡って、2005年度（FY05）の決算数値を見てみます（図2-3-1）。すると、この時点ではまだニトリと競合他社の間で、売上高や総資産に大きな違いは表れていないことが分かります。

当時、この決算数値だけを見ていたとして、ニトリだけが将来的に伸びるかを予測することは可能だったのでしょうか?

図2-3-1 FY05における、ニトリと競合他社の決算数値まとめ

単位：百万円	ニトリ	島忠	ナフコ
(PL)			
売上高	156,758	132,304	190,114
売上総利益	79,333	42,008	58,519
売上総利益率	*50.6%*	*31.8%*	*30.8%*
営業利益	18,227	10,387	11,314
❶ *営業利益率*	*11.6%*	*7.9%*	*6.0%*
(BS)			
現金及び現金同等物	6,373	❷ 58,481	5,073
有形固定資産	63,939	71,803	73,767
総資産	136,856	182,306	143,056
(CF)			
営業CF	13,363	11,413	4,562
❸ 投資CF	(21,034)	3,465	(11,089)
財務CF	10,250	(884)	245

出所：各社有価証券報告書を基に、筆者作成

　まず目につくのが、既に15年前からニトリが最も営業利益率が高かった点です（図中①）。ここだけ見ても、ニトリが既に事業上の優位性を持っていたことが分かります。

　また、島忠の現金及び現金同等物が、他社と比較してかなり多額となっている点も気になりますね（図中②）。これだけ見ると、「島忠はキャッシュたくさん持っているんだし、これを使って更に成長していけるんじゃない？」と思ってしまいそうです。

　しかし、島忠はそれだけキャッシュを持っているにも関わらず、投資CFがプラスとなっていますよね（図中③）。

　一方で、ニトリの投資CFはマイナス210億円と、かなり大きなマイナスとなっています。

　210億円は、ちょうどニトリの営業CFと財務CFの合計額と近いので、これはつまり、ニトリは本業で稼いだお金と銀行から借りたお金をほとんど投資に回していた、ということになります。つまり、この時期のニトリは、手元のキャッシュ残高を気にするのではなく、とにかく店舗数を増やすことに注力していたということでしょう。

　これを見るだけでも、営業利益率が最も高く、かつ先ほど説明した成長する会社の条件の1つである「投資に積極的な会社」にニトリが当てはまっているため、ニトリが一番成長する可能性が高そうだということがなんとなく想像できそうです。

❖ CFの動きを見比べる

　とはいえ、この年だけたまたまニトリの投資が大きかっただけかもしれないので、一時点で区切って見るだけで将来予測を行うのはあまり得策だとは言えません。
　そのため、今度は各社のCF計算書を基に、FY05〜FY07におけるキャッシュの動きを営業CF・財務CF・投資CFに分類して、各CFの動きを時系列で比較してみましょう（なお、グラフの便宜上、営業CF→財務CF→投資CFの順番で表示しています）。

　まずは、ニトリのCFを見てみます（図2-3-2）。
　これを見ると、ニトリは高い利益率のおかげで営業CFをがっつり稼いでおり、借入等も利用しながら、安定的かつ積極的に投資にお金を使っていることが分かりますね。
　また、他社と比べてキャッシュ残高が小さく抑えられていることも分かります。

次に、ナフコのCFを見てみましょう（図2-3-3）。

ナフコはニトリと同じように、積極的に投資を行うスタンスであるようには見受けられるものの、営業CFがニトリと比べて不安定かつ小さくなっています。そのため、ニトリほどは投資に使えるお金を回せていないことが分かります。

最後に島忠を見てみましょう（図2-3-4）。

島忠は、繰り返しになりますが、やはりキャッシュ残高がかなり大きいことが分かります。FY05は投資CFがプラスとなっていますが、FY06以降マイナスとなっていることから「え、島忠も結構投資に積極的じゃん！」と思いますよね。

ただ、実際に島忠の有報を見れば分かりますが、FY06の投資CFのうち、ほとんどはトレーディング目的の有価証券の取得によるものなので、実際に固定資産への投資を積極化させているのはFY07以降となっています。

図2-3-2 ニトリのFY05〜FY07のキャッシュフロー内訳推移

（百万円）

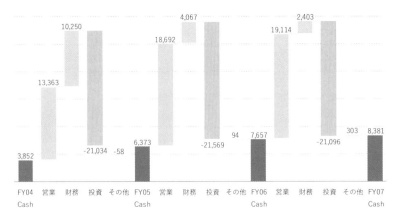

出所：ニトリの有価証券報告書を基に、筆者作成

図2-3-3 ナフコのFY05～FY07のキャッシュフロー内訳推移

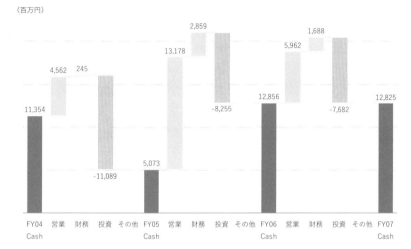

出所：ナフコの有価証券報告書を基に、筆者作成

図2-3-4 島忠のFY05～FY07のキャッシュフロー内訳推移

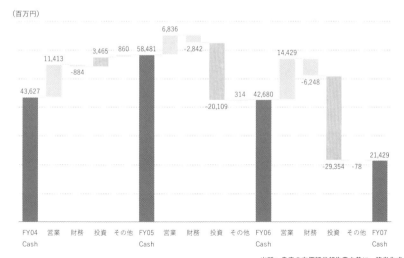

出所：島忠の有価証券報告書を基に、筆者作成

このようにCFの内訳推移を見ることで、ニトリだけが安定的に営業CFを稼ぎ、それを上回るキャッシュを投資に費やしてきていたことが分かりました。

　しかし一方で、ナフコもそれなりに積極的に投資をしていると言えるし、島忠もFY07は投資を積極化させていますよね。つまり、「ナフコも島忠も、成長する会社の条件にあてはまっていると言えるのでは？」と考えられるわけです。

　では、なぜナフコと島忠は成長を続けることができず、ニトリだけが成長を続けてきたのでしょうか？

❖ 店舗あたり売上高の変化

　どれだけ投資に積極的な会社であったとしても、儲からない投資に積極的になっていては元も子もありません。

　そのため、投資に積極的であることが分かったら、次に「その投資によって、ちゃんと利益が増えているのか？」を検証してみる必要があります。

　店舗型ビジネスの場合、投資の効果がしっかり出ているのかを検証するために、店舗あたり売上高の推移を見ることが考えられます。これにより、出店戦略の巧拙や、やみくもに店舗数を増やしているだけで既存店の売上を伸ばすことを疎かにしていないか等を確認することができるためです。

　早速、各社の店舗あたり売上高の推移を見てみましょう。なお、店舗数については、各社の有報で「店舗数」で検索をかけることで簡単に調べることができます。

図2-3-5　店舗あたり売上高の比較

単位：百万円	FY05	FY06	FY07	FY08	FY09
（ニトリ）					
売上高	156,758	189,126	217,229	244,053	286,186
店舗数	130	145	162	188	217
❶ 店舗あたり売上高	**1,206**	**1,304**	**1,341**	**1,298**	**1,319**
営業利益	18,227	22,300	26,095	33,096	46,456
（ナフコ）					
売上高	190,114	194,748	195,742	203,775	208,561
店舗数	201	213	231	246	259
❷ 店舗あたり売上高	**946**	**914**	**847**	**828**	**805**
営業利益	11,314	12,351	12,225	9,315	11,242
（島忠）					
売上高	132,304	136,281	137,690	137,851	142,721
店舗数	56	50	50	50	54
❸ 店舗あたり売上高	**2,363**	**2,726**	**2,754**	**2,757**	**2,643**
営業利益	10,387	10,854	12,818	10,708	10,419

出所：各社有価証券報告書を基に、筆者作成

第2章　決算書から会社の優位性を見つけ出す

　図2-3-5を見ると、ニトリは店舗数を着実に増やしながら、店舗あたり売上高も共に増加していることがわかります（図中①）。

　一方で、ナフコは店舗数こそ増えてはいるものの、店舗当たり売上高は逆に減少し続けています（図中②）。もちろん、会計期間の終盤に多くの新規店舗が開店されていた場合は、店舗あたり売上高が落ちてしまいますが、さすがにこの落ち方だとその影響だけだとは言い切れなさそうです。このような、店舗数が増えているとはいえ、店舗あたりの売上高が大きく落ちている状況下では、このまま売上高と利益が成長し続けることを期待するのは難しかったとも考えられます。

　また、島忠については、FY07において大きく投資が行なわれていたため、かなり店舗数が増えていたのかと思いきや、実は閉店店舗がいくつかあったために店舗数はむしろ減っていることが分かります。そのため、この店舗数の減少を見ると、「これからもっと成長していきそうだ」と思うことは少し難しそうだと感じてしまいます。

　ここまで見ると、ニトリが最も積極的な投資で功を成していたということが分かると思います。ニトリだけ営業利益が伸び続けているのも、それ

を裏付ける証左だと言えるでしょう。

❖ ニトリが一人勝ちできた理由

　ここまで読み進めていただいた方は、なぜニトリが一人勝ちできたのか
がなんとなく見えてきたのではないでしょうか？

　まとめると、ニトリは10年以上前から以下の条件が全て綺麗に揃ってい
たために、成長し続けることができたのだと言えます。

---

　① 収益性が高く、十分な投資を行うだけの営業CFを稼得していること
　② 儲かった分をそのまま溜めずに、積極的に投資に回していること
　③ その投資が着実に効果を発揮していること

　もちろん、こうなるためにビジネス上の様々な工夫や努力があるのは間
違いないのですが、決算書を読むだけでは、それらを詳細まで紐解くこと
は難しいと言えます。

　しかし、少なくとも決算書を見ることで、ビジネス上の工夫や努力がど
のような結果として表われているのかを、ある程度は突き詰めることがで
きます。そして、そのような工夫や努力を探しにいく過程で、会社の強み
や成長可能性が見えてくるのだと思います。

2-3のまとめ

・ニトリの成長は、過去の決算書からある程度予見することができた
・ニトリは、収益性の高さから生まれる安定的な営業CFの儲けがあっ
　たからこそ、他社より積極的な投資を継続的に行い続けることができ
　た
・ニトリだけが、店舗数を増やしながら店舗あたり売上高も増加させ
　ていた

2-4

今後も一人勝ちは続くのか?

ポイント

✓　投資の姿勢に変化が生じているか?
✓　「減損損失」とは何なのか?
✓　ニトリの今後の成長を占うキーとなるのは何か?

❖ 今は投資を控えている?

　さて、ここまで「ニトリがなぜ一人勝ちできたのか」という過去に焦点を当ててきましたが、ここからは未来に焦点を当て、「ニトリは今後も成長し続けることができるのか?」ということについて見ていきたいと思います。

　まずは早速ですが、ニトリがこれまで通り積極的な投資をしているかを確認するために、直近のCS(投資CF)を見てみましょう(図2-4-1)。

　意外にも、有形固定資産の取得による支出(図中①)と、有価証券の取得による支出(図中②)が大きく減少していますね。結果として、投資活動による支出額も82,751百万円から30,424百万円まで大きく減少していることが分かります(図中③)。

　これはニトリの投資に対する姿勢に変化が生じているサインなのでしょうか?

図2-4-1　ニトリの投資CF（2019年2月期）

（単位：百万円）

	前連結会計年度 （自 2017年2月21日 至 2018年2月20日）	当連結会計年度 （自 2018年2月21日 至 2019年2月20日）
投資活動によるキャッシュ・フロー		
定期預金の預入による支出	△6,320	△1,694
❶ 定期預金の払戻による収入	8,372	1,679
有形固定資産の取得による支出	△60,888	△22,363
有形固定資産の売却による収入	292	239
無形固定資産の取得による支出	△3,084	△5,788
❷ 有価証券及び投資有価証券の取得による支出	△23,300	△0
有価証券及び投資有価証券の売却による収入	10	38
関係会社株式の売却による収入	4,473	－
差入保証金の差入による支出	△655	△1,590
差入保証金の回収による収入	202	97
関係会社株式の取得による支出	－	△192
敷金の差入による支出	△1,696	△1,134
敷金の回収による収入	280	202
預り保証金の受入による収入	－	145
預り敷金の受入による収入	193	203
預り敷金の返還による支出	△138	△33
長期前払費用の取得による支出	△361	△122
貸付けによる支出	△170	△132
貸付金の回収による収入	38	35
その他の支出	△11	△15
その他の収入	13	－
❸ 投資活動によるキャッシュ・フロー	△82,751	△30,424

出所：ニトリ_2019年2月期有価証券報告書

次に、直近時点にあたる20/2期2Qの投資CFも確認してみましょう。

図2-4-2　ニトリの投資CF（2020年2月期2Q）

（単位：百万円）

	前第2四半期連結累計期間 （自 2018年2月21日 至 2018年8月20日）	当第2四半期連結累計期間 （自 2019年2月21日 至 2019年8月20日）
投資活動によるキャッシュ・フロー		
❶ 定期預金の預入による支出	△79	△16,291
定期預金の払戻による収入	1,360	2,297
❷ 有形固定資産の取得による支出	△12,840	△5,522
無形固定資産の取得による支出	△3,378	△4,712
関係会社株式の取得による支出	△192	
差入保証金の差入による支出	△634	△541
差入保証金の回収による収入	96	275
敷金の差入による支出	△421	△412
敷金の回収による収入	12	244
その他の支出	△91	△299
その他の収入	393	653
投資活動によるキャッシュ・フロー	△15,773	△24,309

出所：ニトリ_2020年2月期第2四半期報告書

　投資CF自体は、△15,773百万円から△24,309百万円となっていますが、内訳をよく見ると、投資CFの内容は「定期預金の預入による支出」がほとんどだということが分かります（図中①）。逆に、有形固定資産の取得による支出は大きく減少しています（図中②）。なぜ、このような動きになっているのでしょうか？

　定期預金の金利は普通預金よりは高いものの、0.01%~0.02%程度と依然としてかなり低い水準となっています。

　そんななか、営業活動で稼いできたキャッシュを定期預金に預けているということは、ニトリが「今は投資を行なっても損が出る可能性が高いから、積極的な設備投資を行なうよりも、定期預金にお金を預けていた方が得策だ」と判断しているためであると考えられます。

　実際、2019年4月にDCS Onlineで掲載された似鳥会長へのインタビュー記事でも、今は建設費用が高いため、将来安くなるタイミングまで我慢していると述べられています。

図2-4-3　似鳥会長のインタビュー記事

> **大胆予想⑤**
> **建設費用は3年後に半分に**
>
> 　ニトリではこのときのために、商品の開発、品質、安さを一昨年くらいから準備をしてきました。3年間は準備期間。来年、再来年、業界全体ではマイナス傾向になると思います。わが社にとってはチャンスです。
>
> 　今、建設費用も2倍になっています。おそらく3年待てば半分になると思います。われわれも目黒など、都心に土地を買っていますが、建築は我慢して待っています。
>
> 　今まさに準備している段階です。

出所：DCS online「よく当たる！似鳥昭雄の2020年景気5大予想「五輪景気は2年前に終わった」
（https://diamond-rm.net/market/30662/）より

また、今の世界経済はコロナウイルスの影響で大打撃を受けていますし、この先もしばらくどうなるかが読めない状況にあります。

　そのためニトリは、今は投資を我慢してキャッシュを蓄えておき、将来建設費用や資材が大幅に安くなったときに一気に攻勢をかけようとしているのかもしれません。

❖中国事業の出店計画

　さて、ニトリが若干投資を控える姿勢を見せていることについて述べましたが、ニトリは今後も更に成長を続けていくことができるのでしょうか？

　ニトリの統合報告書を確認してみると、ニトリは2022年に売上高1兆円・店舗数1,000店舗を達成することを目指しており、更に2032年には、売上高3兆円・店舗数3,000店舗を達成するビジョンを掲げています。

図2-4-4　ニトリのロマンとビジョン

　19/2期の売上高が約6,080億円、19/8月末時点の店舗数が591店舗であることに鑑みると、相当高い目標が設定されていることがわかります。

　既に国内事業は「成長の踊り場」に差し掛かっている可能性もあるので、このビジョンを達成しようと思ったら、海外展開を成功させることが不可欠になることは間違いないと思われます。実際、統合報告書の中では、今後は中国に力を入れていく旨が述べられています。

図2-4-5　ニトリの今後の戦略

当社の海外店舗は、2018年2月期末時点で台湾27店舗、中国24店舗、米国5店舗となっています。とりわけ約14億人の人口を擁する中国市場は、最大の成長ドライバーとして重点的に強化していく方針です。中国では所得水準の向上に伴って家具・インテリアへの支出が高まりつつあります。独自のSPAモデルを駆使して、中国市場においても価格以上の価値ある商品を提供しています。

出所：ニトリ2018年2月期統合報告書

　このことから、ニトリがこれからより一層中国での店舗展開に力を入れていくことは間違いないと言っていいでしょう。

　しかし一方で気がかりなのが、既に海外展開の難しさを物語る事実も幾つか表れているということです。

　ニトリは決算説明資料において翌期の出店計画を公表している（図2-4-6）のですが、18/2期に公表されたものから20/2期の2Qに公表されているものまでトレースして見ていくと、中国での出店があまり計画通りには進んでいない可能性があることがわかります。

　もともと20/2期に中国で5店舗出店する予定であったものが（図中①）、20/2期の2Q時点では店舗純増数がマイナス4店舗に修正されています（図中②）。

図2-4-6　ニトリの出店計画の推移

2018年2月期公表

２０１９年２月期　出店計画

業態別店舗数	ニトリ	ニトリEXPRESS	デコホーム	ニトリ宜得利家居 台湾	AKi・HOME 米国	NITORI 中国	合計
前期末店舗数	405	62	27	5	24	523
新規出店数	+25	+20	+4	+1	+20	+70
期末店舗数	430	82	31	6	44	593

2019年2月期公表

２０２０年２月期　出店計画

業態別店舗数	ニトリ	ニトリEXPRESS	デコホーム	ニトリ宜得利家居 台湾	AKi・HOME 米国	NITORI 中国	合計
前期末店舗数	427	78	31	3	37	576
出店数	+25	+20	+5	+1	+5	+56
閉店数	−	−	−	▲1	▲4	▲5
期末店舗数	452	98	36	3	38	627

2020年2月期第2四半期公表

２０２０年２月期　出店計画

業態別店舗数	ニトリ	ニトリEXPRESS	デコホーム	ニトリ宜得利家居 台湾	AKi・HOME 米国	NITORI 中国	合計
2Q末店舗数	431	88	32	2	38	591
3Q〜4Q純増数	+15	+9	▲2	0	❷▲4	+18
期末店舗数	446	97	30	2	34	609

出所：ニトリ_決算説明資料（2018年2月期、2019年2月期、2020年第2四半期）

2-4　今後も一人勝ちは続くのか？

　これは、中国での出店が思いの外難しく、結局20/2期は新規で出店することはできそうにないということなのでしょう。

　ちなみに、これはあくまで筆者の推測にすぎませんが、20/2期2Qの決算資料から出店数と閉店数が純増減数で開示され始めているのも、出店数が進捗通りにいっていないことをあまりおおっぴらにしたくはないとか、閉店数というどちらかというとネガティブな情報をダイレクトに伝えたくないとか、そういう意図があるのかもしれません。

　実際、決算説明資料は、微妙にフォーマットや開示方法がシレッと変えられていることがあります。なので、そういったときは、会社が何か不都合な事実を隠そうとしていないか？という疑いの目を持つことも大切です。

❖「減損損失」の怖さ

　中国での出店が計画通りには進んでいないことを述べましたが、19/2期の有報の注記を見ると、中国の店舗においては、2期連続で店舗の減損損失を計上していることがわかります（図2-4-7）。とはいえ、「減損って言葉自体は聞いたことはあるけど、実は何なのかよく分かっていない」という方も、意外と多いのではないでしょうか。

　そこで、少し会計の専門寄りの話にはなりますが、「減損損失」がどういうものかを超簡単に説明しておきましょう（日本の会計基準を想定しており、兆候判定等の詳細は度外視しています）。

　会計基準上、「減損損失」は以下のとおり定義づけられています。

減損損失
資産の収益性の低下により投資額の回収が見込めなくなった場合に、一定の条件の下で回収可能性を反映させるように帳簿価額を減額させる会計処理

具体的には、回収可能価額（以下の2つの価額のいずれか高い方）が帳簿価額よりも下回っていたら、その差額を減損損失として損失計上するということです。

① 正味売却価額（資産を売ったときに得られる金額）
② 使用価値（資産を使い続けることで生まれる将来CFの現在価値）

図2-4-7 ニトリの減損損失内訳

※4 減損損失

前連結会計年度において、当社グループは以下の資産グループについて減損損失を計上しました。

地域	用途	種類	減損損失 (百万円)
東京都大田区他	店舗	建物及び構築物 土地・借地権	4,500
中華人民共和国	店舗	建物及び構築物等	460
インドネシア	工場設備	建物及び構築物等	432
台湾	店舗	建物及び構築物等	19
米国	店舗	工具、器具及び備品	2

当社グループは、事業の種類毎に資産をグルーピングしております。そのうち一部の店舗については収益性を勘案し、減損損失を計上しました。また、当社グループの土地のうち時価が下落したものについて、帳簿価額を回収可能価額まで減額し、減損損失を計上しました。

回収可能価額を正味売却価額により測定している場合には、不動産鑑定評価額及び固定資産税評価額等に基づき算出しております。また、使用価値により測定している場合には、使用価値を零として算出しております。

当連結会計年度において、当社グループは以下の資産グループについて減損損失を計上しました。

地域	用途	種類	減損損失 (百万円)
日本	店舗	建物及び構築物等	243
中華人民共和国	店舗	建物及び構築物等	410

当社グループは、事業の種類毎に資産をグルーピングしております。そのうち一部の店舗については閉店の決定または収益性の低下を勘案し、減損損失を計上しました。

回収可能価額を正味売却価額により測定している場合には、不動産鑑定評価額及び固定資産税評価額等に基づき算出しております。また、使用価値により測定している場合には、使用価値を零として算出しております。

出所：ニトリ_2019年2月期有価証券報告書

正味売却価額は、現時点で資産を売ったときに手元に入ると考えられるお金で、使用価値は、将来得られると考えられるキャッシュの総量を現在

価値に割り引いたものです。

　要は、その資産を売るか使い続けるかしたときに入ってくると見込まれるお金の合計額が帳簿価額を下回っていたら、差分が減損損失としてPLに計上されるということです。

図2-4-8　減損損失の計上ロジック

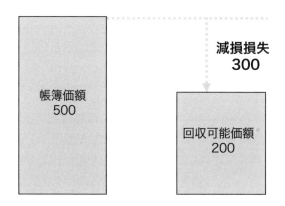

＊回収可能価額＝①正味売却価額 or ②使用価値のいずれか高い方

出所：筆者作成

　つまり、ニトリの中国事業で既に減損損失が計上されているということは、中国のいくつかの店舗は将来的に業績を立て直すことが難しく、今後も十分なキャッシュ・フローを獲得することが難しいだろうと判断されたということです。

　2019年2月20日時点の中国事業の固定資産残高が約90億円なので、もし今後数十億規模の減損が中国事業で計上された場合は、中国における多くの店舗が儲かっていないということになります。

図2-4-9　中国事業の固定資産残高

(3) 在外子会社

2019年2月20日現在

| 会社名 | 所在地 | セグメントの名称 | 設備の内容 | 帳簿価額(百万円) | | | | 従業員数(人)(外、臨時従業員数) |
				建物及び構築物	機械装置及び運搬具	その他	合計	
NITORI FURNITURE VIETNAM EPE	ベトナム社会主義共和国ハノイ市	家具・インテリア用品の販売	家具製造工場	762	1,137	26	1,925	4,955
NITORI FURNITURE Ba Ria-Vung Tau Co., Ltd.	ベトナム社会主義共和国バリア・ブンタウ省	家具・インテリア用品の販売	家具製造工場	4,820	1,297	31	6,149	1,206
似鳥(太倉)商貿物流有限公司	中華人民共和国江蘇省太倉市	家具・インテリア用品の販売	物流倉庫	7,524	12	1,451	8,988	268(25)
似鳥(上海)家居有限公司	中華人民共和国上海市	家具・インテリア用品の販売	店舗設備他	883	－	106	990	85(284)

出所：ニトリ_2019年2月期有価証券報告書「設備の状況」

　たまに、「減損は、実際にキャッシュが流出しているわけではないから大丈夫」という主張を目にすることがあります。たしかに、減損損失自体は数字上の動きでしかなく、実際にお金がでていくわけではありません。

　しかし、減損損失が計上されたということは、将来獲得できたはずのキャッシュが減ってしまっているということなので、機会損失という意味では長期的なキャッシュアウト項目として考える方がいいと筆者は考えています。実際、一度多額の減損が計上された事業は、その後しばらく業績が悪くなる傾向にあります。

　そのため、今は中国事業における減損損失は数億円とそこまで重要性はなさそうですが、今後もし多額の減損損失が計上された場合は、危険信号が点灯したと考えたほうがいいと思われます。

❖ 今後も成長を続けられるのか?

　さて、ここまで見てきたように、現時点では、中国の店舗展開は必ずしも順風満帆に進んでいるわけではないように思われます。

　とはいえ、「2022年に売上高1兆円・店舗数1,000店舗」という一度掲げたビジョンをそう簡単に撤回するとは思えないので、恐らく20/2期は中国でのオペレーションを強化する期間として使い、21/2期から中国店舗の大量出店をしかけてくるのだと思います。

　とにかく、2022年のビジョンを達成しながら成長を続けていくには、中国の店舗展開を成功させることが不可欠であることは間違いありません。

　そのため、決算情報からニトリが今後も成長を続けられるかどうかを判断するためには、中国での出店・閉店店舗数や、中国事業における減損損失の有無等について、より慎重にウォッチすることが重要になると考えられます。

　これが、2021年2月期における中国の店舗数が計画通り増えており、かつ多額の減損が計上されていなければ、ニトリはまだまだ成長していく余地があると言えるでしょう。

　日本とは異なる文化、競合プレイヤーの存在、認知度がほとんどない状態からの事業展開等、海外展開ならではの様々な高い壁が立ちはだかるので、これまで通りの戦略で一人勝ちすることは簡単ではないですが、ここをどのように攻略していくのかが非常に興味深いところです。

2-4のまとめ

・投資CFから、ニトリが今は積極的な投資を控えていることが分かる
・中国事業は、出店計画が遅れていることや減損損失が計上されていることから、現時点では必ずしも順風満帆とは言えない
・今後の成長の鍵を握るのは間違いなく中国事業なので、中国における出店状況や減損計上の有無を確認することが重要となる

BSから事業の
特性を探り出す

なぜ、メルカリは赤字でも勝負を続けられるのか

　2018年6月、日本初のユニコーン企業として注目を集めていたメルカリが、東証マザーズへ上場を果たしました。2013年7月にフリマアプリ「メルカリ」をリリースして以来、わずか3年半ほどで6,000万ダウンロードを達成するなど、驚異的な成長スピードを見せつけてきたメルカリ。昨年2月にはメルペイもリリースし、メルカリは国内で知らない人はほとんどいないと言えるほどの知名度となりました。

　そんなメルカリですが、実はここ数年ずっと赤字が続いています（図参照）。

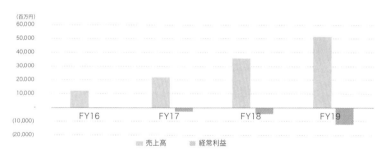

出所：有価証券報告書を基に、筆者作成

　しかし、赤字とは裏腹に、メルカリはメルペイをリリースしたり、鹿島アントラーズやOrigamiを買収したりと、積極的に勝負をしかけてきています。一体なぜ、メルカリは赤字続きであるにもかかわらず、ここまで積極的に勝負をしかけることができるのでしょうか？

　この章では、メルカリが赤字の中で勝負を続けられる理由を探りながら、BSを使ってビジネスモデルの特性を探る方法を紹介していきたいと思います。

3-1
驚異的な成長を遂げてきた
メルカリ

ポイント

- ✓ メルカリはどのような事業を行っているのか？
- ✓ 爆発的な成長を遂げたのはなぜか？
- ✓ 赤字の原因は何なのか？

❖ メルカリの事業内容

　まずは、メルカリがどのような事業を展開しているのかを整理しておきましょう。メルカリの2019年6月期決算説明資料を見ると、メルカリの事業はメルカリJP、メルペイ、メルカリUSの3本柱で構成されていることが分かります。

図3-1-1　メルカリの事業内容

メルカリ JP	メルペイ	メルカリ US
GMV(1)(4) YoY +41%	総合満足度(5) No.1	GMV(1) YoY +70%
調整後 営業利益率 21%	登録者数(6) 200万人	MAU(7) 200万人超

出所：メルカリ_2019年6月期決算説明資料

①メルカリJP

　最も始めにスタートしたのが、フリマアプリの「メルカリ」を展開する
メルカリJPの事業です。これが祖業であり、現在でもメルカリ全体の稼ぎ
頭となっています。

　メルカリは2013年7月にローンチしたサービスで、ユーザーが不要と
なった古着や中古品等のあらゆるモノを出品することができ、それを他の
ユーザーが自由に購入することができるマーケットプレイスを提供してい
ます。

　メルカリの誕生により、売手はこれまで捨てるしかなかったモノを簡単
にお金に変えることができ、また、買手は安くて質の高い中古品を簡単に
購入することができるようになり、世の中に新しい常識ができました。

　図3-1-2は、メルカリのビジネスモデル（メルペイ導入前）です。

図3-1-2　メルカリのビジネスモデル（メルペイ導入前）

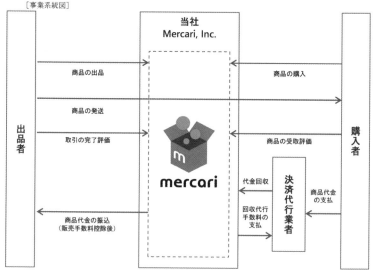

出所：メルカリ_新規上場のための有価証券報告書（Ⅰの部）

　メルカリは、取引額の10%を手数料として受領しており、これが収益基盤となっています。そのため、基本的にはGMV（Gross Merchandise Volume：流通取引総額）が増えれば増えるほど、メルカリの売上高も増加していく構造となっています。

②メルペイ

　2017年11月に株式会社メルペイを設立してから、約1年半の準備期間を経て2019年2月にリリースされたサービスが「メルペイ」です。

　メルペイは、メルカリのアプリに内蔵された決済サービスで、ユーザーの銀行口座を登録することでいつでもメルペイ残高にチャージをすることができます。また、メルカリでの売上金も自動的にメルペイ残高にチャージされるようになっています。

　メルペイにチャージされている残高は、主に次の方法で利用することができます。

・NTTドコモが展開する非接触決済サービス「iD」による決済
・QRコード決済
・メルカリ内での商品購入
・ユーザー自身の銀行口座への振込み

　メルペイがリリースされるまでは、出品者は基本的に売上金をそのままメルカリ内での商品購入に充てるか、自らの銀行口座へ振込むことしかできませんでしたが、メルペイが始まったことで、出品者はわざわざ銀行口座へお金を移さなくても、iD決済を通じてそのまま売上金を使うことができるようになりました。

③メルカリUS

　3つ目の主要事業が、メルカリUSです。有報の沿革を見ると、メルカリ

がアメリカへ進出したのは2014年9月で、意外と早い段階で海外進出を行っていたことが分かります。

　アメリカという日本とは文化が全く異なる国で勝負をするため、国内のメルカリとはアプリのアイコンやUIも一風変わったものとなっています。

図3-1-3　メルカリUSのアプリUI

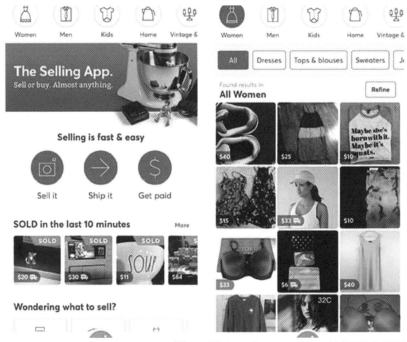

　基本的に、サービス内容や収益源は国内のメルカリと同じで、売買成立時に手数料を徴収するビジネスモデルとなっています。

❖ 驚異的なGMVの成長スピード

　さて、そんなメルカリは2013年に設立されたばかりの会社であるにも関わらず、5年後の上場時の時価総額（公開価格ベース）は約4,000億円となっていました。

　ここまで高い値付けがなされる裏付けとなったのが、驚異的なGMVの伸びです。図3-1-4は、メルカリが2018年6月期の決算説明資料において公表している国内メルカリのGMVとMAU（Monthly Active User：月間アクティブ利用者数）の推移ですが、過去継続してものすごい勢いで成長し続けていることが分かります。

図3-1-4　国内メルカリのGMVとMAUの推移

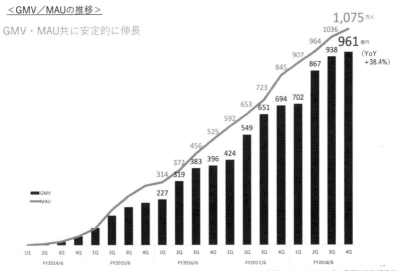

出所：メルカリ_2018年6月期決算説明資料

メルカリのようなプラットフォームサービスは、ネットワーク効果が大きく働きます。つまり、ユーザーが増えれば増えるほど、購入者からすればメルカリで出品される商品のバリエーションが増えるし、出品者からすれば商品の購入者が増えることで現金化しやすくなるので、ユーザー全体の満足度が上がっていくということです。

　そのため、一定程度までユーザーが増えると、それ以降は加速度的にユーザー数が増えていくようになっていました。

　とはいえ、このネットワーク効果が働くようになるまでは、何かしらの工夫をしなければなかなかユーザー数を伸ばすことはできません。なぜ、メルカリは立ち上げ初期の段階から爆速でユーザー数を伸ばすことができたのでしょうか？

　メルカリの取締役会長である小泉氏に対するインタビュー記事で、そのヒントが述べられていました。

> 　創業時は夢があり、賛同するメンバーが集まります。とはいえ、ビジネスなのでお金がないと給料を支払えなければマーケティングもできない。投資家に対して自分たちのビジネスを伝えて資金を得る必要がある。当時、メルカリは手数料を取っておらず売り上げはゼロ。アプリのダウンロード数も100万に満たない状態で投資家を回って14億5000万円を集めました。これは本当にしびれましたね。

出所：2018年9月28日_日経ビジネス「メルカリの資金調達？めちゃ苦労しましたよ」より

　今は取引額の10％を手数料として徴収していますが、驚くことに当初は手数料を取っていなかったのですね。そんななかで14.5億円の資金を調達することができたので、大赤字を覚悟の上で積極的にTVCMをはじめとした広告を打つことで、一気に認知度を高める戦略を実行することができ、これが結果的にユーザー数を爆発的に伸ばすことに繋がったのでしょう。

　実際にメルカリが上場時に提出している「新規上場申請のための有価証券報告書（Ⅰの部)」を見ると、創業から2年間の売上高が本当にゼロとなっていたことが分かります。

図3-1-5　メルカリ_主要な経営指標

（2）提出会社の経営指標等

回次		第1期	第2期	第3期	第4期	第5期
決算年月		平成25年6月	平成26年6月	平成27年6月	平成28年6月	平成29年6月
売上高	（百万円）	－	－	4,237	12,256	21,254
経常利益又は経常損失 （△）	（百万円）	△24	△1,373	△1,099	3,262	4,469
当期純利益又は当期純損失 （△）	（百万円）	△24	△1,374	△1,104	3,011	△6,990
資本金	（百万円）	50	885	2,065	6,286	6,286

出所：メルカリ_新規上場申請のための有価証券報告書（Ⅰの部)

❖ メルペイとUS事業は大赤字？

　さて、ここまで見ると、メルカリが大きく売上を伸ばし続けてきていることが分かりますが、利益面はどうなっているでしょうか？
　連結PLを見てみましょう。

図3-1-6　メルカリ_2019年6月期連結PL

【連結損益計算書】

（単位：百万円）

	前連結会計年度 （自　2017年7月1日 至　2018年6月30日）	当連結会計年度 （自　2018年7月1日 至　2019年6月30日）
売上高	35,765	51,683
売上原価	6,806	12,864
売上総利益	28,958	38,818
販売費及び一般管理費	※1,※2 33,381	※1,※2 50,968
営業損失（△）	△ 4,422	△ 12,149

出所：メルカリ_2019年6月期有価証券報告書

なんと、2期連続で赤字となっており、直近は売上高の4分の1に匹敵するほどの営業損失が生じていることが分かります。なぜ、ここまでの赤字になっているのでしょうか？

　メルカリが展開する3つの事業（メルカリJP、メルペイ、メルカリUS）は、セグメント情報上は分類されておらず、「マーケットプレイス関連事業」の単一セグメントとなっています。
　そのため、3つの事業の売上高・損益の内訳がはっきりとは分からないようになっているのです。しかし決算説明資料を見ると、少なくともメルカリJPは黒字であることが分かります。

図3-1-7　メルカリ事業（JP）の損益推移

↓メルペイローンチ

（億円）	FY2018.6 4Q(4-6月)	FY2019.6 1Q(7-9月)	FY2019.6 2Q(10-12月)	FY2019.6 3Q(1-3月)	FY2019.6 4Q(4-6月)
GMV	961	990	1,289	1,330	1,292
売上高	89	97	122	121	120
対GMV比	9.3%	9.9%	9.5%	9.1%	9.3%
営業損益	8	14	30	20	6
マージン（％）	9.8%	14.5%	24.7%	16.5%	5.7%
調整後営業損益[1]	8	14	30	29	20
マージン（％）	9.8%	14.5%	24.7%	24.5%	17.2%

1.メルペイとの内部取引(決済業務委託に関わる手数料)を控除

出所：メルカリ_2019年6月期決算説明資料

　ということは、メルペイかメルカリUSで大赤字を計上しているということなのでしょうか？
　まず、18/6期の有報からメルカリ単体のPLを見ると、メルペイが設立されてまだ間もない18/6期に、関係会社株式評価損が12,807百万円計上されていることが分かります。

図3-1-8　メルカリ_特別損失の内訳

②【損益計算書】

(単位：百万円)

	前事業年度 (自　平成28年7月1日 至　平成29年6月30日)	当事業年度 (自　平成29年7月1日 至　平成30年6月30日)
特別損失		
関係会社株式評価損	9,986	12,807
投資有価証券評価損	247	193
関係会社貸倒引当金繰入額	－	432
その他	48	－
特別損失合計	10,282	13,433
税引前当期純損失（△）	△5,812	△6,326

出所：メルカリ_2018年6月期有価証券報告書

　メルカリ単体で関係会社株式評価損が計上されているということは、メルカリの子会社のどこかが赤字続きになっているということです。

　そして、12,807百万円もの減損を計上するためには、それ以上の金額を

図3-1-9　メルカリ_関係会社の状況

4【関係会社の状況】

名称	住所	資本金	主要な事業の内容	議決権の所有割合又は被所有割合（%）	関係内容
（連結子会社）					
Mercari, Inc. (注) 1	米国カリフォルニア州パロアルト市	240,555千米ドル	米国におけるCtoCマーケットプレイス「Mercari」の企画・開発・運営	100.0	役員の兼任2名、開発業務の受託、ロイヤリティーの受取
株式会社ソウゾウ	東京都港区	10百万円	新規事業の企画・開発・運営	100.0	役員の兼任2名、開発業務の受託
Mercari Europe Ltd.	英国ロンドン市	17,943千ポンド	英国におけるCtoCマーケットプレイス「Mercari」の企画・開発・運営	100.0	役員の兼任1名
Merpay Ltd.	英国ロンドン市	1,150千ポンド	英国におけるCtoCマーケットプレイス「Mercari」のペイメント事業	100.0	役員の兼任1名
株式会社メルペイ (注) 2、3	東京都港区	600百万円	資金移動業等の金融関連事業の企画・開発・運営	100.0	役員の兼任1名

出所：メルカリ_2018年6月期有価証券報告書

第3章　ＢＳから事業の特性を探り出す

投資していなければなりません。18/6期の有報の「関係会社の状況」を見ると、12,807百万円を上回る資本金が計上されている（＝メルカリが投資している）のは、Mercari, Inc.（メルカリ US）しか存在しないことが分かります（図3-1-9）。

　このことから、関係会社株式評価損の計上対象にメルカリ US が含まれている、すなわち、メルカリ US は継続的に赤字であったことが分かります。

　メルペイに関しては、直近時点の決算公告が開示されていないので、現時点で具体的にどのような損益になっているかは分かりませんが、まだリリースしてから間もない中でポイント還元施策を積極的に実施していたので、普通に考えて大きく赤字になっているだろうということが推察できます。

　そのため、メルカリでは、メルカリ JP が大きく利益を稼ぎ、メルペイとメルカリ US で赤字を計上しているという構図になっていると考えられます。

❖ 何にコストをかけているのか？

　では、メルカリグループは一体何にコストをかけた結果として、赤字となっているのでしょうか？ 図3-1-6を見る限り、販管費の負担がかなり大きくなっていることが要因として考えられるので、販管費の明細を見てみましょう。

図3-1-10　メルカリ_販管費明細

（連結損益計算書関係）
※ 1　販売費及び一般管理費のうち主要な費目及び金額は次のとおりであります。

	前連結会計年度 （自　2017年7月1日 至　2018年6月30日）		当連結会計年度 （自　2018年7月1日 至　2019年6月30日）
給料及び手当	4,643百万円	合計約**90億円**増加	7,518百万円
支払手数料	5,386百万円		9,130百万円
広告宣伝費	16,851百万円		19,317百万円
貸倒引当金繰入額	145百万円		946百万円
賞与引当金繰入額	339百万円		322百万円
ポイント引当金繰入額	-百万円		869百万円
株式報酬引当金繰入額	-百万円		458百万円

出所：メルカリ_2019年6月期有価証券報告書

112

　なるほど、人件費、支払手数料、広告宣伝費が主なコストとなっていることが分かります。特に、広告宣伝費にかなりのお金が投じられていますね。
　そして、いずれのコストも18/6期から19/6期にかけて大きく増加しています。これが19/6期の赤字額を増大させている要因だと考えられるので、コストの内容と増加要因を確認してみましょう。

　まずは人件費について。
　有報の「従業員の状況」には、有報提出会社単体の従業員数と平均年間給与が記載されていますが、これを見るとメルカリ単体の従業員数は422人増加し、また、18/6期から19/6期までの1年間で平均給与が大きく上がっていることが分かります。

図3-1-11　メルカリ_平均年間給与

（2）提出会社の状況

平成30年6月30日現在

従業員数（人）	平均年齢（歳）	平均勤続年数（年）	平均年間給与（千円）
756（28）	30.2	1.3	5,022

（2）提出会社の状況

2019年6月30日現在

従業員数（人）	平均年齢（歳）	平均勤続年数（年）	平均年間給与（千円）
1,178　（174）	31.9	1.5	7,121

出所：メルカリ_2019年6月期有価証券報告書

　このことから、人件費が大きく増加したのは、メルカリJPの今後の事業展開を見据えて、高年収を提示して優秀な人材を積極的に採用してきたためだということが推察できます。

次に、支払手数料は主にクレジットカード会社への決済手数料だと考えられます（図3-1-2参照）。これはGMVの増加に比例して増加すると考えられるため、GMVの増加に合わせて支払手数料も増えたのでしょう（GMVの推移は、図3-1-4を参照）。

また、メルペイがポイント還元キャンペーンを実施したことによる費用も、この支払手数料で計上されていると考えられます。つまり、GMVの増加及びメルペイのリリースによって、支払手数料が大きく増加したのだと推察されます。

では、広告宣伝費が増加しているのはなぜでしょうか？

メルカリの決算説明資料から抜粋した、メルカリ事業（JP）のコスト推移を見てください。

図3-1-12　メルカリ事業（JP）のコスト推移

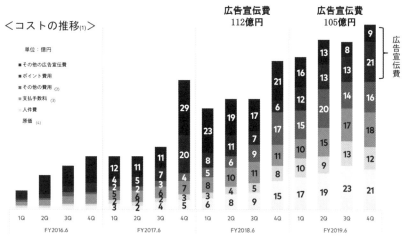

出所：メルカリ_2019年6月期有価証券報告書

　メルカリJPの広告宣伝費は、112億円から105億円とむしろ減っていますよね。となると、その他のメイン事業である「メルペイ」と「メルカリUS」の広告宣伝費が大きく増加したのではないかということが分かります。

　直近決算時点までは、メルペイとメルカリUSのコスト内訳が分からないので、どちらの広告宣伝費が大きく増えたのかまでは分かりませんが、いずれにせよメルペイもしくはメルカリUSを伸ばすために積極的な投資を行なっていることは間違いなさそうです。

　とはいえ、ここまで赤字を掘りながら投資を行おうと思ったら、相応のお金が必要になってくることは想像に難くありません。なぜ、メルカリはお金の心配をせずに、ここまで積極的にメルペイとメルカリUSに投資をすることができるのでしょうか？

3-1のまとめ

・メルカリは、主にメルカリJP、メルペイ、メルカリUSの3つの事業を主軸としている
・これまでメルカリが爆発的な成長を遂げたのは、資金調達により、手数料をゼロにしたりTVCMを打つといったユーザー獲得戦略に集中できたから
・メルカリが赤字となっているのは、メルペイやメルカリUSで積極的な広告宣伝投資を実施したり、メルペイのポイント還元を実施してきたから

3-2
運転資本とCCCを知る

ポイント

✓ 運転資本とは何か？
✓ CCCを利用することで分かることとは？
✓ CCCを利用する際の注意点とは？

❖運転資本って何？

　具体的にメルカリが積極的な投資を続けられる理由を探りにいく前に、ここでは少し一般論について話したいと思います。

　BSは、借方に資産、貸方に負債・純資産が記載されていることは周知のとおりだと思いますが、BSに記載されている項目をもう少し細かい要素ごとに分解すると、以下のようになります。

図3-2-1　BSの要素別分解

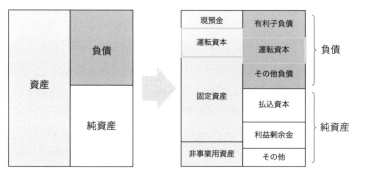

出所：筆者作成

　3-2では、この中でも「運転資本」について説明していきたいと思います。運転資本は、主に売上債権（売掛金や受取手形等）、棚卸資産（商品・製

116

品・仕掛品等)、仕入債務（買掛金や支払手形等）等で構成されており、次の算式で求めることができます。

運転資本＝売上債権＋棚卸資産－仕入債務

　第1章で、運転資本は「本業から生まれるキャッシュ・フローと、PLの動きのズレ」を表していると言いました。これは、別の言い方をすると「本業を行なう上でどれくらいのキャッシュを持っておけばいいのかという余裕度を表すもの」だとも言えます。

　これだけ聞いても今ひとつピンとこないかもしれないので、簡単な例を挙げながら見ていきましょう。

例

Aさんは、一念発起して資本金50,000円で果物の卸売事業を始めました。Aさんはまずバナナを1房100円で1,000房仕入れました。仕入代金100,000円は2ヶ月後に払うこととしました。

Aさんは、このバナナを1房150円で販売することにしました。Aさんが営業に精を出した結果、1ヶ月後には700房が売れていました。なお、売上代金105,000円は、2ヶ月後に回収することとなりました。

　事業開始から1ヶ月後に早速、35,000円の利益（1房あたり粗利50円×700房）が出たので喜ばしいことですよね。

　ただ、よくよく考えると、来月100,000円の仕入代金を支払わなければならないのに、売上代金105,000円が入金されるのは2ヶ月後となっています。

しかし、手元には50,000円しかありません。つまり、Aさんの会社は、利益は出ているにも関わらず、資金ショートの危機にあるということです。

　このとき、取引開始から1ヶ月後のPLとBSを確認すると、図3-2-2のようになっています。運転資本は35,000円のプラスとなっていることが分かりますね。

図3-2-2　取引開始1ヶ月後のPLとBS（売上代金の回収が3ヶ月後の場合）

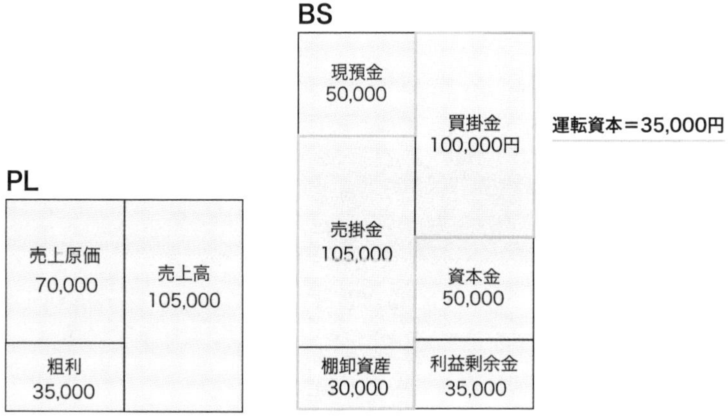

出所：筆者作成

　では、仮に売上代金が、販売と同時に回収されることとなっていた場合はどうなっていたでしょうか？
　この場合、105,000円は即時に入金され、手元のキャッシュは155,000円となるので、翌月に到来する100,000円の支払いも余裕で行うことができます。

　このとき、取引開始から1ヶ月後のPLとBSを確認すると、図3-2-3のようになります。

図3-2-3　取引開始1ヶ月後のPLとBS（売上代金が即時に回収される場合）

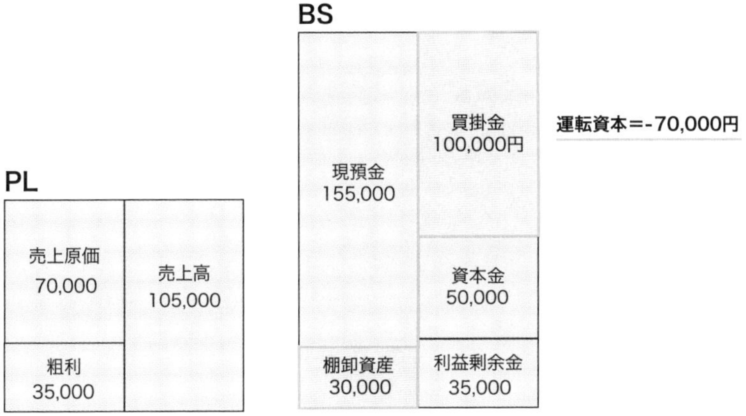

BS

現預金
155,000

買掛金
100,000円

運転資本＝-70,000円

資本金
50,000

棚卸資産
30,000

利益剰余金
35,000

PL

売上原価
70,000

売上高
105,000

粗利
35,000

出所：筆者作成

　今度は、運転資本はマイナス70,000円となっていますよね。

　運転資本がマイナスになっているのは、売上代金が即時に回収されることで、売掛金が計上されていないためだと言えます。

　つまり、入金が早くて出金が遅いと運転資本は小さくなりやすく、逆に入金が遅くて出金が早いと運転資本は大きくなりやすいということです。

　逆の見方をすると、運転資本が小さかったりマイナスとなっているような会社は、入金が先行するビジネスモデルであるため、資金繰りが有利になる場合が多いと言えます。

　この例は若干極端でしたが、とにかく運転資本が小さければ小さいほど、資金繰りが有利になりやすいということだけは押さえておいてください。

❖ 回転期間とCCC

　さて、ここまで「運転資本の金額は小さければ小さいほどいい」と述べてきましたが、売上や総資産等の規模は各社毎に異なってきますよね。そんななかで金額だけを見て判断してしまうと、誤った意思決定を下してしまうかもしれません。

　例えば、売上高1兆円で運転資本が100億円のX社と、売上高100億円で運転資本が80億円のY社があったとします。そんなとき、運転資本の金額だけを見て「Y社の方が運転資本が小さいから、資金繰りが有利なのか」と思ってしまうのは明らかにおかしいですよね。

　そこで、特に他社と運転資本の比較を行う際に非常に有用となるのが、「回転期間」という概念です。回転期間には、主に次の3種類があります。

---

① 棚卸資産回転期間（モノを仕入れてから売り上げるまでの期間）
② 売上債権回転期間（モノを売り上げてから入金されるまでの期間）
③ 仕入債務回転期間（モノを仕入れてから支払うまでの期間）

　それぞれの回転期間は、BSとPLの数字を使って、次のように算出することができます。

---

① 棚卸資産回転期間（月）＝棚卸資産 ÷ 売上原価 × 12
② 売上債権回転期間（月）＝売上債権 ÷ 売上高 × 12
③ 仕入債務回転期間（月）＝仕入債務 ÷ 売上原価 × 12

どういうロジックかというと、例えば、毎月100円を売り上げ、代金の回収が1ヶ月後だったとしましょう。この場合、PLの年間売上は1,200円、期末のBSの売掛金は100円となりますよね。そこで、100円÷1,200円×12ヶ月＝1ヶ月、といった具合に、BSとPLを見るだけで、売上代金の回収期間が分かるようになるのです。

なお、「×12ヶ月」を「×365日」に変えることで、日数単位での回転期間も見ることができます。

もちろん、実際には毎月均等に売上が計上されるわけではありませんし、取引ごとに回収条件が異なってくることもあるので、算出した回転期間が実際の回収期間と一致するわけではありません。そのため、回転期間はあくまで目安を把握するためのものであることを認識しておいてください。

なお、棚卸資産回転期間と仕入債務回転期間の算定方法も、ロジックとしては先ほど述べた売上債権回転期間と同じです。

そして、これらを用いて支払から入金までの期間を簡便的に算出したものを、「CCC（キャッシュコンバージョンサイクル）」と言います。

CCCは、次のように算出することができます。

> CCC＝棚卸資産回転期間＋売上債権回転期間－仕入債務回転期間

CCCを図示すると、次ページの図3-2-4のようになります。

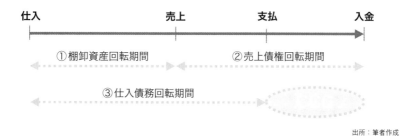

図3-2-4　回転期間とCCCの関係

仕入　　　　　　　　　　　売上　　　　　支払　　　　　入金

①棚卸資産回転期間　　　　　　②売上債権回転期間

③仕入債務回転期間

出所：筆者作成

　これを見ると、①棚卸資産回転期間と②売上債権回転期間は短ければ短いほど、③仕入債務回転期間は長ければ長いほど、CCCが短くなることが分かりますよね。

　このように、CCCを見ることで、その会社の「支払から入金までのタイムラグ」をざっくりと確認することができるようになるのです。

❖CCCを利用するメリットと注意点

　概念的な話だけをしていてもあまりイメージがつかないかもしれないので、実際の会社のCCCを算出して比較してみましょう。

　図3-2-5は、電化製品を販売する「エレコム」、丸亀製麺等の飲食チェーンを展開する「トリドール」、アパレルECのZOZOTOWNを展開する「ZOZO」のCCCを比較してみたものです。

　まず、エレコムのCCCは1.4ヶ月となっていることが分かります。

　エレコムは、自社製品の販売を行っていることから、ある程度在庫を保有しておかなければなりません。また、販売先はエンドユーザーだけでなく、家電量販店等も存在することから、掛売りが発生し、売上債権もそれなりに計上されることとなります。

図3-2-5　エレコム、トリドール、ZOZOのCCC比較

		エレコム	トリドール	ZOZO
売上債権	a	18,572	4,416	27,404
棚卸資産	b	10,119	830	5,885
仕入債務	c	14,553	9,542	1,693
売上高	d	99,363	145,022	118,405
売上原価	e	62,063	39,117	13,457
売上債権回転期間（月）	*f = a / d * 12*	*2.2*	*0.4*	*2.8*
棚卸資産回転期間（月）	*g = b / e *12*	*2.0*	*0.3*	*5.2*
仕入債務回転期間（月）	*h = c / e *12*	*2.8*	*2.9*	*1.5*
CCC	*f + g - h*	**1.4**	**-2.3**	**6.5**

出所：各社有価証券報告書を基に筆者作成

第3章　BSから事業の特性を探り出す

　そのため、売上債権回転期間と棚卸資産回転期間が合わせて4ヶ月ほどとなり、結果としてCCCもプラス1.4ヶ月となっています。

　一方で、トリドールはCCCがマイナスとなっています。これは、トリドールのメインの事業が飲食店舗の営業であり、売上金が即時に入金されることで売上債権が計上されにくいビジネスであるためです。

　逆に、仕入先に支払うまでの猶予が3ヶ月ほどあるので、トリドールは先に売上金が入金される、つまり、売上高が確保されている限りにおいて、資金繰り上ある程度有利な立場にあることが分かります。

　このように、CCCは「支払いから入金までの期間」を表してくれるため、その会社にビジネス上どのような特徴があるのかを把握するのに有用です。

　ただし、注意していただきたいのが、CCCがどのような場合でも万能というわけではないという点です。

　例えば、先ほどの図3-2-5でZOZOのCCCを見ると、6.5ヶ月となっていますよね。これは棚卸資産回転期間が5.2ヶ月とかなり長期化していること

が主要因に見えますが、これをもって「ZOZOは資金繰りが厳しいのか！」と判断してはいけません。

　というのも、ZOZOのメイン事業である「受託ショップ販売」は、ZO-ZOTOWNというプラットフォームをアパレルブランドに提供し、そこで販売が行われた際に手数料を徴収するというビジネスモデルとなっていることから、基本的に在庫を持つ必要がないのです。

　つまり、ZOZOにおける売上債権の大部分は手数料売上から発生しているものであり、棚卸資産・仕入債務は計上されていないということです。

図3-2-6　ZOZOの事業別取扱高及び売上高

事業別	前連結会計年度 （自　2017年4月1日 　至　2018年3月31日）			当連結会計年度 （自　2018年4月1日 　至　2019年3月31日）		
	取扱高 （百万円）	構成比 （%）	売上高 （百万円）	取扱高 （百万円）	構成比 （%）	売上高 （百万円）
ZOZOTOWN事業						
（受託ショップ）	246,803	91.2	71,192	294,230	91.0	82,670
（買取ショップ）	166	0.1	166	149	0.0	148
（ZOZOUSED）	15,951	5.9	15,931	16,971	5.3	16,372
小計	262,920	97.2	87,290	311,351	96.3	99,191
PB事業	—	—	—	2,763	0.9	2,746
BtoB事業	7,536	2.8	1,642	9,014	2.8	2,056
フリマ事業	86	0.0	—	—	—	—
広告事業	—	—	—	—	—	1,426
その他	—	—	9,498	—	—	12,984
合計	270,543	100.0	98,432	323,129	100.0	118,405

出所：ZOZO_2019年3月期有価証券報告書

　「あれ、でも図3-2-5を見ると、棚卸資産も仕入債務も計上されているじゃん！」と思われるかもしれませんが、ZOZOで計上されている棚卸資産や仕入債務はPB（プライベートブランド）事業等、受託ショップ事業とは別のビジネスから発生しているものです。

　そのため、確かに棚卸資産回転期間は5ヶ月程となっていて、「モノが売れてないのでは？」と判断してしまいそうになりますが、それはあくまでPB事業における在庫が積み上がっているからにすぎません。そして、このPB事業における売上高はZOZO全体の売上高の2~3%にすぎないため、PB事業における棚卸資産が多少積み上がっていたとしても、ZOZO全体に与える影響はそこまで大きくないと言えるのです。

　このような状況下でCCCを機械的に見ていると、「ZOZOはCCCが長いから、資金繰りがやばそうだ！」と誤った判断を下してしまうかもしれません。

　このように、特に売上高の大部分がモノの仕入れを伴わずに計上されているような会社においては、機械的にCCCを算出してもあまり意味のある分析はできないという点には十分注意しましょう。

3-2のまとめ

・運転資本は、本業を行う上で、どの程度のキャッシュを持っておけばいいのかという余裕度を表すものであり、基本的には小さければ小さいほどいい
・支払いから入金までの期間を表す指標として、CCCが存在する
・売上の大部分が、モノの仕入を伴わずに計上されているような会社においては、CCCは利用せず、個々の回転期間を検討した方が望ましい

メルカリが
キャッシュ・カウである理由

✓ なぜ、メルカリはキャッシュが溜まりやすいのか？
✓ メルカリが銀行に似ているワケとは？

❖ 多額の預り金

さて、ここまで「運転資本とは何か」ということについて見てきましたが、メルカリの運転資本はどのようになっているでしょうか？

実際に、メルカリの連結BSから確認してみましょう。

まず、連結BSの借方を見ると、棚卸資産が存在せず、代わりに未収入金や預け金等の金額が大きくなっていることが分かります。

これまで、運転資本は棚卸資産、売上債権、仕入債務で構成されていると述べてきましたが、必ずこの3つを運転資本としなければならないわけではなく、その他の流動資産・負債に重要性がある場合は、それらも運転資本項目として取り扱うべきだと考えられます。そのため、今回は売掛金、未収入金、前払費用、預け金をプラスの運転資本項目として考えます。

図3-3-1 メルカリ_連結BS（借方）

（単位：百万円）

	前連結会計年度 （2018年6月30日）	当連結会計年度 （2019年6月30日）
資産の部		
流動資産		
現金及び預金	109,157	125,578
売掛金	359	1,341
有価証券	-	5,196
未収入金	2,774	14,176
前払費用	491	913
預け金	786	5,383
その他	304	319
貸倒引当金	△ 148	△ 1,094
流動資産合計	113,725	151,813
固定資産		
有形固定資産	※ 1,037	※ 1,883
無形固定資産		
のれん	119	1,022
その他	1	58
無形固定資産合計	120	1,081
投資その他の資産		
投資有価証券	416	533
敷金	1,223	2,020
繰延税金資産	627	1,825
差入保証金	598	4,526
その他	3	0
投資その他の資産合計	2,869	8,907
固定資産合計	4,026	11,871
資産合計	117,752	163,685

出所：メルカリ_2019年6月期有価証券報告書

次に、貸方（負債まで）を見てみましょう（図3-3-2）。

図3-3-2　メルカリ　連結BS（貸方）

（単位：百万円）

	前連結会計年度 （2018年6月30日）	当連結会計年度 （2019年6月30日）
負債の部		
流動負債		
短期借入金	1,000	-
1年内返済予定の長期借入金	9,061	1,261
未払金	5,170	7,281
未払費用	1,422	1,081
未払法人税等	2,260	1,687
預り金	23,730	45,818
賞与引当金	679	673
ポイント引当金	-	869
事業整理損失引当金	-	82
株式報酬引当金	-	905
その他	979	1,352
流動負債合計	44,304	61,014
固定負債		
長期借入金	18,956	51,447
その他	68	286
固定負債合計	19,024	51,734
負債合計	63,329	112,748
純資産の部		
株主資本		
資本金	34,803	40,110
資本剰余金	34,783	40,089
利益剰余金	△ 15,288	△ 29,097
自己株式	-	△ 0
株主資本合計	54,298	51,102
その他の包括利益累計額		
為替換算調整勘定	123	△ 165
その他の包括利益累計額合計	123	△ 165
純資産合計	54,422	50,936
負債純資産合計	117,752	163,685

出所：メルカリ_2019年6月期有価証券報告書

　貸方も同様に、仕入債務は存在しません。なので、未払金、未払費用、預り金を、マイナスの運転資本項目として考えます。

　そうすると、18/6期、19/6期の運転資本はそれぞれ図3-3-3のように算出されます（カッコ書きの数字は、マイナスを表しています）。

図3-3-3　メルカリ＿運転資本

単位：百万円	18/6期	19/6期
売掛金	359	1,341
未収入金	2,774	14,176
前払費用	491	913
預け金	786	5,383
運転資本（＋項目）	4,410	21,813
未払金	(5,170)	(7,281)
未払費用	(1,422)	(1,081)
預り金	**(23,730)**	**(45,818)**
運転資本（－項目）	(30,322)	(54,180)
運転資本	**(25,912)**	**(32,367)**

出所：メルカリ＿2019年6月期有価証券報告書を基に筆者作成

　これを見ると、メルカリの運転資本は大きくマイナスとなっていることが分かりますよね。つまり、運転資本が小さく、資金繰り上かなり有利な状況になっているということです。

　そして、ここまで運転資本が大きくマイナスとなっているのは、多額の預り金が計上されているためであることが分かります。では、なぜここまで多額の預り金が計上されているのでしょうか？

なぜ、キャッシュが溜まりやすいのか

　ここで、もう一度メルカリのビジネスモデルを整理しておきましょう。再掲になりますが、図3-3-4はメルカリの事業系統図です。

図3-3-4　メルカリのビジネスモデル（メルペイ導入前）

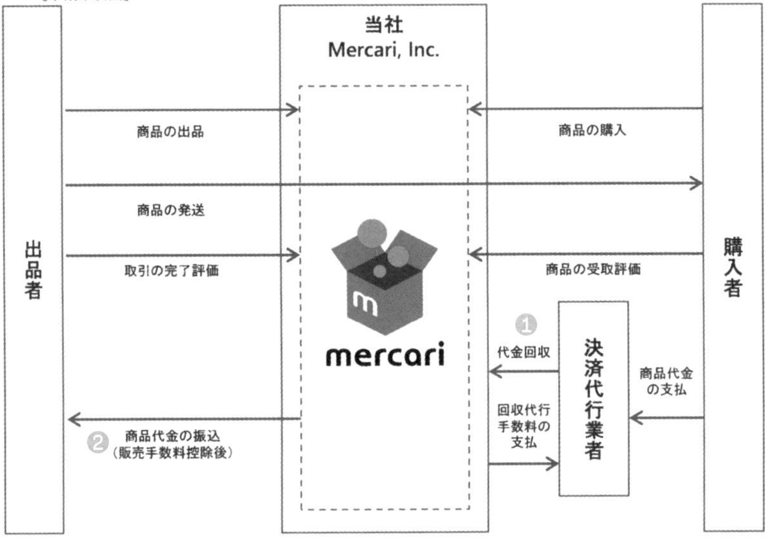

[事業系統図]

当社
Mercari, Inc.

出品者 | 商品の出品 / 商品の発送 / 取引の完了評価 | 商品の購入 / 商品の受取評価 | 購入者

mercari

❶ 代金回収
回収代行手数料の支払

決済代行業者

商品代金の支払

❷ 商品代金の振込（販売手数料控除後）

出所：メルカリ　2018年6月期有価証券報告書

　まず、メルカリのアプリ内でユーザーが商品を購入したとします。メルペイがリリースされる前は、基本的にクレジットカード決済となっていたので、カード会社からメルカリに売上金が入金されます。
　例えば、購入者が10,000円の商品を買い、カード会社からメルカリへ売上金が振り込まれたとしましょう（図中①）。このとき、メルカリでは次のような仕訳が切られます。

| 現預金 | 10,000 | 売上高 | 1,000 |
| | | 預り金 | 9,000 |

　取引高の10%が手数料としてメルカリに徴収されるので、メルカリはこの分を売上計上します。残りの90%については、メルカリに一旦入金され

るものの、これは出品者に支払わなければならないため、メルカリは「預り金」として計上します。

　ここでポイントとなるのが、「出品者が振込申請をしない限り、メルカリはお金を払わなくていい」ということです。

　出品者が振込申請をした場合は、メルカリは先ほどの9,000円を出品者に支払うこととなります（図中②）。その際の仕訳は次のようになります。

預り金	9,000	現預金	9,000

　そのため、預り金が多額に計上されているような場合は、振込申請がなされずにメルカリの内部でお金が留まったままの状態であることが分かります。

　これを踏まえてもう一度図3-3-3を見ると、なぜ預り金が大きくなっているのかが分かると思います。つまり、メルカリは、商品の代金が入金されてから出金されるまでの時間が長いことから預り金が多く計上されており、手元のキャッシュが溜まりやすい構造になっているということです。

　ちなみに、もし全ての出品者が、売れてから即行で振込申請を行っていたら、ここまで多額の預り金が計上されることはあり得ません。

　預り金が計上され続けるのは、ユーザーが振込申請をせずに放置しているか、売上金を使ってメルカリのアプリ内で何かの商品購入に充てているからなのです。

図3-3-5　メルカリのお金の流れ

メルカリ内部でお金が循環

mercari

出品者　　　　　　　　　　　　　　　　　　　　　　購入者

出所：筆者作成

　つまり、メルカリからすれば、サービス満足度を上げて出品者が売上金をメルカリ内での購入に充てるよう促すことができれば、メルカリ内部でお金が循環するようになります。

　こうなると、唯一のキャッシュアウトポイントである「出品者からの振込申請」が減り、その間に購入者から購入代金が入ってくることから、どんどんキャッシュが溜まっていくということです。

　実際にメルカリのBS（図3-3-1）を見ると、総資産のうちほとんどが現預金となっていることが分かりますね。メルカリというサービスが、正真正銘のキャッシュカウとなっていることがわかります。

◆キャッシュレスサービス「メルペイ」とは？

　さて、ここまではメルペイが導入される前の話でしたが、メルカリは2019年2月にメルペイをリリースしています。このメルペイのリリースにより、ビジネスモデルにどのような変化が生じたのでしょうか？

2019年6月期の有報に、メルペイ導入後のメルカリの事業系統図が掲載されているので、確認してみましょう。

図3-3-6　メルカリのビジネスモデル（メルペイ導入後）

出所：メルカリ_2019年6月期有価証券報告書

メルペイができたことにより、メルカリユーザーのアカウントにメルペイのアカウントが作られました。出品してモノが売れた時も、10%の手数料が差し引かれてこのメルペイアカウントにチャージされます。

また、銀行から直接メルペイにチャージすることもできます。

売上金や銀行チャージを通じてメルペイに貯まった残高は、iDが設置されている加盟店で利用することができます。そのため、ユーザーは売上金やチャージした金額を色んな店で使うことができるようになりました。

更にメルカリは、メルペイをスタートしてから少し経った2019年4月から「メルペイあと払い」というサービスを始めています。

　これは、ユーザーがメルペイ残高にお金が入っていなくても、iD決済を通じて何か買い物をすることが可能となるサービスです。

　購入者が「メルペイあと払い」を選択して何かを購入すると、メルペイが加盟店に対して先に立替払いをし、翌月に購入者から回収することになります。

　ユーザーは、「今すぐ欲しいけど、来週の給料日が来ないと買えない…」といった場合でもモノを買えるようになることから、特に若年層のユーザーにウケが良さそうなサービスであることが分かります。

❖赤字でもキャッシュは減っていない？

　3-1で、メルカリの連結営業利益が大赤字になっていることを指摘しました。そしてその理出が、積極的な人材採用による人件費の増加や、広告宣伝費の増加、メルペイの還元キャンペーン等によるコスト増であることについても分かりました。

　では、先ほどメルカリは「資金繰り上有利な会社」と述べましたが、実際のキャッシュ・フローの動きはどのようになっているのでしょうか？

　メルカリの19/6期の連結CSを見てみましょう。

　PLで大赤字になっているので、営業CFのスタート項目である税金等調整前当期純利益は大きくマイナスとなっています（図中①）。

　また、「メルペイあと払い」をリリースしたことで、メルカリから加盟店に対する立替払いが行われるようになり、メルカリからユーザーに対する未収入金が発生しています。そのため、未収入金の増加による営業CFのマイナス調整額が大きくなっています（図中②）。

図3-3-7 メルカリ　連結CF

（単位：百万円）

	前連結会計年度 （自　2017年7月1日 至　2018年6月30日）	当連結会計年度 （自　2018年7月1日 至　2019年6月30日）
営業活動によるキャッシュ・フロー		
❶ 税金等調整前当期純損失（△　）	△ 4,935	△ 12,567
減価償却費及びその他の償却費	236	789
のれん償却額	204	276
事業整理損	-	189
段階取得に係る差損益（△は益）	-	47
投資有価証券評価損益（△は益）	193	159
貸倒引当金の増減額（△は減少）	145	946
ポイント引当金の増減額（△は減少）	-	869
株式報酬引当金の増減額（△は減少）	-	905
受取利息	△ 4	△ 66
受取保険金	△ 20	-
支払利息	92	78
上場関連費用	236	-
売上債権の増減額（△は増加）	△ 251	△ 992
❷ 未収入金の増減額（△は増加）	△ 1,641	△ 11,405
未払金の増減額（△は減少）	1,843	2,442
預け金の増減額（△は増加）	△ 753	△ 4,608
❸ 預り金の増減額（△は減少）	1,791	22,077
その他	1,796	1
❹ 小計	△ 1,065	△ 856
利息の受取額	4	66
利息の支払額	△ 92	△ 78
保険金の受取額	20	-
差入保証金の増減額（△は増加）	△ 598	△ 3,929
法人税等の支払額	△ 1,705	△ 2,491
営業活動によるキャッシュ・フロー	△ 3,437	△ 7,289
投資活動によるキャッシュ・フロー		
投資有価証券の取得による支出	△ 503	△ 189
有形固定資産の取得による支出	△ 692	△ 1,699
敷金の差入による支出	△ 738	△ 940
その他	△ 10	23
投資活動によるキャッシュ・フロー	△ 1,944	△ 2,805
財務活動によるキャッシュ・フロー		
短期借入金の純増減額（△は減少）	△ 2,500	△ 1,000
長期借入れによる収入	16,000	50,000
長期借入金の返済による支出	△ 6,871	△ 25,308
株式の発行による収入	57,033	8,665
上場関連費用の支出	△ 43	△ 156
その他	△ 1	-
財務活動によるキャッシュ・フロー	63,617	32,200
現金及び現金同等物に係る換算差額	58	△ 391
現金及び現金同等物の増減額（△は減少）	58,294	21,713
現金及び現金同等物の期首残高	50,863	109,157
新規連結に伴う現金及び現金同等物の増加額	-	77
連結除外に伴う現金及び現金同等物の減少額	-	△ 174
現金及び現金同等物の期末残高	※1 109,157	※1 130,774

出所：メルカリ_2019年6月期有価証券報告書

しかし、ユーザーからの預り金も大きく増加していることが分かります（図中③）。これはおそらく、メルペイがリリースしてから積極的な還元キャンペーンを実施していたこともあり、これまでメルカリを使っていなかったユーザーが一斉にメルペイの残高にチャージしたことが主な要因であると考えられます。

　結局、営業CFの小計欄を見ると、マイナス幅はむしろ縮小していますね（図中④）。少なくとも、PLの営業損失12,149百万円と比べると、かなり小さくなっています。

　そう考えると、PLが赤字になっていることで懸念されがちではあるものの、やはり直近ではメルカリの資金繰りに問題はなさそうだということが分かります。

　ユーザーから預かっているメルペイ口座のお金を活用して、メルペイやメルカリ USへの投資を行っていると考えると、なんとなくメルカリのビジネスモデルが銀行のそれと似てきつつあるような気もしますね。

3-3のまとめ

・メルカリは、入金が行われてから出金までのタイミングが長く、多額の預り金が計上されることから、キャッシュが溜まりやすい構造になっている
・メルペイのリリースにより赤字額が膨らんでいるものの、営業CFはむしろ改善しており、資金繰りには余裕があると考えられる

メルカリが
勝負を続けられる理由

✓ **キャッシュは持ちすぎ？それとも適正水準？**
✓ **メルペイの本当の狙いは？**
✓ **メルカリが勝負を続けられる理由は？**

第3章

BSから事業の特性を探り出す

❖十分すぎるほどのキャッシュ残高

　メルカリのビジネスがキャッシュが溜まりやすい構造となっていることに触れてきましたが、実際に現時点でメルカリはどれくらいのキャッシュを保有しているのでしょうか？

　直近の連結BS（20/6期Q1）から、現預金残高と預り金の残高を確認してみましょう。

　図3-4-1を見ると、預り金や未払金が更に増加していることから、20/6期Q１は7,010百万円の営業損失を計上しているにも関わらず、キャッシュ残高はむしろ増加していることが分かります。

　では、メルカリはキャッシュを抱えすぎなのでしょうか？

　普通、ここまでキャッシュが溜まっていると、何か別の投資に使ったり、自己株式の取得や配当を通じた株主還元を行ったりするはずです。

　しかし、メルカリは広告宣伝投資やメルペイの還元を除いて、特段大きな投資を行う必要もなければ、配当や自己株式の取得等を通じた株主還元も今のところ行っていません。

　メルカリはここまでキャッシュを貯めて、一体何に使うつもりなのでしょうか？

図3-4-1 メルカリ_連結BS（流動資産・流動負債）

（1）【四半期連結貸借対照表】

（単位：百万円）

	前連結会計年度 （2019年6月30日）	当第1四半期連結会計期間 （2019年9月30日）
資産の部		
流動資産		
現金及び預金	125,578	137,946
売掛金	1,341	1,558
有価証券	5,196	5,229
未収入金	14,176	15,176
前払費用	913	1,528
預け金	5,383	2,567
その他	319	838
貸倒引当金	△ 1,094	△ 1,165
流動資産合計	151,813	163,679

	前連結会計年度 （2019年6月30日）	当第1四半期連結会計期間 （2019年9月30日）
負債の部		
流動負債		
1年内返済予定の長期借入金	1,261	1,178
未払金	7,281	15,748
未払費用	1,081	871
未払法人税等	1,687	473
預り金	45,818	53,447
賞与引当金	673	360
ポイント引当金	869	1,365
事業整理損失引当金	82	-
株式報酬引当金	905	344
その他	1,352	6,112
流動負債合計	61,014	79,903

出所：メルカリ_2020年6月第1四半期報告書

❖ メルカリは金融事業者となるのか？

　メルペイのリリースとほぼ同時期に、PayPayやLINEPay等のスマホ決済サービスが次々とリリースされました。各社が積極的な還元キャンペーンを繰り広げてユーザーを獲得しあう様子は、「キャッシュレス戦争」と表現されたほどです。しかし、あくまで筆者の主観ですが、メルペイはこの覇権争いを制することが目的であったというわけではなく、本当の狙いは別にあったのだと思っています。

　メルカリは、メルカリユーザーのこれまでの決済実績にかかるデータを持っているはずです。また、メルペイ後払いの実施により、更にユーザーの信用に関する情報を獲得できたものだと考えられます。

　これによりメルカリは、「ユーザーの信用情報」という非常に価値の高い情報を持っているものと考えられますよね。そして、この信用情報を基に今メルカリが新たに始めようとしているサービスが、「分割払い」です。

図3-4-2　新たな「メルペイあと払い」

2 メルペイ事業 メルカリとのシナジー強化施策②

・後払いサービスを拡張し、分割での柔軟な支払いにも対応 (1)

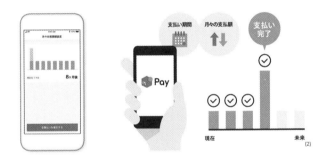

(1) 2020年初頭対応の予定
(2)掲載画像はイメージ

出所：メルカリ_2020年6月期第1四半期決算説明資料

　本書の執筆時点では、「メルペイあと払い」は翌月支払となっている代わりに、利息や手数料は発生していませんが、分割払いが開始されるとさすがに利息を取るようになると思います。

　そうなると、利率をどれくらいに設定するかにもよりますが、仮に他のクレジットカード会社と同様に年利10％以上を設定した場合、メルカリの収益性は一気に改善されることとなる、つまり、PL上の利益も黒字化することが十分可能になると言えます。与信管理さえしっかりできれば、リボ

払いや分割払いはめちゃくちゃ儲かるからです。

　また、分割払いを導入すると、メルカリ内で高額な商品が売れやすくなることから、メルカリJPの手数料売上も増加すると考えられます。

　ただし、もし分割払いを開始した場合は、逆にメルカリはこれまでよりも資金繰りに注意深くなる必要性が出てきます。

　どういうことかと言うと、先ほど、18/6期から19/6期にかけて未収入金が増加していることを確認しましたよね。

図3-4-3　未収入金の急増

（単位：百万円）

	前連結会計年度 （2018年6月30日）	当連結会計年度 （2019年6月30日）
資産の部		
流動資産		
現金及び預金	109,157	125,578
売掛金	359	1,341
有価証券	-	5,196
未収入金	2,774	14,176
前払費用	491	913
預け金	786	5,383
その他	304	319
貸倒引当金	△ 148	△ 1,094
流動資産合計	113,725	151,813

出所：メルカリ_2019年6月期有価証券報告書

　これは、メルペイを利用したユーザーに代わって、メルカリが先に加盟店へ代金を支払うことにより生じているものです。つまり、翌月にユーザーから代金を回収するまで未収入金が残るために、残高が大きくなっているということです。

　現在のメルペイあと払いは翌月決済であるにも関わらず、これだけ未収入金が増えています。そう考えると、分割払いをスタートしたらユーザーから回収するまでの期間がもっと長くなるので、未収入金はこれまで以上に大きくなります。

　つまり、預り金の影響で大きくマイナスだったメルカリの運転資本が、分割払いの導入によりプラスに近づく（＝資金繰りがこれまでほどは有利ではなくなる）可能性があるということです。

　そう考えると、今後の分割払い導入開始に備えて手元に潤沢なキャッシュを置いておくというのが、メルカリが大量のキャッシュを抱える本当の狙いなのだと推測できます。

❖ まだしばらく赤字は続きそう？

　メルペイの分割払い導入やメルカリUSの黒字化を起点に、メルカリの営業利益が近い将来黒字化する可能性は十分にあると考えられます。とはいえ、メルカリはもうしばらく赤字が続きそうだと言えます。
　というのも、「税効果注記」を見ることで、こういったことが少し分かるのです。会計を詳しく勉強された方でないとほぼ絶対に見ない注記だと思いますが、ここには意外と重要な情報が隠されていることがあるので、少しだけ紹介したいと思います。

　そもそも、「税効果会計」って何でしょうか？
　詳しく説明すると10ページは優に超えてしまうため、かなり簡単に言うと、税効果会計は、「将来どれだけ税金の支出額が減る、もしくは増えるかを表す会計手法」だと言えます。
　BSを見たときに、「繰延税金資産」とか「繰延税金負債」という文字を見たことがないでしょうか？ あれが、将来の税金支出がどれくらい減るか、もしくは増えるかを表しているのです。

　例えばメルカリの場合だと、直近で1,825百万円の繰延税金資産が計上されています。

図3-4-4　メルカリの繰延税金資産

（1）【四半期連結貸借対照表】

（単位：百万円）

	前連結会計年度 （2019年6月30日）	当第1四半期連結会計期間 （2019年9月30日）
投資その他の資産		
投資有価証券	533	545
敷金	2,020	1,919
繰延税金資産	1,825	1,825
差入保証金	4,526	5,599
その他	0	192
投資その他の資産合計	8,907	10,081
固定資産合計	11,871	14,308
資産合計	163,685	177,988

出所：メルカリ_2020年6月期第1四半期報告書

　これは、メルカリの将来の税金支出額が1,825百万円減る効果があるということです。

　分かりやすい例として、繰越欠損金があります。法人税法においては、会社が損失を出すと、その損失を10年間繰り越すことができるようになっています。

　例えば、去年100万円の損失が出て、今年50万円の利益（所得）が出た場合を考えてみてください。この場合、本来であれば、今年は50万円に税率をかけた金額を納税しなければなりませんが、繰越欠損金の制度が存在することにより、去年生じた100万円の損失のうち50万円と今年の利益を相殺することで、税額をゼロとすることができます（大法人は所得の50%しか控除できませんが、詳しい説明は割愛します）。

　つまりこの場合だと、今年は利益が出たものの、全く納税しなくてもいいということになるのです。

　そのため、会計上は、昨年100万円の欠損が生じた時点で「将来100万円×税率」分だけ税金支出を節約できるとして、繰延税金資産を計上します。

　ということは、かなり損を出しているメルカリは、欠損金から繰延税金

資産が計上されているのかと思いますよね。

　実際に、メルカリの税効果注記を見てみましょう。税効果注記は、有報や四半報の連結財務諸表注記に記載されています。

図3-4-5　メルカリの繰延税金資産の内訳（税効果注記）

（税効果会計関係）
1．繰延税金資産及び繰延税金負債の発生の主な原因別の内訳

	前連結会計年度 （2018年6月30日）	当連結会計年度 （2019年6月30日）
繰延税金資産		
❶ 税務上の繰越欠損金（注）2	5,546百万円	11,664百万円
投資有価証券評価損	135百万円	179百万円
未払事業税	197百万円	178百万円
減価償却超過額	115百万円	507百万円
賞与引当金	222百万円	232百万円
貸倒引当金	177百万円	346百万円
未払費用	112百万円	923百万円
株式報酬引当金	-	277百万円
ポイント引当金	-	266百万円
その他	46百万円	75百万円
繰延税金資産小計	6,553百万円	14,653百万円
❷ 税務上の繰越欠損金に係る評価性引当額（注）2	-	△ 11,664百万円
将来減算一時差異等の合計に係る評価性引当額	-	△ 1,163百万円
評価性引当額小計（注）1	△ 5,926百万円	△ 12,827百万円
繰延税金資産合計	627百万円	1,825百万円

出所：メルカリ_2019年6月期有価証券報告書

　やはり、欠損金がかなり大きく計上されていることが分かります（図中①）。しかし、よく見ると、この繰越欠損金から発生する繰延税金資産11,664百万円は、全額マイナスされていますよね（図中②）。これは、まだ将来十分に所得が出ると見込めないためです。

　先ほどの例でいうと、昨年100万円の欠損が生じたとしても、将来十分な所得が出ないと税額を減らしようがないですよね。なので、将来十分な利益が生じると見込まれない場合は、繰延税金資産を計上できないのです（なお、このマイナス額は「評価性引当額」といいます）。

　そのため、メルカリで繰越欠損金から発生する繰延税金資産が全額マイ

ナスされているという事実を確認することで、メルカリにおいてはまだ将来利益が生じることが見込まれていないということが分かるのです。逆に、ここが全額マイナスされなくなった場合は、将来利益が出ることが見込まれるようになったということです。

　このように、税効果注記を見ることで将来の業績を先読みすることができることがあるので、一度確認してみることをオススメします。

❖ メルカリが勝負を続けられる理由

　2019年7月30日、メルカリは、J1のサッカークラブ「鹿島アントラーズ」の株式の61.6%を取得することを公表しました。取得価額は1,588百万円。この買収により、メルカリは鹿島アントラーズの実質的なオーナーとなりました。

　その他にも、メルカリは2020年1月には、Origami Pay を展開する Origami を買収しています。

　このように、メルペイやメルカリUSだけでなく、様々な方面で勝負に出てきています。

　改めて、なぜ、ここまで積極的な勝負を続けられるのでしょうか？

　やはり最大の要因は、キャッシュ・カウであるメルカリJPから生まれる潤沢な資金が存在することだと考えられます。メルカリJPで十分なキャッシュ・フローが生まれるからこそ、メルペイやメルカリUSで損失を出しながら投資を行うことができるし、鹿島アントラーズやOrigamiを買収することもできるのでしょう。

　また、メルペイやメルカリUSが将来大きな利益をもたらす可能性が十分見込まれることも、勝負に出られる理由の1つだと考えられます。つまり、メルカリ自身が、現在赤字を掘ってでも投資を行う価値があると考え

ているということです。

　PLの利益だけを見ると、「こんな赤字を出す事業をなぜいつまでも続けるのか!?」と思ってしまいがちですが、BSの運転資本やCFもよく見てみると、メルカリのどのような部分に事業の優位性が潜んでいるかが見えてきました。

　そのため、他の会社の決算書を見る際も、PLだけでなくBSやCSも確認するようにしましょう。そうすることで、PLからは見えてこない事業の強みや弱み等が必ず見つかるはずです。

3-4のまとめ

- メルカリが大量のキャッシュを蓄えているのは、メルペイ分割払いを開始することで、これまでより手元資金を確保する必要があるためだと考えられる
- メルペイは、分割払いの導入で一気に黒字化する可能性がある
- ただし、税効果注記を見る限り、まだ将来確実に利益が出ることは見込まれていないので、もうしばらく赤字は続くかもしれない
- メルカリが積極的な勝負をできる最大の要因は、メルカリJPから潤沢なキャッシュが生まれるためであると考えられる

複数事業を
手がける会社の
決算書を読み解く

丸井グループの決算書は、
ビジネスの変遷と共に
どう変わってきたのか

「OIOI」という大きな看板を見たことはありますか?

OIOIは「マルイ」と読み、関東地方を中心に展開するショッピングセンターで、丸井グループにより運営されています。この丸井グループは、リーマンショックの影響で減益となった2009年3月期以降、継続的に営業利益を伸ばしてきています。しかし、営業利益を伸ばし続けてきているのは、実は「OIOI」を展開する小売事業ではなく、「エポスカード」を展開するフィンテック事業なのです(図参照)。

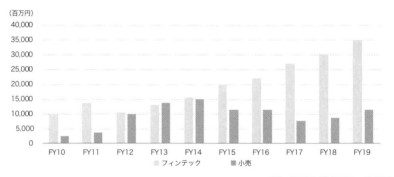

出所:有価証券報告書を基に、筆者作成

この章では、丸井グループのように複数事業を展開する会社の決算書を読んでいく際のノウハウについて、主に丸井グループの事例を用いながら説明しています。

また、最終節では多角化企業の代表とも言えるセブン&アイ・ホールディングスについても、セグメント情報や決算説明資料等を利用しながら深掘りしていきたいと思います。

丸井グループの事業と
セグメント情報の見方

- ✓ **百貨店とSCの違いは？**
- ✓ **クレジットカードビジネスの仕組みとは？**
- ✓ **セグメント情報の見方は？**

❖「OIOI」を展開する小売事業

　丸井グループの小売事業を担う「OIOI」は、関東地方に25店、関西地方に3店、東海地方に2店、九州地方に1店を展開するショッピングセンター（SC）です。ビル全体を丸井グループが所有しており、このビルの中にアパレルショップを中心とする店舗が入居しています。

　そんなOIOIは、元々は高島屋や三越のような「百貨店」ビジネスを展開していたのですが、ここ数年「SC・定借化」という目標を掲げて業態転換が行われています。

　百貨店とSCは一見違いがなさそうにも思えますが、実はビジネスモデルに大きな違いがあるのです。そこで、まずはこのビジネスモデルの違いを押さえておきましょう。

　まず、百貨店は商品を百貨店自らが仕入れて販売を行っています。仕入形態は大きく以下の3つに分かれます。

> ①買取仕入：百貨店が各メーカーから商品の仕入れを行った際に仕入
> 　　　　　計上を行い、在庫リスクを負担する形態。百貨店が在庫
> 　　　　　リスク・保管責任を負う。

②委託仕入：仕入先から商品を預かり、委託販売を行う形態。百貨店
　　　　　　は、在庫リスクは負わないが、保管責任を負う。
③消化仕入：百貨店が販売を行った段階で、売上と仕入を同時に計上
　　　　　　する形態。百貨店は、在庫リスクも保管責任も負わない。

　近年、百貨店は「③消化仕入」の形態を行っているケースが多くなっています。百貨店からすれば、在庫リスクから開放されるという大きなメリットがありますが、その代わり各メーカーからの仕入代金は少し高くなるので、利益率はあまり高くならないという特徴があります。

　とはいえ、消化仕入の場合でも最終的には商品の販売時に仕入と売上が計上されるので、百貨店が自らモノを仕入れて販売しているというビジネスモデルには変わりはありません。

　一方でSCは、基本的に自らが仕入・販売を行うわけではなく、「テナントに場所を貸す」という形態を取っています（図4-4-1参照）。つまり、商品を仕入れるのも販売するのも基本的にはテナントが行うため、仮に商品の売れ行きが良くなくても、SCの運営サイドは収益が急落することはないのです（もちろん、賃料引き下げ等で収益が減ることは考えられますが）。

　最近は、百貨店よりもSCの形態で店舗展開を行うケースが増えてきました。2017年4月に開業した「GINZA SIX」も、基本的に出店するテナントからの不動産賃料を収益基盤としているので、SCの形態だと言われています。

　OIOIも元々は百貨店の形態で店舗展開を行っていたのですが、ここ数年で徐々にSC化していくことを目標に事業転換を図っています。

　ではなぜ、「脱百貨店」を掲げてSC化を目指しているのでしょうか？

　これについては、第2節で詳しく触れていきたいと思います。

図4-1-1　「百貨店」と「SC」のビジネスモデルの違い

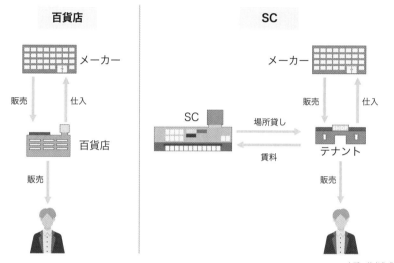

出所：筆者作成

❖「エポスカード」を展開するフィンテック事業

　章冒頭で述べたとおり、丸井グループは小売事業の他に「フィンテック事業」を展開しています。OIOIに行くとほぼ必ずエポスカードの営業カウンターがあるのも、そのためです。

　OIOIってカード事業もやってるのか！と思われる方もいるかもしれませんが、実は日本で初めてクレジットカードを発行したのは丸井グループなのです。有報の沿革を見ると、なんと今から60年も前にあたる1960年から、カード事業がスタートしていたことが分かります。

　さて、そんなエポスカードを展開する丸井グループですが、そもそもクレジットカード業界のビジネスモデルがどのようになっているかを、まずは整理しておきましょう。

クレジットカードの業界には、大きく以下のプレイヤーが存在します。

① イシュアー（クレジットカードを発行する会社）
② アクワイアラー（加盟店業務を行う会社）
③ 加盟店
④ カード利用者

これらを前提にクレジットカード業界のビジネスモデルをざっくり図示すると、図4-1-2のようになります（実際は、VISAやMastercard等の国際ブランド等のプレイヤーも存在するので、もう少し複雑ですが）。

図4-1-2　クレジットカード業界のビジネスモデル

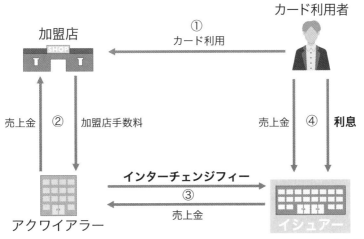

出所：筆者作成

まずカード利用者がカードを使うと（①）、アクワイアラーから、売上高から手数料を控除した金額が加盟店に対して支払われます（②）。その後、イシュアーからアクワイアラーに対して売上金が支払われます。この際、

イシュアーは、加盟店手数料の一部をインターチェンジフィーとして受け取ります（③）。

　そして、カード利用者からイシュアーに対して利用代金が支払われることとなります（④）。この支払方法が分割やリボ払いとなった場合に、イシュアーは利息収入を得ることができます。

　エポスカードは、この中のイシュアーにあたります。そのため、丸井グループの「フィンテック事業」は、カード利用者からの分割払いやリボ払い、キャッシングから生まれる利息と、アクワイアラーから受け取るインターチェンジフィーが主な収益源となっていることが分かります。

❖セグメント情報の見方

　さて、ここから実際に丸井グループの決算書を見ていきたいところですが、その前にまず「セグメント情報」の見方を紹介しておきたいと思います。

　丸井グループのように複数の事業を展開している会社は、連結財務諸表だけを見ていても事業別のパフォーマンスが分からないので、なかなか意味のある分析ができません。

　例えば、図4-1-3は阪急阪神ホールディングスの連結PLですが、18/3期から19/3期にかけて売上高が増加していることが分かります。

図4-1-3　阪急阪神ホールディングス_19/3期連結PL

（単位：百万円）

	前連結会計年度 （自　2017年4月 1日 至　2018年3月31日）	当連結会計年度 （自　2018年4月 1日 至　2019年3月31日）
営業収益	760,252	791,427
営業費		
運輸業等営業費及び売上原価	625,407	650,127
販売費及び一般管理費	※1 29,633	※1 26,361
営業費合計	※2 655,041	※2 676,489
営業利益	105,211	114,937

出所：阪急阪神ホールディングス_2019年3月期有価証券報告書

しかし、これだけを見ても、なぜ売上高が伸びたのかはなかなか分かりません。というのも、阪急阪神ホールディングスは、鉄道事業やホテル事業、スポーツ事業等の非常に多岐に渡る事業を行なっているためです。

　そのため、このような場合は、連結財務諸表の注記にある「セグメント情報」を見ることで、各事業の業績数値を確認しましょう。ここには前期と当期のセグメント別の業績が記載されているので、ここを見て年度比較を行なうことで、連結業績が変動した要因を事業別に把握することができます。

図4-1-4　阪急阪神ホールディングス_セグメント情報

当連結会計年度（自　2018年4月1日　至　2019年3月31日）

（単位：百万円）

| | ① 報告セグメント | | | | | | | ④ その他 (注)1 | 合計 | ⑤ 調整額 (注)2 | 連結財務諸表計上額 (注)3 |
	都市交通	不動産	エンタテインメント・コミュニケーション	旅行	国際輸送	ホテル	小計				
営業収益											
❷ (1)外部顧客への営業収益	233,622	219,828	117,815	35,518	89,924	63,707	760,417	30,632	791,049	377	791,427
(2)セグメント間の内部営業収益又は振替高	4,939	17,447	8,716	9	66	1,216	32,395	12,784	45,180	△45,180	―
合計	238,562	237,276	126,531	35,528	89,990	64,923	792,813	43,417	836,230	△44,803	791,427
❸ セグメント利益又は損失（△）	43,455	49,250	18,759	1,764	2,392	1,214	116,836	2,333	119,169	△4,231	114,937
セグメント資産	800,209	1,144,513	158,555	91,603	48,925	84,071	2,327,879	37,520	2,365,400	100,823	2,466,223
その他の項目											
減価償却費	27,354	16,640	7,037	653	619	2,140	54,446	360	54,806	△634	54,172
有形固定資産及び無形固定資産の増加額	33,791	62,448	7,923	831	678	1,961	107,635	1,452	109,087	5,280	114,368

出所：阪急阪神ホールディングス_2019年3月期有価証券報告書

　阪急阪神ホールディングスの場合、6つの報告セグメントに分類されていることが分かります（図中①）。報告セグメントとは、類似する複数の事業を集約した構成単位を指し、事業より少し広い概念となっています。

　例えば、「都市交通セグメント」には、鉄道事業、バス事業、タクシー事業等が含まれています。

　セグメント情報における売上高は、「外部顧客に対する売上高」と「セグメント間売上高」に分けて表示されます（図中②）。外部顧客に対する売上高は、その名の通り第三者に対する売上高です。セグメント間売上高は、報告セグメント間における売上高で、連結上は内部取引として消去されるため、連結PLには計上されません。

　また、セグメント利益（図中③）」は、基本的に営業利益と同じであると考えていただいて大丈夫です。

　その他（図中④）と調整額（図中⑤）は、セグメント情報の下にある注意書きから具体的な内容を確認することができますが、いずれも重要性は劣ることが多いので、基本的には①〜③の部分を見ていただければ大丈夫です。

❖ セグメントの区切り方は、会社の自由!?

　先ほど、報告セグメントは類似する複数の事業を集約した構成単位であり、事業より少し広い概念であるということについて述べました。もう少し分かりやすくするために、事業と報告セグメントの関係を示すと、図4-1-5のようになります。

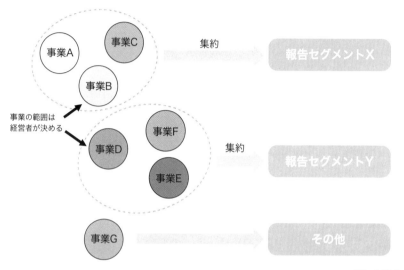

図4-1-5　各事業と報告セグメントの関係

事業A
事業C
事業B

事業の範囲は
経営者が決める

事業F
事業D
事業E

事業G

集約

集約

報告セグメントX

報告セグメントY

その他

出所：筆者作成

　では、この「事業」という構成単位は、どのように決定されているので
しょうか？

　実は、各事業をどのように決定するべきかということについては、画一
的なルールは特段存在しません。これは、会計基準上、セグメント情報の
開示については「マネジメント・アプローチ」という考え方が導入されて
いるためです。

　詳細な説明は割愛しますが、マネジメント・アプローチの考え方に則る
と、各事業は経営者の実際の意思決定や業績評価に使用されている情報に
基づいて決定されます。

　極端な話、阪急阪神ホールディングスのような多角化企業においても、
もし取締役会や経営会議において意思決定や業績評価を行う際に、事業別

の数値は使わずに全社レベルの数値だけを使っていた場合は（あり得ませ
んが）、「阪急阪神ホールディングスには単一の事業しかないからセグメン
ト情報を開示しなくてもよい」といった主張ができてしまうのです。

　そのため、「この会社って幾つか事業をやっている筈なのに、セグメント
情報がない…」なんていった状況も起こり得ます。

　このように、複数事業があるのにセグメント情報が開示されていないよ
うな場合は、決算説明資料やその他の資料も確認してみましょう。決算説
明資料やその他の資料には、セグメント情報には載っていない事業別の業
績が記載されていることがあるためです。

　また、図4-1-4を見ていただければ分かるとおり、そもそもセグメント情
報に記載される情報は限定的です。一方で、決算説明資料等においては、
各セグメント別のKPIや、事業別の業績変動要因に関する説明等、もう少
し詳細な情報が記載されていることがあります。

　そのため、セグメント情報だけでなく、決算説明資料やその他の資料か
ら各事業の情報を拾いに行くことも重要だということを覚えておいてくだ
さい。

4-1のまとめ

- 百貨店とSCは、商品を自社で仕入れて販売するか、テナントから賃料収入を得るかといった点でビジネスモデルの大きな違いがある
- 丸井グループは元々百貨店型のビジネスであったが、数年前からSC化に向けて事業転換を行なっている
- エポスカードは、利息収入と、アクワイアラーからの手数料が収益基盤となっている
- セグメント情報は、各セグメント別の財務数値を把握するために有用だが、複数事業があるにも関わらずセグメント情報が開示されない場合がある点、セグメント情報に記載される情報が限定的である点に鑑み、決算説明資料等の資料も併せて確認することが望ましい

4-2

事業の変遷と共に変化してきた 丸井グループの決算書

- ✓ 脱百貨店により、財務諸表にどのような変化が生じている？
- ✓ フィンテック事業の利益が伸びているのはなぜ？
- ✓ 売上債権が増加し続けている理由とは？
- ✓ 丸井グループはサブスクビジネスに注力し始めている？

❖ SC化により何が変わったのか

4-1で述べたとおり、丸井グループはここ数年で小売セグメントにおいて「SC・定借化」を掲げ、ビジネスモデルの転換を進めてきました。この動きは15/3期頃から進められており、19/3期までにSC・定借化を完了する計画を掲げていました。

では、このビジネスモデルの転換により、丸井グループにおける小売セグメントの数字はどのように変わってきているのでしょうか？

まずは、小売セグメントの売上高とセグメント利益の推移を見てみましょう。

図4-2-1　小売セグメントの売上高とセグメント利益の推移

単位：百万円	16/3期	17/3期	18/3期	19/3期
外部売上高	163,231	142,113	132,241	125,410
セグメント利益	10,658	7,759	8,826	11,421
セグメント利益率	6.5%	5.5%	6.7%	9.1%

出所：丸井グループ_各期有価証券報告書をもとに筆者作成

　まず目につくのが、売上高が継続的に減少し続けているという点です。なぜ売上高が減少を続けているのでしょうか？

　FACTBOOKから小売セグメントの売上高の内訳推移を見てみましょう。

図4-2-2　小売セグメント売上高の内訳推移

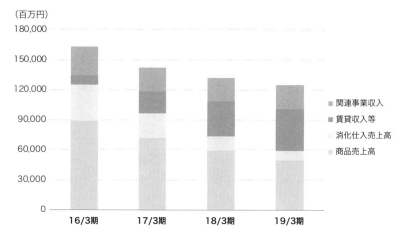

出所：丸井グループ_FACTBOOKより筆者作成

　これを見れば、小売セグメントの売上高が減少している理由は一目瞭然ですね。すなわち、SC・定借化を進める過程で商品売上高と消化仕入売上高が大きく減少しているために、小売セグメント全体の売上高が減少しているということです。一方で、賃貸収入は19/3期にかけてかなり増加しています。

　このように小売セグメント内での売上構成が顕著に変化していることから、丸井グループが明らかに戦略方針の転換を行っているということが分かります。

　では、SC・定借化を実施していく過程で、セグメント利益はどのように推移しているでしょうか？

図4-2-1を見ると、小売セグメントの利益は17/3期においては減少して
いたことが分かります。この要因を探るため、丸井グループの17/3期の決
算説明資料に記載されているセグメント利益の増減要因の内訳を見てみま
しょう。

図4-2-3　小売セグメントの営業利益増減要因

出所：丸井グループ_2017年3月期決算説明資料

　なるほど、このグラフを見ると、利益減少の要因は「①仕入区画の売上
不振」と「②未稼働面積影響」であったことが分かります。
　①は、定借化がまだ行なわれていない店舗（従来の百貨店方式の店舗）
における売上高が減少したことによるものです。
　②は、定借化に伴う改装等を実施する際の売場閉鎖等により、未稼働の
面積が増加したことによるものです。

　ここで重要なのは、いずれの減益要因も、定借化が完了したら発生しなくなるものであるという点です。
　更に、定借化による収益改善の影響が出ている（図中③）ことも勘案すると、17/3期における小売セグメントの減益は一時的なものであり、むしろ今後定借化が進むにつれて収益性は更に改善されていくと予見することが可能だったということが分かります。実際、18/3期と19/3期のセグメントの利益は、いずれも前年比で増加しています（図4-2-1参照）。

　このように、小売セグメントの事業戦略転換によって売上構成が大幅に変化し、収益性も大きく改善されていることがわかりました。
　ただし、SC・定借化するということは、仮に店舗における売れ行きがかなり良くなっても、丸井グループが受け取る収益の大部分が固定された不動産賃料のみになる、つまり大きなアップサイドは望みにくくなるということも押さえておく必要があります。

❖フィンテック事業の利益が伸び続けている理由

　本章冒頭で、フィンテックセグメントの利益が伸び続けている点について触れました。では、なぜフィンテックセグメントの利益はここまで伸び続けているのでしょうか？

　基本的に利益は、①収益を増加させるか、②コスト削減等により利益率を上げるかのいずれかを達成することにより増加させることができます。
　では、フィンテックセグメントの場合はいずれの要因により利益が増加しているのでしょうか？
　フィンテックセグメントの損益の推移を見てみましょう。

図4-2-4　フィンテックセグメントの損益推移

単位：百万円	16/3期	17/3期	18/3期	19/3期
外部売上高	82,636	94,909	106,758	126,005
セグメント利益	23,094	27,111	30,310	35,018
セグメント利益率	27.9%	28.6%	28.4%	27.8%

出所：丸井グループ_2017年3月期、2019年3月期FACTBOOKを基に筆者作成

　利益率はほとんど一定なので、セグメント利益が増加し続けているのは、外部売上高が増加していることが要因であることが分かります。つまり、フィンテックセグメントにおける利益の増加要因を知るためには、売上収益の増加要因を調べる必要があるということです。

　丸井グループの場合、FACTBOOKにおいて各事業別の情報が豊富に記載されているので、FACTBOOKからフィンテックセグメントが伸びている理由を探ってみましょう。
　まずは、フィンテックセグメントの売上収益の内訳推移を見てみます。

図4-2-5　フィンテックセグメントの売上収益内訳推移

単位：百万円	16/3期	17/3期	18/3期	19/3期
リボ・分割手数料	27,381	33,457	39,009	43,548
加盟店手数料	18,027	21,810	25,583	29,924
消費者ローン利息収入	22,220	23,212	23,851	24,501
サービス収入	6,694	7,928	11,284	13,225
流動化債権譲渡益	-	-	-	6,060
譲渡償却他	-	-	-	-453
その他	8,312	8,500	8,498	9,198
合計	82,636	94,909	108,227	126,005

出所：丸井グループ_2017年3月期、2019年3月期FACTBOOKを基に筆者作成

　なるほど、リボ・分割手数料と加盟店手数料が大きく増加していることが、フィンテックセグメントの売上収益全体の増加につながっていることが分かりますね。

　ただ、これだけ見ていても「じゃあなぜ、リボ・分割手数料と加盟店手数料が増えたの？」という疑問は解消されません。そこで、売上収益を分解し、何が要因で収益が増加したのかということを紐解いていきたいと思います。

　そもそも、加盟店手数料はどのような場合に増加するでしょうか？

　加盟店手数料は、カードの総取扱高（ユーザーによるカード利用額の合計）に手数料率を乗じることで算出されるので、料率が一定であることを前提にすると、カードの総取扱高によって変動します。

　更に、カードの総取扱高は、カード会員数と会員あたり年間平均利用額によって変動します。つまり、総取扱高をカード会員数と年間平均利用額に分解して見ることで、加盟店手数料が増加している要因をつかむことができるということです。更に、ユーザーがリボ・分割払いを利用する割合も考慮すると、リボ・分割手数料が増加している要因も掴むことができるようになります。

図4-2-6　フィンテックセグメントの売上収益分解

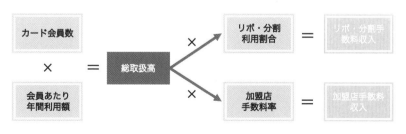

出所：筆者作成

では、実際に売上収益を要素分解したうえで、16/3期から19/3期にかけて各要素がどのように推移しているかを見てみましょう。

図4-2-7　フィンテックセグメントの売上収益分解

		16/3期	17/3期	18/3期	19/3期
カード会員数（万人）	a	613	636	657	688
総取扱高（百万円）	b	1,473,539	1,723,254	1,972,482	2,310,635
① 会員あたり年間平均利用額（円）	c=b/a	240,382	270,952	300,226	335,848
加盟店手数料収入（百万円）	d	18,027	21,810	25,583	29,924
② 加盟店手数料率	e=d/b	1.2%	1.3%	1.3%	1.3%
リボ・分割手数料収入（百万円）	f	27,381	33,457	39,009	43,548
② リボ・分割利用割合	g=f/b	1.9%	1.9%	2.0%	1.9%

出所：丸井グループ_2017年3月期、2019年3月期FACTBOOKを基に筆者作成

　カード会員数、総取扱高の情報はFACTBOOKから拾えるので、そこから会員あたり年間平均利用額を算出しました（図中①）。すると、カード会員数も伸びているものの、それ以上に会員あたり年間平均利用額の伸びがかなり大きいことが分かります。

　一方で、加盟店手数料率とリボ・分割利用割合は、あまり変わっていません（図中②）。つまり、フィンテックセグメントは主に、会員あたりの年間平均利用額が伸びているために売上収益が継続的に増加しており、その結果継続的に利益も伸びているということです。ここまで分かると、なぜ会員あたりの利用額が増加したのか？ という視点で、更に深掘りしていくことができます。

❖売上債権が増加し続けているのはなぜ？

　ここまでPLに焦点を当てて見てきた中で、丸井グループのPLが以下のように変化してきていることが分かりました。

---

1. 百貨店型のビジネスモデルを脱却してSC・定借化を進めてきた結果、小売セグメントにおける売上が減少している一方で、利益は増加し続けている。
2. カード会員数、会員あたり平均利用額共に増加した結果、フィンテックセグメントにおいて売上高と利益が共に大きく増加している。

　では、これらの結果BSはどのように変化しているでしょうか？

　まずは、16/3期～19/3期にかけての流動資産を比較してみましょう。

　図4-2-8を見ると、16/3期は279,763百万円であった割賦売掛金が、19/3期には428,180百万円とほぼ倍増していますね。なぜ、たったの3年間で、ここまで割賦売掛金が増加したのでしょうか？

　割賦売掛金は、簿記を勉強したことがある方なら聞いたことがあるかもしれませんが、売掛金を分割で回収する場合に計上されるものです。丸井グループの場合だと、フィンテックセグメントにおいてリボ・分割払いが行われる際に、割賦売掛金が計上されます。

　例えば、カード会員がカードを使って買い物をして、支払方法を10回の分割にしたとしましょう。イシュアーである丸井グループは一旦、アクワイアラーもしくは加盟店に利用代金を支払わなければなりませんが、カード会員から満額を回収できるのは約11ヶ月後になりますよね。つまり、丸井グループがカード会員の利用代金を立替えて、その立替金額が回収されるまで割賦売掛金として計上されるということです。

第4章
複数事業を手がける会社の決算書を読み解く

165

図4-2-8　丸井グループ_16/3期及び19/3期における連結BS（流動資産）

（単位：百万円）

		前連結会計年度 （平成28年3月31日）		当連結会計年度 （平成29年3月31日）
資産の部				
流動資産				
現金及び預金		32,586		36,257
受取手形及び売掛金		7,459		4,840
割賦売掛金	※1	279,763	※1	348,191
営業貸付金	※2	134,107	※2	140,569
商品		12,759		10,437
繰延税金資産		5,569		6,934
その他		21,594		20,920
貸倒引当金		△7,800		△9,352
流動資産合計		486,040		558,799

（単位：百万円）

		前連結会計年度 （2018年3月31日）		当連結会計年度 （2019年3月31日）
資産の部				
流動資産				
現金及び預金		45,448		46,731
受取手形及び売掛金		7,006		6,138
割賦売掛金	※1	402,030	※1	428,180
営業貸付金	※1,※2	146,011	※1,※2	137,473
商品		7,489		5,196
その他		26,522		30,476
貸倒引当金		△11,843		△13,818
流動資産合計		622,665		640,379

出所：丸井グループ_2017年3月期、2019年3月期有価証券報告書

　このことから、リボ・分割払いによる利用高が増加しているために、割賦売掛金も増加を続けているということが分かります。

　ちなみに、リボ・分割払いを利用するのは、基本的に大きな買い物をするときです。つまり、リボ・分割払いによる利用高が増えているということは、カード会員がエポスカードを利用して、より単価の高い買い物を行なうようになっていることが推測できるということです。そう考えると、先ほど見た、「会員あたりの年間平均利用額」が増加傾向にあったという事実とも整合しています（図4-2-7参照）。

❖ 債権流動化は利益の先食い?

　では、割賦売掛金が増え続けると、何が起こるのでしょうか?

　第3章で、運転資本が小さければ小さいほど、資金繰りが有利になりや
すいと述べました。この点、丸井グループは運転資本である割賦売掛金が
かなり大きく、かつ増加を続けていていることから、資金繰り面では不利
になっているだろうと想像することができます。

　実際に、営業CFの推移を見てみましょう。

図4-2-9　丸井グループ_2016年3月期~2019年3月期における営業CF

単位：百万円	16/3期	17/3期	18/3期	19/3期
税金等調整前当期純利益	26,905	28,043	31,888	37,433
減価償却費	9,670	10,121	10,274	9,911
割賦売掛金の増減	-52,641	-68,428	-53,838	-26,150
その他	-19,244	-15,691	-7,653	5,202
営業CF	-35,310	-45,955	-19,329	26,396

出所：丸井グループ_2017年3月期、2019年3月期有価証券報告書を基に筆者作成

　これを見ると、16/3期～18/3期までは、営業CFがマイナスとなっている
ことが分かります。そして、その一番の要因となっているのが、割賦売掛
金の増減であることも分かります。

　考えてみれば当たり前ですが、リボ・分割払いによる売上が増えると、
丸井グループは利用額の満額をアクワイアラーや加盟店に支払わなければ
ならないにも関わらず、会員からの回収期間は長期にわたるので、キャッ
シュアウトが先行する構造になります。

　丸井グループ自身も、有価証券報告書において、成長局面においては営
業CFがマイナスとなる旨を記載しています。

図4-2-10　2019年3月期有報「キャッシュ・フローの状況」

(注) 1 当社グループのクレジットカード「エポスカード」は、会員数拡大と利用率・利用額向上により、営業債権
　　　　（割賦売掛金・営業貸付金）の残高が8期連続で増加しています。このような成長局面においては、営業
　　　　キャッシュ・フローはマイナスとなるため、当社グループでは営業キャッシュ・フローから営業債権の増加
　　　　等を控除した「基礎営業キャッシュ・フロー」（非監査情報）を収益性・健全性の指標としています。

出所：丸井グループ_2019年3月期有価証券報告書

　つまり、リボ・分割払い売上が増えると、丸井グループの手数料収入が
増えることによりPLの利益は増えるものの、キャッシュフローはマイナス
になりやすいということです。

　そんななか、丸井グループは資金繰りを確保するために、「債権流動化」
というものを行っています。債権流動化は「ファクタリング」とも呼ばれ
ますが、自分が将来受け取れる債権を誰かに売却することで、回収期間が
到来するのを待つことなく、今お金を受け取ることができるようになる方
法のことを言います。

　なお、債権流動化は債権を売ることで短期的にキャッシュを手に入れる
ことができるので、実質的には短期の借入金と同じだと言われることがあり
ます。

　丸井グループは、この債権流動化の量を年々増額しています。有報の連
結BS注記から債権流動化の残高が確認できるので、過去の残高推移を見て
みましょう。

図4-2-11　2019年3月期有報「連結貸借対照表注記」

(連結貸借対照表関係)
※1　流動化により、残高には含めない割賦売掛金は次のとおりです。

	前連結会計年度 (平成28年3月31日)	当連結会計年度 (平成29年3月31日)
カードショッピング	百万円	百万円
1回払い債権	55,000	55,000
リボルビング払い債権	13,928	9,290

	前連結会計年度 (2018年3月31日)	当連結会計年度 (2019年3月31日)
カードショッピング	百万円	百万円
1回払い債権	69,973	79,920
リボルビング払い債権	2,776	26,164
カードキャッシング		
リボルビング払い債権	―	13,179

出所：丸井グループ_2017年3月期、2019年3月期有価証券報告書

　16/3期から19/3期にかけて、流動化残高が500億円ほど増加しています
よね。
　着目していただきたいのが、カードショッピングのリボ払い債権と、カー
ドキャッシングの債権の流動化残高が大きく増えているという点です。回
収期間が長期に渡る債権の流動化残高が増えているのはなぜなのでしょうか?

　ここでもう一度、図4-2-5のフィンテックセグメントの売上収益推移を見
てください。19/3期から突然、「流動化債権譲渡益6,060百万円」が表れて
いますよね。なんだこれは！と思われた方もいるかもしれませんが、これ
は、リボ払いの債権を流動化した際に、将来得られる手数料収入を一括で
収益計上することにより生じるものです。
　丸井グループのFACTBOOKにおいて、この流動化債権譲渡益がどうい
うものなのかが図解されているので、こちらを見てみましょう。

図4-2-12　債権流動化のイメージ図

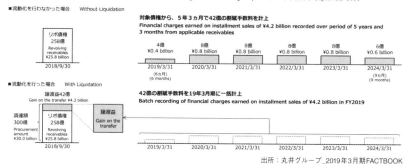

出所：丸井グループ_2019年3月期FACTBOOK

　元々は、リボ払い債権をもとに将来数年間に渡って手数料収入を計上する予定であったものが、リボ払い債権を譲渡することによって、一括で収益計上できるようになったということです。そしてこの収益が、19/3期から計上されているということですね。

　これを見て、「へぇ〜、収益計上できるようになってよかったじゃん」と安易に思ってはいけません。なぜなら、この流動化債権譲渡益は、将来の利益の先食いとも言えるからです。

　つまり、今利益を計上できる代わりに、将来もらえるはずだった利息がもらえなくなるということなので、債権流動化をやめたタイミングで収益性が落ちる可能性もあるのです。

❖ROICを過大視してはいけない理由

　債権流動化を行うことで、キャッシュが調達できることと、利益を計上できるというメリットがあることを述べました。しかし、これだけではなく、債権流動化を行うことで「BSの肥大化を抑制できる」というメリットもあります。

　もし丸井グループが、資金繰りを確保するために短期借入を実施していたら、現預金と短期借入金が増えるので、資産と負債が膨らみますよね。つまり、総資産全体が増加します。

　一方で、債権流動化を実施した場合は、現預金が増える代わりに売掛金が減るので、総資産全体の金額は変わりません。そのため、債権流動化を行った場合は、BSが肥大化するのを抑制することができるのです。

　図4-2-13を見てください。同じ「50,000円を調達する」という行為でも、借入によって調達している場合と、債権を流動化することで調達した場合とでは、総資産の金額が異なってくることが分かります。

図4-2-13　債権流動化により資金を調達しても総資産は増えない

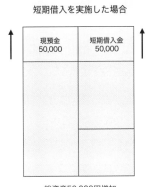

短期借入を実施した場合

総資産50,000円増加

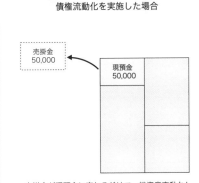

債権流動化を実施した場合

売掛金が現預金に変わるだけで、総資産変動なし

出所：筆者作成

　また、FACTBOOKによると、丸井グループはROICを算出する際の「投下資本」を、割賦売掛金・売掛金、営業貸付金、商品、有形・無形固定資産、差入保証金、買掛金と定義しており、現預金を含めていません。つま

り、債権流動化により売掛金が現預金に入れ変わることで、投下資本が減少するということです。これに債権譲渡益も考慮すると、債権流動化を行った場合、次のロジックでROICを高めることができることが分かります。

・分子「税引後営業利益」：債権譲渡益により増加
・分母「投下資本」：割賦売掛金の減少により減少

　そのため、丸井グループの業績やROICを評価する際は、この債権流動化の影響を差し引いて考えた方が良いと考えられます。

　とはいえ、丸井グループのフィンテック事業のような、お金を貸して利息収入を得るようなビジネスは、総じてBSが大きくなり、ROICが低くなってしまうことはある程度避けられないことなので、債権流動化自体をネガティブ視する必要はありません。
　あくまでも、ROICが上昇していることのみを受けて、「いい決算が出たぞ！」と尚早に判断するのではなく、冷静に債権流動化による影響がどの程度含まれているのかを見ることが重要だということです。

❖サブスクモデルを目指す丸井グループ

　さて、丸井グループがエポスカードを通じてフィンテック事業の業績を伸ばしてきていることについて言及してきましたが、実は今やエポスカードは「買い物」だけに使うものではなくなってきています。

　まず、「Room iD」という家賃保証のサービスです。
　賃貸物件に入居するとき、保証人や保証会社を入れることが必須になっているケースがほとんどですよね。丸井グループはここに目をつけ、連帯保証人や保証会社の代わりに丸井グループがエポスカードを通じて、物件

のオーナーに対して支払う仕組みにしたのです。

入居者側は、家賃の支払いをエポスカードで行うので、ポイントが溜まったり、支払い漏れを防いだりできるというメリットがあります。また、保証人や保証会社を入れないで済むので、その分手間も省けます。

丸井グループからすれば、Room iDの導入により、入居者から「保証料」という形で継続的に収入が入ってくるようになります。

図4-2-14　家賃保証サービス「Room iD」

出所：丸井グループHP（https://www.eposcard.co.jp/room_id/index.html）

また、tsumiki証券という投資信託サービスも展開しています。tsumiki証券は、エポスカードを通じた決済により、毎月投資信託へ積み立てていくサービスです。

利用者は、積立投資を行ないながら、エポスカードのポイントも貯めることができるという点でメリットがあります。

丸井グループは、これにより投資信託の受託者としての信託報酬が得られるようになります。この信託報酬は、純資産総額に対して年率約1.35%となっています。

第4章　複数事業を手がける会社の決算書を読み解く

図4-2-15　投資信託サービス「tsumiki証券」

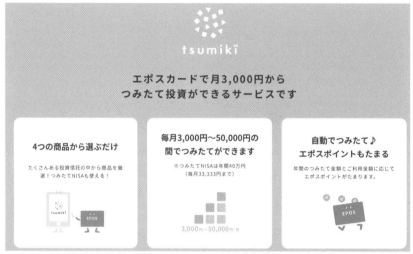

出所：丸井グループHP（https://www.tsumiki-sec.com/）

4-1の冒頭で、丸井グループは小売事業について「SC・定借化」を進めていることを述べましたが、ここまで見ると、丸井グループの中長期の経営戦略に関するある共通点が浮かび上がってきます。

すなわち、丸井グループは明らかに「継続的に収益が流入してくるようなサービス」を事業の中心に置こうとしているということです。

実際に、丸井グループの「経営共創レポート」を見ると、丸井グループは今後フィンテック事業を中心に、サブスクリプション収入を強化していくと書かれています。近年流行のサブスクモデルに移行しようとしているということですね。

図4-2-16　サブスクモデルへの移行

02
定期取引によるサブスクリプション型ビジネス

今後さらに強化していくのが、家計において最大の支出である家賃のカード払い、そしてtsumiki証券(株)が進める投資信託をクレジットカードでご購入いただく資産形成の領域です。定期的にエポスカードで決済していただくことで、継続的なLTVの拡大につながるサブスクリプション型ビジネスとなっています。

03
金融がめざすLTVの方向性

エポスカードのLTVを拡大していくためには、「ご利用金額」と「継続率」が鍵になります。今後は、ご利用金額の増加と継続率向上につながるサブスクリプション収入を強化していくことで、LTVのさらなる拡大を図ります。

出所：丸井グループ_経営共創レポート2019

　サブスクモデルは、初期はユーザー獲得コストがかかったり、収益が長期間にわたって回収されることにより最初はコストが先行的に出てくるため、ある程度まとまったキャッシュが必要になるという特徴がありますが、ひとたびユーザーを獲得することができれば、解約率が高まらない限り長期間安定的に収益が入ってくるようになります。

　これまでのように、ショッピングクレジットのみを収益基盤としていた場合、不況等により消費者の消費が落ち込むともろに影響を受けることとなりますが、家賃保証や投資信託といったサービスを通じて安定的に収益が入ってくるようになれば、丸井グループとしては経済情勢が悪化した場合でも収益が急減するようなことは起こりにくくなります。

　このように、丸井グループは単に小売事業やフィンテック事業を展開するだけでなく、「サステナビリティ（持続可能性）」をかなり意識した経営を行なっていることが分かります。一時的に会社が儲かればいいという考

え方ではなく、社会と共に長期間持続的に成長していくことを志向しているということですね。

丸井グループのIR資料を見ていても、従業員のストレスチェックや人事評価制度等、長期的な視点を持って経営を行なっていないと、おおよそ開示しえないような情報が色々開示されています。

筆者個人的にも、丸井グループのような情報開示が今後のスタンダードとなっていくのかどうか、そしてそれがスタンダードとなったときに資本市場がどのように変化するのか等、興味深い点が色々あります。

そんな丸井グループが今後どこまで持続的に成長を続けるのか、これからも引き続きウォッチしていきたいところです。

4-2のまとめ

・小売セグメントの戦略転換により、利益率が大幅に改善している
・フィンテックセグメントは、利用単価の上昇により収益、利益ともに大きく伸びているが、キャッシュインが遅行する傾向にあるので、BSの売掛金が大きく膨らんでいる
・債権流動化により、債権譲渡益の計上と投下資本の圧縮を実現しており、これがROICを大きく伸ばす要因の1つとなっているが、実態以上に数字がよく見えることもあるので、ROICを見る際は債権流動化の影響は排除したほうがいい
・丸井グループはサステナビリティを意識した経営を行なっており、その一環としてフィンテック事業にサブスクモデルを取り込もうとしている

4-3
ザ・多角化企業、セブン＆アイ・ホールディングスの決算書

✓ 海外のセブンイレブンはなぜ売上高が大きい？
✓ 国内と海外のセブンイレブンの違いは？

❖ セブンイレブンの海外売上はどれくらい？

さて、ここまで丸井グループについて見てきましたが、他の多角化企業も少しだけ見ていきましょう。ここからは、コンビニのセブンイレブンや、スーパーのイトーヨーカドー等を展開する、「セブン＆アイ・ホールディングス（以下、SIH)」を見てきたいと思います。

海外へ行かれたことがある方は、「あれ、こんなところにもセブンイレブンがあるんだ！」という経験をされたことがあるのではないでしょうか？筆者も、東南アジアやアメリカへ行った時に、セブンイレブンをそこら中で見かけて驚いた記憶があります。

既に周知のことかもしれませんが、日本のセブンイレブンはSIHの100％子会社です。そこで、SIHの有報から、国内と海外のセブンイレブンの業績がどのようになっているかを見てみましょう。

まず、SIHの19/2期の有報からセグメント情報等を見ると、7つものセグメントに分かれていることが分かります。

図4-3-1　SIHの19/2期セグメント情報

当連結会計年度（自　2018年3月1日　至　2019年2月28日）

（単位：百万円）

	報告セグメント							計	調整額	連結財務諸表計上額
	国内コンビニエンスストア事業	海外コンビニエンスストア事業	スーパーストア事業	百貨店事業	金融関連事業	専門店事業	その他の事業			
営業収益										
外部顧客への営業収益	954,090	2,818,899	1,893,959	585,011	177,334	353,967	7,918	6,791,179	35	6,791,215
セグメント間の内部営業収益又は振替高	1,353	2,154	8,548	7,088	37,673	1,507	15,802	74,129	△74,129	−
計	955,443	2,821,053	1,902,507	592,100	215,007	355,474	23,720	6,865,309	△74,093	6,791,215
セグメント利益又は損失（△）	246,721	92,266	21,173	3,737	52,874	6,680	2,659	426,112	△14,515	411,596
セグメント資産	1,147,777	1,371,383	945,528	328,162	1,515,013	133,578	159,175	5,600,619	194,683	5,795,302

出所：セブン＆アイ・ホールディングス_2019年2月期有価証券報告書

　これを見ると、海外コンビニ事業の売上高が最も大きいことが分かります。ただ、海外といっても広いので、国別の情報とかも知りたいところです。SIHは事業別のセグメント情報だけでなく、地域別のセグメント情報も開示しているので、そちらも確認してみましょう。

図4-3-2　SIHの19/2期地域別セグメント情報

所在地別の営業収益及び営業利益は以下のとおりであります。
当連結会計年度（自　2018年3月1日　至　2019年2月28日）

（単位：百万円）

	日本	北米	その他の地域	計	消去	連結
営業収益						
外部顧客への営業収益	3,811,410	2,862,249	117,555	6,791,215	−	6,791,215
所在地間の内部営業収益又は振替高	790	377	−	1,167	△1,167	−
計	3,812,200	2,862,627	117,555	6,792,382	△1,167	6,791,215
営業利益又は損失（△）	319,613	90,411	1,562	411,587	9	411,596

（注）　1　国又は地域の区分は、地理的近接度によっております。
　　　　2　その他の地域に属する国は、中国等であります。

出所：セブン＆アイ・ホールディングス_2019年2月期有価証券報告書

　地域別のセグメント情報を見ると、売上高のほとんどが日本と北米であることが分かります。ただ、ちょっと待ってください。よく見ると、海外

コンビニ事業と北米事業の売上高がほとんど一致していますね。ということとは、海外コンビニ事業に東南アジア各国の数字は含まれていないということでしょうか？

　実は、海外のセブンイレブンのうち、東南アジアのセブンイレブンは現地の会社が経営権を持っているため、SIHが保有している海外のコンビニはアメリカの「7-Eleven, Inc.」のみなのです。そのため、SIHの有報から確認できるのは、アメリカのセブンイレブンだけだということになります。

❖ 同じセブンイレブンでも、日本とアメリカで利益率が全く異なる理由

　さて、海外コンビニ事業のほとんどがアメリカのものであることについて述べましたが、国内コンビニ事業と海外コンビニ事業には、どのような違いがあるのでしょうか？
　国内コンビニ事業と海外コンビニ事業の、売上高とセグメント利益率の推移を見てみましょう（図4-3-3）。

　まず、海外コンビニ事業の売上高が18/2期から19/2期にかけて大きく増加していることが目につきますが、これは2018年1月に、アメリカのコンビニ事業を展開する「Sunoco LP」のコンビニエンスストア事業とガソリン小売事業を取得したためです。

　また、営業利益率に大きな開きがある点も気になります。同じコンビニ事業なのに、なぜ20%近くも利益率に差が出ているのでしょうか？

図4-3-3　国内コンビニ事業と海外コンビニ事業の売上高とセグメント利益率

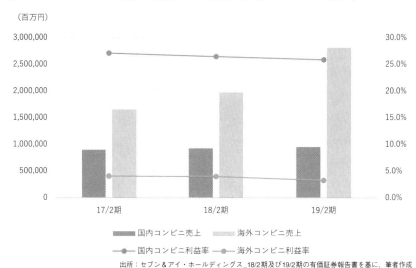

（百万円）

| | 国内コンビニ売上 | 海外コンビニ売上 |
| 国内コンビニ利益率 | 海外コンビニ利益率 |

出所：セブン＆アイ・ホールディングス_18/2期及び19/2期の有価証券報告書を基に、筆者作成

　SIHは「決算補足資料」において、各事業の業績内訳等を詳細に記載しているので、こちらから確認してみましょう。

　まずは国内コンビニ事業の業績内訳を見てみます。

図4-3-4　国内コンビニ事業の業績内訳

【決算概要】 (百万円)

	17/2	前期比(%)	18/2	前期比(%)	19/2	前期比(%)	20/2予想	前期比(%)
チェーン全店売上	4,515,605	105.2	4,678,083	103.6	4,898,872	104.7	5,057,000	103.2
① 内、加盟店売上	4,409,084	105.4	4,575,931	103.8	4,803,852	105.0		
営業総収入	833,743	105.1	849,862	101.9	873,555	102.8	898,300	102.8
② 内、加盟店からの収入	723,021	106.3	743,393	102.8	773,954	104.1		
営業総利益	758,400	105.9	777,743	102.6	806,688	103.7		
販売費および一般管理費	514,907	107.0	533,633	103.6	561,600	105.2		
広告宣伝費	69,002	103.8	59,377	86.1	60,417	101.8		
人件費	72,547	107.8	74,404	102.6	77,392	104.0		
地代家賃	154,863	110.3	166,947	107.8	181,143	108.5		
減価償却費*	58,829	113.6	64,294	109.3	70,182	109.2		
水道光熱費	43,993	92.1	46,366	105.4	48,002	103.5		
その他	115,671	107.4	122,243	105.7	124,461	101.8		
営業利益	243,493	103.6	244,110	100.3	245,088	100.4	250,000	102.0
当期純利益	144,151	88.5	166,760	115.7	153,233	91.9		

出所：セブン&アイ・ホールディングス_2019年2月期決算補足資料

　これを見ると、チェーン全店売上のうちほとんどが加盟店売上となっているので（図中①）、セブンイレブンはほとんどがフランチャイズ（FC）店舗であることが分かります。FC店舗における売上のうち、フランチャイザーであるSIHの収入となるのはロイヤルティー部分です（図中②）。そのため、国内コンビニ事業は原価がほぼかかっておらず、コストのほとんどが販管費となっているのです。

　このように、原価がほとんどかからないために、営業利益率25％以上という高水準を維持できているということですね。
　では、海外のコンビニ事業はどうなっているでしょうか？　次は、海外コンビニ事業の業績内訳を見てみましょう。

図4-3-5　海外コンビニ事業の業績内訳

7-Eleven, Inc.

【決算概要】

(百万円)

	16/12	前期比(%)	17/12	前期比(%)	18/12	前期比(%)	19/12予想	前期比(%)
チェーン全店売上	2,735,199	92.7	3,134,412	114.6	3,993,259	127.4	3,963,000	99.2
直営店商品売上	284,542	87.0	281,091	98.8	442,875	157.6		
加盟店商品売上	1,336,735	95.4	1,440,311	107.7	1,472,966	102.3		
ガソリン売上	1,113,921	91.2	1,413,009	126.9	2,077,417	147.0		
営業総収入	1,658,542	91.1	1,981,533	119.5	2,821,053	142.4	2,740,000	97.1
直営店商品売上等	284,542	87.0	292,344	102.7	455,499	155.8		
ガソリン売上	1,113,921	91.2	1,413,009	126.9	2,077,417	147.0		
その他の営業収入	260,078	95.9	276,179	106.2	288,136	104.3		
内、加盟店からの収入	236,957	96.3	251,197	106.0	255,516	101.7		
営業総利益	449,334	95.1	490,409	109.1	595,171	121.4		
販売費及び一般管理費	372,662	94.3	399,557	107.2	484,090	121.2		
同上（千ドル）	3,425,836	105.0	3,562,387	104.0	4,383,286	123.0		
内、直営店に係る販売費	515,342	97.7	501,643	97.3	783,189	156.1		
営業利益	76,671	99.0	90,852	118.5	111,081	122.3	122,600	110.4

出所：セブン＆アイ・ホールディングス_2019年2月期決算補足資料

　海外コンビニ事業も、直営店商品売上より加盟店売上が大きくなっていることが分かりますが、何より注目すべきなのが「ガソリン売上」です。18/12期の営業総収入2,821,053百万円のうち、70％以上に相当する2,077,417百万円がガソリン売上となっています。

　アメリカのコンビニと日本のコンビニの最大の違いの1つとして、アメリカではコンビニにガソリンスタンドが併設されていることが多いということが挙げられます。

　アメリカは土地が広いことから、日本より車社会が浸透しており、街中やフリーウェイ（日本で言う高速道路のようなもの）にガソリンスタンドが併設されたコンビニが沢山あります。

　そのような文化の違いも相まって、アメリカのセブンイレブンにおいては、商品売上を上回るガソリン売上が計上されているのですね。

　では、ガソリンの販売は一体どれくらい利益が出るのでしょうか？

　決算補足資料にはガソリン事業の粗利率も公表されているので、確認してみましょう。

図4-3-6　ガソリン事業の粗利率

【ガソリン】

	16/12	前期比(%)/増減	17/12	前期比(%)/増減	18/12	前期比(%)/増減
売上(千ドル)	10,240,133	101.5	12,598,161	123.0	18,810,373	149.3
販売量(千ガロン)	4,910,026	114.4	5,266,489	107.3	6,919,338	131.4
荒利(セント/ガロン)*	20.05	+0.25	22.62	+2.57	22.56	-0.06
平均小売単価(ドル/ガロン)	2.17	-0.28	2.48	+0.31	2.78	+0.30
小売荒利(セント/ガロン)	20.50	-1.01	23.01	+2.51	22.82	-0.19

* 卸売等を含むガソリン事業全体の荒利を表示しております。

出所：セブン&アイ・ホールディングス_2019年2月期決算補足資料

　ガロンあたりの小売粗利を平均小売単価で割ると、ガソリン小売事業の粗利率が概ね8％程度であることが分かります。

　つまり、海外コンビニ事業は、売上の大部分がガソリン売上となっており、かつガソリンの販売事業の利益率が相対的に低いために、国内コンビニ事業と比べて利益率が低くなっているのだと考えられるということですね。

　また、ガソリン事業の比重が大きいということは、ガソリン価格の変動によって仕入価格も大きく変わり、その分利益率も大きくブレる可能性もあるということです。

　ここまで見ると同じコンビニ事業でも、国内と海外ではここまで利益構造も事業リスクも異なってくるのだというのが分かります。

❖ セブン銀行のビジネスモデル

　コンビニ事業の他にもう1つ、「金融関連事業」について見ていきましょう（図4-3-1）。

　もはや知らない方はほとんどいないかもしれませんが、SIHは「セブン銀行」を通じて銀行業を展開しています。金融関連事業も、大部分がこのセブン銀行を通じた銀行業です。

　セブン銀行のATMは、セブンイレブンや街中の至る所で見つけることが

できるので、読者の皆様も一度は利用されたことがあるのではないでしょうか。

　セブン銀行は、SIHの子会社である「㈱セブン銀行」が事業展開しているのですが、同社は実は2008年にJASDAQへ上場しています（2011年より東証一部へ指定替え）。いわゆる「親子上場」というやつですね。
　㈱セブン銀行が上場しているということは、同社が有価証券報告書を提出・開示しているということです。そのため、SIHの有報からは限定的な情報しか見ることができませんが、㈱セブン銀行の有報を見ることで、SIHの金融関連事業の状況が詳細に把握できます。なので、必要に応じて有報等を参照しながら見ていきましょう。

　まずは、セブン銀行のビジネスモデルを見てみます。セブン銀行の統合報告書を見ると、セブン銀行の簡単なビジネスモデルが掲載されています。

図4-3-7　セブン銀行のビジネスモデル

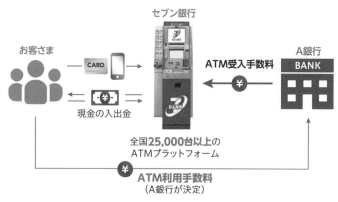

出所：セブン銀行_2019統合報告書

　セブン銀行のATMからお金を引き出したり預け入れたりする際には手数料が発生するので、この手数料がセブン銀行の収益源だと思われている方も多いと思いますが、実はこの手数料は銀行に支払われています。そしてセブン銀行は、提携している銀行から受け入れ手数料を収受しており、これがセブン銀行にとっての収益源となっているのです。

　銀行からすると、ATMを設置しようと思ったらそれなりの初期投資がかかる上に、そもそもかなりの数のATMの設置場所を確保しなければならず、また、設置場所も人が行き交う場所で探し出す必要があるので、結構手間がかかります。

　一方でセブン銀行は、グループ会社がセブンイレブンやイトーヨーカ堂等の大勢の人が行き交う絶好の設置場所を多く所有していますよね。そのため、セブン銀行が他の銀行の代わりにATMを設置してあげることで、セブン銀行は手数料収入を得られるし、銀行としてもATM設置等の手間を省きながら少しの手数料が得られるので、両社にとってメリットがある仕組みとなっているのです。

　また、ユーザーからしても、コンビニにATMがあると利便性が増すという意味でメリットがありますよね。

❖ セブン銀行と他の銀行の違い

　それでは、ここからはセブン銀行の決算書を見てみましょう。まずはPLから（経常利益まで）見ていきます。

　図4-3-8を見ると、収益のほとんどが先ほど述べたATM受入手数料であることが分かりますね（図中①）。また、費用の大部分が、ATM設置支払手数料（図中②）と営業経費（図中③）であることも分かります。

ATM設置支払手数料は、設置場所であるセブンイレブンやイトーヨーカ堂に対して支払われるものです。これはグループ会社に対する支払いなので、SIHの連結PL上は消去されるものです。

　また、営業経費の内訳は有報の連結PL注記に記載されていますが、大部分が減価償却費と業務委託費であることが分かります（図4-3-9）。

図4-3-8　セブン銀行_連結PL（経常利益まで）

（単位：百万円）

	前連結会計年度 （自　2017年4月1日 至　2018年3月31日）	当連結会計年度 （自　2018年4月1日 至　2019年3月31日）
経常収益	127,656	147,288
資金運用収益	3,391	3,529
貸出金利息	3,271	3,419
有価証券利息配当金	18	21
コールローン利息	1	0
預け金利息	100	87
役務取引等収益	123,507	142,614
受入為替手数料	2,582	2,750
❶　ATM受入手数料	116,854	135,324
その他の役務収益	4,070	4,538
その他業務収益	279	275
その他経常収益	477	869
貸倒引当金戻入益	－	13
その他の経常収益	477	856
経常費用	89,350	106,574
資金調達費用	718	686
預金利息	163	119
譲渡性預金利息	0	0
コールマネー利息	△28	△37
借用金利息	76	74
社債利息	506	530
役務取引等費用	26,583	39,236
支払為替手数料	1,466	1,476
❷　ATM設置支払手数料	20,853	30,511
ATM支払手数料	2,375	4,499
その他の役務費用	1,888	2,749
その他業務費用	90	116
❸　営業経費	※1 61,645	※1 66,070
その他経常費用	312	462
貸倒引当金繰入額	6	－
その他の経常費用	306	462
経常利益	38,305	40,714

出所：セブン銀行_2019年3月期有価証券報告書

図4-3-9　セブン銀行_連結損益計算書関係注記

※1．営業経費のうち主要な費目及び金額は次のとおりであります。

	前連結会計年度 （自　2017年4月1日 至　2018年3月31日）	当連結会計年度 （自　2018年4月1日 至　2019年3月31日）
給与・手当	6,477百万円	6,772百万円
退職給付費用	210百万円	188百万円
減価償却費	17,102百万円	17,529百万円
業務委託費	18,515百万円	19,789百万円

出所：セブン銀行_2019年3月期有価証券報告書

次に、BSの借方を見てみましょう。

図4-3-10　セブン銀行_連結BS（借方）

（単位：百万円）

		前連結会計年度 （2018年3月31日）		当連結会計年度 （2019年3月31日）
資産の部				
❶現金預け金		710,369		780,650
有価証券	※1, ※6	61,939	※1, ※6	85,639
❷貸出金	※2, ※3, ※4, ※5, ※7	22,715	※2, ※3, ※4, ※5, ※7	22,688
外国為替		0		0
ＡＴＭ仮払金		146,977		194,910
その他資産	※6	18,537	※6	15,074
有形固定資産	※8	24,798	※8	15,155
建物		1,691		1,669
ＡＴＭ		19,804		11,062
その他の有形固定資産		3,301		2,424
無形固定資産		35,958		26,655
ソフトウエア		16,873		20,708
その他の無形固定資産		19,084		5,946
退職給付に係る資産		264		444
繰延税金資産		962		732
貸倒引当金		△36		△23
資産の部合計		1,022,485		1,141,926

出所：セブン銀行_2019年3月期有価証券報告書

　銀行業の財務諸表なので、若干見慣れない勘定科目がチラホラあります
よね。ただセブン銀行の場合、HPに「IR用語集」といって、特殊な勘定
科目の意味を記載してくれているので、それを見れば各勘定科目がどのよ

うな意味を表しているのかが分かります。

　例えば、セブン銀行の資産はほとんどが「現金預け金」となっていますが（図4-3-10①）、これはセブン銀行のATMの中に入っているお金と、他の銀行もしくは日本銀行に預け入れている預金の合計を指しています。

　なお、セブン銀行単体のBSには現金預け金の内訳が記載されていますが、ほとんどがATMに入っている現金であることが分かります（図4-3-11）。

図4-3-11　セブン銀行の現金預け金の内訳

（単位：百万円）

	前事業年度 （2018年3月31日）	当事業年度 （2019年3月31日）
資産の部		
現金預け金	706,876	778,018
現金	629,876	646,618
預け金	76,999	131,400

出所：セブン銀行_2019年3月期有価証券報告書

　そして、なんといっても特徴的なのが、銀行業なのに貸出金がほとんどなく、大部分が現金預け金として保有されているという点です（図4-3-10②）。他の銀行とBSを比較してみると、その違いは歴然ですね。

図4-3-12　銀行間のBSの違い

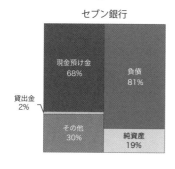
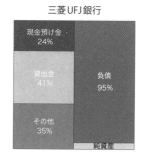

出所：各社有価証券報告書をもとに、筆者作成

出所：セブン銀行_2019年3月期有価証券報告書

　つまり、一般的な銀行は金銭の貸付による利息収入を主な収益源としている一方で、セブン銀行は貸し出しはほとんど行っておらず、収益源のほとんどがATMの手数料収入となっているということです。

　また、セブン銀行の負債の大部分は、他行と同じ「預金」です。注意していただきたいのは、これはセブン銀行の口座を持っている人が、セブン銀行の口座に預け入れているお金だということです。そのため、例えばAさんが、セブン銀行のATMを使って自分の三井住友銀行の口座に100万円を入金しても、セブン銀行の「預金」には何も反映されません。

　ここまで見ると、セブン銀行は顧客から「預金」という形でお金を預かっているという点では他の銀行と同じであるものの、資金の運用方法が全く異なるということが分かります。
　一般的な商業銀行が、「徹底した与信管理による企業や個人への貸付」という点に大きな付加価値がある一方で、セブン銀行は「人が行き交う便利な場所にATMを大量に保有している」という点に大きな付加価値があるということですね。

　筆者は個人的に、セブン銀行が保有している大量の現金を、今後どのように運用していくのかが気になります。これだけキャッシュがあると、貸出金以外にも色々運用方法はあると考えられるからです。
　統合報告書を読む限りでは、セブン銀行は、国内での新型ATMの導入や海外でのATM設置等にしばらく注力していくことが窺えますが、いずれにしても、定期的にセブン銀行のBSの借方を見ることでセブン銀行がどこにお金を使い始めているのかが見えてくるので、ここは引き続き注目していきたいところです。

❖ 複数の決算情報にアクセスすることの重要性

　本章ではここまで、丸井グループとSIHの決算書を見てきました。

　両社のように様々な事業を展開する多角化企業の場合、単にその会社の決算書やセグメント情報を見ているだけではなかなか実態が見えてこないので、できるだけ色々な決算情報にアクセスすることが重要だということが分かっていただけたかと思います。

　見るべき資料が散らばっているがために、単一の事業会社の決算書を読むよりも確実に難易度は高くなりますが、複数の事業を展開する会社は意外と多いので、「複数の決算情報から必要な情報を探し出す」ということには是非慣れておくことをオススメします。

4-3のまとめ

・海外コンビニ事業は売上高がかなり大きい一方で、国内のコンビニ事業と比べると利益率がかなり低くなっているが、決算補足資料を見ると、海外コンビニ事業は粗利率の低いガソリンの売上が大半を占めているためであることが分かる
・一般的な商業銀行は、貸付から生じる利息収入を主な収益源としている一方で、セブン銀行は貸付はほぼ行なっておらず、ATMの設置によって他行から収受する手数料を主な収益源としている点で、大きな違いがある

決算書から事前に
危険を察知する方法

なぜ、スカイマークや江守グループは倒産したのか

突然ですが、下図は何を表しているグラフだと思いますか？

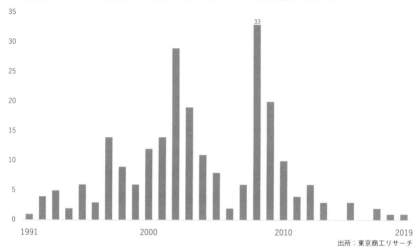

出所：東京商工リサーチ

　これは、過去に倒産した上場企業の数を表しているグラフです。驚くことに、ほぼ毎年どこかの上場企業が倒産していることが分かります。

　会社が倒産してしまったら、その会社の株式はほとんど無価値となり、会社の株を買っていた投資家は大きな損失を被ってしまいます。更に、債権者も債権を回収できなくなってしまうし、従業員も職を失って路頭に迷ってしまうかもしれません。

　だからこそ、将来的にリスクが高い会社を事前に察知しておくことは、あらゆる利害関係者にとって非常に重要になってきます。

　本章では、「決算書のどこを見れば、危険を事前に察知できるようになるのか」という点にフォーカスして、実際過去に倒産した会社の決算書等も見ながら説明していきます。

　また、近年赤字上場が増加していることを受けて、赤字を出しているスタートアップの決算書を見る際に、本当に危険な赤字なのかどうかを見分ける方法についても簡単に説明したいと思います。

こんなときは注意!
決算書に表れる危険サイン

❖ そもそも、どのような状態を「危険」と呼ぶのか

　過去に倒産した会社の決算書を見ていく前に、「決算書がこのようになっていた場合は危険視すべき!」というポイントをいくつか押さえておきましょう。

　そもそも、どのような状態を「危険」というのでしょうか?

　売上が減少しているときでしょうか?　それとも、赤字になったときでしょうか?

　答えは、「キャッシュが尽きそうな状態」です。

　表現に少し語弊があるかもしれませんが、会社経営には「お金が足りなくなるとゲームオーバー」という大原則があります。逆に言うと、どれだけPLで赤字を計上しようと、お金さえあればゲームオーバーとはなりません。

　つまり、売上が減少していたり、赤字になっていること自体が危険なのではなく、キャッシュが尽きてしまいそうなことが危険なのです。

　そのため、例えば継続的に赤字を計上している会社であったとしても、手元に十分なキャッシュを蓄えていたり、銀行からの借入枠が十分に残っていたり、増資等で資金調達を行うことが十分に可能である場合は、キャッシュが近い将来尽きるとは考えにくいため、そこまで危険視する必要はないのです。

逆に、PLの利益が毎期黒字になっている会社であっても、手元資金が非常に少なかったり、来年の借入金の返済負担が手元資金と比べて大きかったりする場合は倒産に至ってしまう可能性があります。

　決算書における危険サインのパターンは色々ありますが、上記の前提を踏まえたうえで敢えて列挙するなら、次のようになると考えられます。

---

① 売上高・営業利益ともに大きく減少している場合
② 短期有利子負債が現預金残高と比較して大きい場合
③ 営業利益と営業CFの乖離が大きい場合
④ 多額の減損損失が計上されている場合

---

　④については既に2-3で解説済なので、ここでは①〜③のパターンがなぜ危険なのかということについて説明していきます。

①売上高・営業利益ともに大きく減少している場合

　資金繰りが逼迫して会社が危機に瀕する根本的な要因は、基本的にいつも「営業CFの悪化」です。借入金の返済で会社が危機に瀕する場合もあるじゃないか！という声も聞こえてきそうですが、基本的に借入を行う際は、事業計画における営業CFをベースに将来返済していける範囲で借入を行なっています。最初から返せる見込みがない金額を借りようとする会社なんていないでしょうし、そんなお金を貸してしまう金融機関もいないはずですよね（もちろん、実際には救済的な貸付を行う場合もあるので、全くないわけではないですが）。

　つまり、結局借入金等の返済が危うくなる要因も、当初計画していたような営業CFが生まれなくなるからなのです。

　そして、売上高や営業利益が大きく減少することは、基本的に営業CFを傷めることにダイレクトに繋がります。そのため、売上高や営業利益がともに大きく減少しているような場合は、将来的に資金繰りが逼迫する可能性があるため、一定の警戒心を持つ必要があります。

②短期有利子負債が現預金残高と比較して大きい場合

　会社は、キャッシュが足りなくなったときに倒産してしまうと述べました。そのため、借入金や社債等の有利子負債がどの程度積み上がっているかは、必ず確認する必要があります。

　そこでまずは、短期有利子負債と現預金のバランスをチェックしましょう。

　短期有利子負債が現預金残高と比べて大きくなっている場合、翌年にちゃんと返済できるかどうかを検討する必要性が生じます。そのため、このような場合は、営業CFがしっかりと出ているか、そしてBSの資産の内容を見て、現金化できそうな資産が十分にあるかどうかということを確認する必要があります。

　例えば、短期有利子負債が現預金残高よりも大きくなっている中で、営業CFが思うように出ておらず、かつ現金化が難しそうな資産しか保有していない場合は、相当危険な状態にある可能性が高いと考えられます。

③営業利益と営業CFの乖離が大きい場合

　PLではしっかり営業利益が出ているのに、キャッシュフロー計算書の営業CFはほとんど出ていない、もしくはマイナスとなっているような場合も注意が必要です。なぜなら、実態は儲かっていないのにPLをよく見せようとした場合、営業利益と営業CFに乖離が生じやすいためです。

　例えば、売れ残りの商品があって、その商品が売れる見込みがないとします。本来であればこの商品に対しては評価損を計上しなければなりませんが、それをやるとPLの営業利益が傷んでしまうという理由で評価損を計

上しなかったとしましょう。

　この場合、PL上は売上高も売上原価も計上されないので、営業利益は傷みません。しかし、商品の仕入時にキャッシュアウトが生じているのに売上金は入ってこないので、営業CFは既にマイナスとなっていますよね。

　このように、キャッシュは嘘をつかないので、PLを実態よりよく見せようとした場合は営業利益と営業CFの間に乖離が生じやすくなるのです。

　ただし、注意していただきたいのが、営業利益と営業CFが乖離していたら即危険だというわけではないということです。例えば、売上の回収方法を分割にした場合には、利息を回収できるようになることで営業利益が増える一方で、キャッシュの回収が遅くなり売掛金が溜まるので営業CFは減る傾向にあります。しかし、これは別にPLをよく見せようとしているわけではないし、長期間のスパンで見れば儲かっているので、この場合にすぐに「危険だ！」と判断するのはおかしいですよね。

　そのため、とにかく営業利益と営業CFに乖離が生じている要因をクリアにすることが重要で、これがよく分からなかったり、違和感があるような場合は、もしかしたら危険な兆候が潜んでいるかもしれないということを覚えておいてください。

5-1のまとめ

- ・赤字が危険なのではなく、キャッシュが尽きることこそが危険である
- ・売上・営業利益が大きく減少しているときは、その減少理由を吟味する
- ・短期有利子負債が現預金残高を大きく上回り、かつ営業CFが芳しくない状態が続いている場合は、警戒した方がいい
- ・営業利益はちゃんと出ているのに営業CFが継続的に小さい場合は、CF計算書を見て何が要因で差が生じているかを確かめ、その要因が合理的かどうかを検討する

巨額投資の恐ろしさ
～スカイマーク～

✓ **スカイマークはなぜ倒産したのか？**
✓ **GC注記とは何か？**
✓ **倒産は決算情報から予見することが可能であったか？**

❖ スカイマークの概要

　2015年1月、航空運送事業を展開する「スカイマーク」が民事再生手続開始の申立てを行い、事実上の倒産へと追い込まれました。

　5-2では、スカイマークがなぜ倒産に追い込まれてしまったのかということについて、当時の決算書を振り返り、倒産を予期することは可能であったか？ という点にフォーカスしていきたいと思います。

　スカイマークは1996年に設立された会社で、設立時には、エイチ・アイ・エスの創設者でありハウステンボス等の社長を務める澤田秀雄氏も出資していました。

　スカイマーク設立当時の国内の航空業界は、ANA、JAL、JAS（後にJALと統合）の3社による寡占状態となっていたが故に、航空券は高価なままで下がることがありませんでした。

　こうした状況を打破するため、「国内線で格安の航空会社を作る」というコンセプトの下、スカイマークが設立されたそうです。今では当たり前となっているLCCの構想を、この時代から抱かれていたということですね。

　そんなスカイマークですが、エイチ・アイ・エスを創設し、万年赤字だったハウステンボスをたった1年で黒字に変えるほどの経営手腕を持つ澤田

氏ですら、「経営者人生で辛かったことを挙げるなら、スカイマーク」と言うほど経営に苦戦します。

スカイマークは、2000年5月に東証マザーズに上場を果たしていますが、2002年10月末時点で約29億円の債務超過となっており、大規模な増資をしないと2期連続債務超過で上場廃止になるという危機に瀕していました。

図5-2-1　2002年10月末は債務超過

回次		第6期	第7期	第8期	第9期	第10期
決算年月		平成14年10月	平成15年10月	平成16年10月	平成17年3月	平成18年3月
事業収益	（千円）	15,401,889	22,554,365	31,778,184	13,029,167	35,694,903
経常利益又は損失（△）	（千円）	△1,116,932	△576,030	1,415,176	258,632	△1,169,940
当期純利益又は損失（△）	（千円）	△1,090,100	△794,508	1,354,668	1,677,085	△701,670
持分法を適用した場合の投資利益	（千円）	—	—	—	—	—
資本金	（千円）	4,397,964	6,647,964	6,647,964	2,163,157	3,998,782
発行済株式総数	（株）	87,899	187,899	187,899	51,799,800	57,779,100
純資産額	（千円）	△2,897,002	808,488	2,163,157	8,426,759	11,396,000

出所：スカイマーク_2006年3月期有価証券報告書

この状況下で、既に自身が立ち上げた会社を上場させたことにより多額の資産を有していた西久保愼一氏が40億円近い増資を引き受け、スカイマークの社長に就任します。

その後、西久保氏は経営難に陥っているスカイマークの再建に奔走することとなります。その成果が実り、2011年3月期には過去最高益をマークするにまで至っています。

図5-2-2　2011年3月期における主要な経営指標

回次		第11期	第12期	第13期	第14期	第15期
決算年月		平成19年3月	平成20年3月	平成21年3月	平成22年3月	平成23年3月
事業収益	（千円）	39,725,905	50,373,161	42,316,783	41,458,379	58,023,794
経常利益又は損失（△）	（千円）	△4,917,095	2,749,979	△2,389,246	2,956,646	10,968,531
当期純利益又は損失（△）	（千円）	△4,944,230	2,627,986	△2,040,328	2,627,578	6,325,942
持分法を適用した場合の投資利益	（千円）	—	—	—	—	—
資本金	（千円）	4,202,465	4,202,465	4,777,465	4,780,174	4,952,278
発行済株式総数	（株）	59,885,700	59,885,700	69,885,700	69,901,700	70,813,400
純資産額	（千円）	6,913,213	9,564,569	8,723,047	11,391,546	17,359,510

出所：スカイマーク_2011年3月期有価証券報告書

　当時この決算を見ていたなら、スカイマークが完全に経営再建を果たしたと思っていたことでしょう。事実、この頃のスカイマークの株価は高水準で推移していました。

❖巨額投資の引き金となったA380型機

　しかし、11/3期の有価証券報告書を読み進めていくと、「事業等のリスク」の箇所においてある記載が行なわれていました。

図5-2-3　2011年3月期有価証券報告書「事業等のリスク」

c. 国際路線への事業展開のための航空機材導入について
　当社は、平成27年3月期において海外主要路線での適正な運賃による国際線事業への参入を目指しており、当該路線にかかる航空機材として、Airbus A380型機の導入を計画しております。当社は、平成23年2月にAIRBUS S.A.S.との間で当該機材6機の購入契約（うち2機はオプション）を締結しており、これらは平成26年7月から平成29年12月において段階的に導入を図る予定であります（オプション含む計6機の投資予定金額の総額は155,898百万円であります）。
　当該機材は、従来と比較して高額であり相当な資金負担が見込まれることから、当社の財政状態に重大な変動が生じた場合又は導入のための資金調達等に支障が生じた場合には、当該航空機の調達方法の変更、調達時期の遅延、調達機材の縮小等、事業計画の変更等を余儀なくされ、事業展開に影響を及ぼす可能性があります。また、導入後において十分な収益拡大が困難となった場合には、減価償却費その他の費用負担増加により、当社の経営成績、財政状態及びキャッシュ・フローに影響を与える可能性があります。
　なお、当社が計画するA380型機導入にかかる平成24年3月期以降の支出予定は以下の通りでありますが、当該6機のうち最大3機（オプションを行使しない場合は最大2機）については、当社の今後の資金及びキャッシュ・フロー等の状況により、オペレーティング・リース取引（リースバック）による導入も検討しております。

（単位：百万円）

	平成24年3月期	平成25年3月期	平成26年3月期	平成27年3月期	平成28年3月期	平成29年3月期	平成30年3月期
支出予定額	6,132	4,394	8,152	45,745	23,909	24,134	41,948

出所：スカイマーク_2011年3月期有価証券報告書

スカイマークは、国際路線に進出するために、エアバス社製のA380型機の導入を計画していたのです。A380は、座席数が500席以上ある、いわゆる「ジャンボ機」。このジャンボ機を6機も購入しようとしているということだけを聞いても、かなり大規模な投資を行なおうとしていることが分かりますよね。

　事実、投資予定金額は総額で150,000百万円超と公表されており（図5-2-3下線部参照）、これはなんと当時のスカイマークの売上3年分程に相当する金額だったのです。

　これを見たときに、まず「本当にそんな金額が支払えるのか？」という疑問が生じます。そこで、同時期のBSから現預金の残高を確認してみましょう。

図5-2-4　スカイマークの現預金残高

（単位：千円）

	前事業年度 (平成22年3月31日)	当事業年度 (平成23年3月31日)
資産の部		
流動資産		
現金及び預金	7,503,857	16,412,600

出所：スカイマーク_2011年3月期有価証券報告書

　現預金残高は16,413百万円となっています。この状態で将来待ち構えている多額の支出に耐え抜くためには、ここから相当本業でキャッシュを稼ぎ出さないといけないということが分かりますよね。では、当時スカイマークは一体どの程度を本業から稼ぎ出していたのでしょうか？ CSから確認してみましょう。

　11/3期の営業CFは、前年を大きく上回る14,825百万円となっています（図5-2-5）。ただ、この水準では7年間で160,000百万円近くを支払うには全然足りないということも明白です。今後も成長ペースを維持しながら営業CFを増やしていかなければ、支払いが滞ってしまいます。

図5-2-5　スカイマークの営業CF

（単位：千円）

	前事業年度 (自 平成21年4月1日 至 平成22年3月31日)	当事業年度 (自 平成22年4月1日 至 平成23年3月31日)
営業活動によるキャッシュ・フロー		
税引前当期純利益	2,651,741	11,021,280
減価償却費	1,087,061	1,280,323
長期前払費用償却額	29,428	19,113
減損損失	162,958	－
貸倒引当金の増減額（△は減少）	△349	△20,955
定期整備引当金の増減額（△は減少）	999,276	1,573,615
（中略）		
小計	5,427,257	14,914,886
利息及び配当金の受取額	1,563	2,611
利息の支払額	△56,436	△68,011
法人税等の支払額	△23,958	△24,163
営業活動によるキャッシュ・フロー	5,348,425	14,825,322

出所：スカイマーク_2011年3月期有価証券報告書

　つまり、スカイマークがA380の支払いを実行できるか否かは、スカイマークが今後も利益を伸ばしながら営業CFの獲得量を増やしていくことができるかどうかが非常に重要なキーになっていたということです。

　この時点で既に、かなりリスクの高いことをやろうとしていたことが分かりますが、スカイマークの収益性が今後も伸びゆくものであったかどうかは、当時の決算情報から読み取ることができたのでしょうか？

　ここからは、PLにも着目して見ていきましょう。

❖航空業界で重要な「稼働率」

　まず、スカイマークのPLから損益構造を紐解いてみます。図5-2-6はスカイマークの08/3期のPLですが、これが航空業界の損益構造を如実に表しています。このPLを見て、どのような特徴があるかを考えてみてください。

図5-2-6　スカイマークの損益構造

区分	注記番号	前事業年度 (自 平成18年4月1日 至 平成19年3月31日) 金額（千円）		百分比 （％）	当事業年度 (自 平成19年4月1日 至 平成20年3月31日) 金額（千円）		百分比 （％）
I　事業収益							
1　航空事業収入		39,310,779			49,773,393		
2　附帯事業収入		415,125	39,725,905	100.0	599,767	50,373,161	100.0
II　事業費							
1　航空事業費		42,441,209			44,072,545		
2　その他		7,455	42,448,665	106.9	21,349	44,093,895	87.5
事業総利益又は損失 　　（△）			△2,722,759	△6.9		6,279,265	12.5

出所：スカイマーク_2008年3月期有価証券報告書

　売上総利益にあたる事業総利益が、1年間で大幅に伸びていますよね。なぜ、こんなにも伸びているのでしょうか？

　事業収益を見ると、航空事業収入が前年比で26.6％伸びています。一方で、事業費に目をやると、航空事業費は3.8％しか増加していないことが分かります。つまり、売上高は大幅に伸びているのに、売上原価はほぼ変わっていないということです。そうなると、当然利益は大幅に伸びますよね。

　なぜ、このようなことが起きるのでしょうか？

　スカイマークのような航空会社は、燃料や機体のリース料、従業員の給与等、固定費（＝売上高と比例せずに発生する費用）の占める割合が大きくなる傾向にあります。そのため、固定費を回収するために必要な水準の売上高をひとたび超えると、利益額が大きく伸びる構造になっているのです。

　航空業界において固定費の占める割合が大きくなっているのは、当時のスカイマークの有報における「事業費明細書」を見れば明らかです。

図5-2-7　スカイマークの事業費明細（主要な費目を抜粋）

単位：百万円	07/3期	08/3期
燃料費・燃料税	11,639	13,263
空港使用料	6,170	5,897
航空機材リース料	6,588	6,834
人件費	4,335	5,423
その他	13,717	12,677
合計	42,449	44,094

出所：スカイマーク_2008年3月期有価証券報告書を基に、筆者作成

　ただし、固定費とはいっても、売上を伸ばすために航空機の数を増やして便数を増やせば、その分燃料費も増えますし、航空機のリース料も増えます。そのような中でコストを抑えながら売上が増加していたのは、「稼働率」が高まったからに他なりません。

　つまり、スカイマークを含む航空業界のプレイヤーが勝ち抜くためにキーとなるのは、稼働率をいかに高めることができるか、ということになります。

　スカイマークの稼働率は、有報上「有償座席利用率」という形で毎年開示されていました。各年の有報を基に有償座席利用率の推移をグラフ化すると、図5-2-8のようになります。

　これを見ると、元々50％代で推移していた有償座席利用率が、11/3期にかけて80％を超える水準にまで高まっていることが分かります。当たり前ですが、有償座席利用率が高まれば、便数を増やさなくても売上が増加するので、利益を大きく伸ばすことができます。

　11/3期と12/3期に大きく利益を稼ぎ出すことができたのも、有償座席利用率の水準が回復したためだと言えます。

図5-2-8　スカイマークの有償座席利用率の推移

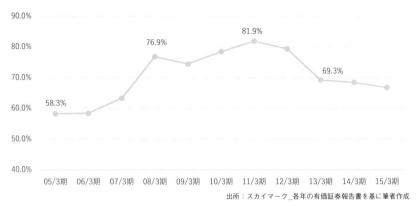

出所：スカイマーク_各年の有価証券報告書を基に筆者作成

❖LCCの参入と燃料価格の高騰

　しかし、11/3期や12/3期の時点でスカイマークが今後も稼働率を維持しながら成長を続けられるかどうかを占う上で、2つの大きな不確定要素がありました。それが、①LCCの本格参入と、②燃料価格の変動です。

　もともとスカイマークは、ANAとJALによる寡占状態となっていた日本の航空業界に待ったをかけるべく、安い価格で航空券を提供する会社としてスタートしています。つまり、基本的にスカイマークの競争優位性は「低価格」にあったということです。

　しかし、2012年が「LCC元年」と言われるように、この年からピーチやジェットスター等のLCCが台頭し、競争が一気に激化し始めます。これにより、これまで価格の安さで引き付けていた顧客が他社へ一気にLCCへ流れていき、13/3期から有償座席利用率が大きく低下してしまいます（図5-2-8参照）。

　また、この他にも燃料価格の高騰というリスクも、大きな不確定要素の1つとして存在していました。図5-2-9は、飛行機の燃料にあたるジェット燃料の価格の推移です。

図5-2-9　ジェット燃料の価格推移

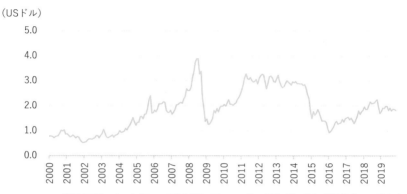

（USドル）

出所：U.S. Department of Energy, U.S. Gulf Coast Kerosene-Type Jet Fuel Spot Price FOB（Dollars per Gallon）

　これを見ると、そもそも燃料価格というものがかなりボラティリティー（価格の変動性のこと。「ボラティリティーが大きい→価格の変動幅が大きい」ということを指します）の大きいものであることが分かります。燃料価格が上がると、その分航空会社は「燃油サーチャージ」という形で運賃に転嫁することができますが、あまりに転嫁しすぎると今度は利用客が減ってしまうので、ある程度は航空会社が価格上昇分を負担しなければなりません。

　2011年の時点で、スカイマークが今後多額の資金を支払えるのかどうかを占う上で、これらLCCの本格参入と燃料価格の変動が大きな懸念材料となっていたことは間違いないでしょう。結果的にこれらの懸念材料は、13/3期以降、有償座席利用率の大幅低下という形で表面化しました。

第5章　決算書から事前に危険を察知する方法

11/3期、12/3期と増収増益を記録したスカイマークでしたが、これらの要因等により、13/3期に大幅減益となってしまっています。

図5-2-10　減益へ転落してしまった13/3期

（単位：百万円）

	前事業年度 (自 平成23年4月1日 至 平成24年3月31日)	当事業年度 (自 平成24年4月1日 至 平成25年3月31日)
事業収益		
航空事業収入	78,913	84,725
附帯事業収入	1,341	1,218
事業収益合計	80,255	85,943
事業費		
航空事業費	61,603	77,403
その他の事業費用	38	60
事業費合計	61,642	77,463
事業総利益	18,613	8,479

出所：スカイマーク_2013年3月期有価証券報告書

また、過去の営業CFの推移を並べても、13/3期において営業CFがかなり落ち込んでいることが分かります（図5-2-11）。

図5-2-11　スカイマークの営業CFの推移（05/3期〜13/3期）

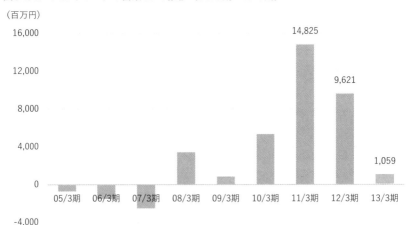

出所：スカイマーク_各年の有価証券報告書を基に筆者作成

更に、2012年の安倍政権発足以来、継続的な円安が進み、外貨で支払われるA380の購入代金の円換算額もどんどん膨らんでいきました。ここまで来ると、A380の支払が完了できるかどうかについて相当な懸念が持たれる状態となっていたと言えるでしょう。

❖「継続企業の前提に関する注記」とは

そんな中、14/3期の第1四半期報告書において、突然「継続企業の前提に関する注記」が現れました。

図5-2-12　スカイマーク_継続企業の前提に関する注記

（継続企業の前提に関する事項）
① 当社は、継続的な円安や燃油価格の高騰及びエアバスA330型機の導入に係る一時的な初期費用等の増加により、当第1四半期累計期間において、営業損失5,526百万円、四半期純損失5,795百万円を計上いたしました。このような状況のもと、これまでのエアバスA380型機導入に向けた多額の投資支出の影響もあり、今後、運転資金需要が大幅に増加した場合には、資金繰りに十分な余裕を確保できなくなる可能性があり、継続企業の前提に関する重要な疑義を生じさせるような状況が存在しております。
　これに対し、当社は状況を解消すべく、以下の対応策に取り組んでおります。
・大型機材であるエアバスA330型機の導入による輸送力及び収益力の強化
・高品質座席の提供による顧客の囲い込み及び新規顧客の獲得
・不採算路線の休止
・金融機関からの借入れ
　しかし、これらの対応策は実施途中にあり、現時点では継続企業に関する重要な不確実性が認められます。

② 当社はAIRBUS S.A.S.社（エアバス社）と計6機のA380型機の購入契約を締結しておりますが、平成26年7月25日に、当該契約について解除する旨の通知をエアバス社より受けております。
　本件については、エアバス社より多額の解約違約金の支払いを求められておりますが、当社は当該解約違約金の金額の合理性も含め、法的手段も視野に入れながら対応策の検討を行っており、継続企業の前提に関する重要な疑義を生じさせるような状況が存在しております。
　当社は、当該事象を解決すべく法的助言を得ながら対応策の検討を行っておりますが、現時点では継続企業に関する重要な不確実性が認められます。

出所：スカイマーク_2014年3月期第1四半期報告書

「会社」というものは基本的に、永続的に事業を営み続けることを前提として存在しており、これを「継続企業の前提（ゴーイング・コンサーン）」と言います。

しかし、会社の財政状態が急激に悪化したり、結果次第では会社が潰れ

207

てしまうほどの訴訟が行われていたりで会社の存続が危ぶまれるような場合は、この継続企業の前提が果たして成立しているのかが分からなくなりますよね。

　そういった、会社が存続の危機に直面しているような場合は、財務諸表上、「継続企業の前提に関する注記」を記載しなければいけないことになっています。一般に「GC（ゴーイング・コンサーン）注記」と呼ばれたりしますが、財務諸表にこのGC注記がある場合は、いつ倒産してもおかしくない、かなり危険な状態であると思ってください。

　GC注記が行なわれている場合、その状況を解消するための対応策が記載されます。スカイマークの場合、4つの対応策が記載されています（図5-2-12参照）。

　この中で最も重要となるのが、「金融機関からの借入れ」です。緊急性が高ければ高いほど、とにかくキャッシュを繋ぐためにまず借入等を通じて資金調達をしなければならないからです。

　しかし、スカイマークの13/3期のBS（図5-2-13）を見ると、同社がこの状況下で金融機関から借入れを行うことが難しいかもしれない状態となっていることが分かりました。

　というのも、13/3末時点で借入金が全くなかったのです。

　一般的に無借金経営は安全でよいとされがちですが、無借金であることが必ずしも良いとは限りません。その理由の1つに、窮地に陥ったときに救済してくれる金融機関が見つかりにくいということがあります。

　もし、あなたが仲のいい友人が経営している会社にお金を貸していて、その会社の経営が傾いたときに追加でお金を入れてもらわないと会社が潰れてしまうかもしれないから助けてほしいと懇願されたらどうするでしょうか？

図5-2-13　スカイマーク_13/3期のBS（負債の部）

（単位：百万円）

	前事業年度 (平成24年3月31日)	当事業年度 (平成25年3月31日)
負債の部		
流動負債		
営業未払金	2,680	3,013
未払金	622	83
未払費用	1,085	1,170
未払法人税等	4,972	1,557
未払消費税等	−	596
預り金	410	496
前受旅客収入金	4,737	4,099
定期整備引当金	256	1,449
返還整備引当金	−	1,533
その他	71	87
流動負債合計	14,837	14,087
固定負債		
定期整備引当金	7,313	8,824
返還整備引当金	1,602	3,064
リース債務	808	764
繰延税金負債	43	122
資産除去債務	137	383
その他	111	159
固定負債合計	10,016	13,319
負債合計	24,854	27,406

出所：スカイマーク_2013年3月期有価証券報告書

第5章　決算書から事前に危険を察知する方法

　既にお金も貸してしまっているので、倒産してしまうとこちらにも損失が生じてしまうし、仲のいい友人の頼みなので、追加で貸すかどうかを検討するかもしれません。

　しかし、お金を貸したこともない赤の他人が、同じようなことを頼み込んできたらどうでしょうか？ かなりリスクの高い融資を低い利率で実施しようとは、なかなか思えないですよね。

　そのため、GC注記の対応として金融機関からの借入れが記載されているものの、銀行との取引がないスカイマークがこの状況下で救済を受けるのは難しかったのかもしれないということが、BSから読み取れるのです。

❖ どこを見ておけば危険を察知できたのか

　最後に、スカイマークの場合、決算情報のどこを見ておけば危険であることがわかったのかを振り返ってみましょう。

　まず、11/3期の有報における事業等のリスクを見て、返済スケジュールと返済予定額を見れば、非常に大胆な投資を実施しようとしていることに気づけたはずです。

　更に、PLからスカイマークの損益構造を確認し、稼働率や燃料価格、為替の変動によって業績が大きく変わることを理解した上で、エアバス社への支払いを行うだけの営業CFを将来稼ぎ出すことができるのかを検討していれば、成長を阻害する要因が少しでも生じたら危険であると判断できたと思います。

　巨額の投資が行なわれることが分かった場合は、まずその投資の資金源とキャッシュアウトのスケジュールを確認しましょう。資金源が全て現在の手元資金であるのなら、そこまで危険性は高くないと言えますが、銀行から借入れる場合や、将来生まれると見込まれるキャッシュフローを資金源としているような場合は、より注意深くなる必要があります。

　さて、そんなスカイマークですが、2015年2月4日に民事再生手続が開始されて以来、ANAや投資ファンドであるインテグラル等による支援のもとで再建を果たし、2019年10月25日に上場申請を行うまでに至りました。

　新型コロナウイルスの影響で上場申請は一旦取り下げられ、現在再び厳しい状況に置かれているものと思われますが、この危機を乗り越えて再び成長していくことができるのかどうかを楽しみに待っていたいと思います。

5-2のまとめ

・スカイマークは、A380への巨額投資が引き金となり、倒産に至った
・有報から、稼働率、燃料価格、為替等が業績に大きな影響を与える
　ことが分かった
・GC注記が行なわれている場合は、会社が相当危険な状態であるサ
　イン。記載されている対応策によって本当に危機を脱することが可
　能かどうかを吟味することが重要になる
・危機的な状況に陥った際は、無借金であることがかえって危険度を
　増幅させる可能性もある点に留意する

5-3

なぜ、黒字倒産してしまったのか？
～江守グループホールディングス～

ポイント

✓ 優良企業と言われていた会社が、なぜ倒産するに至ったのか？
✓ PLだけを見ることがなぜ危険なのか？
✓ 財務諸表を見て、倒産を予見することは可能であったか？

❖「優良企業」だったはずの江守グループ

　2015年4月30日、化学品や合成樹脂等の専門商社である江守グループホールディングス（以下、江守グループ）が民事再生法の適用を申請し、事実上の倒産に至りました。

　倒産に至った原因は、中国の子会社で計上されていた売上債権に対して多額の貸倒引当金を計上した結果債務超過となり、負債総額約711億円が返済不能となったためであるとのことです。

　「なるほど、こういう会社は恐らく業績もボロボロだったんだろうな」と想像される方もいるかもしれませんが、実はこの会社、PLだけを見るとかなりの優良企業だったのです。

　実際に、14/3期有価証券報告書における主要な経営指標等の推移を見ると、売上、利益共に大きく伸びており、文句のつけようのない数字が並んでいたことが分かります。

図5-3-1　江守グループ_14/3期「主要な経営指標等の推移」

1 【主要な経営指標等の推移】
(1) 連結経営指標等

回次		第54期	第55期	第56期	第57期	第58期
決算年月		平成22年3月	平成23年3月	平成24年3月	平成25年3月	平成26年3月
売上高	(千円)	65,917,973	95,337,089	116,700,613	144,675,489	219,187,240
経常利益	(千円)	1,832,255	2,339,294	2,532,345	3,005,618	5,410,315
当期純利益	(千円)	1,021,444	1,367,171	1,689,571	1,919,302	3,323,832

出所：江守グループ_2014年3月期有価証券報告書

　また、江守グループは、今から100年以上前の1906年に創業された老舗企業で、2004年にJASDAQへ上場を果たし、2006年3月には東証一部へ指定替えを行なっています。にもかかわらず、2014年3月からたった1年でこの会社は倒産しました。

　恐らく、当時このニュースを聞いた方の多くは、かなり驚かれたのではないかと思います。それもそのはず。創業から100年以上続いており、ガバナンスや経営体制も盤石だと思われる東証一部上場企業が急に潰れるだなんて到底信じがたい出来事ですし、PLもここまで順調だとまさか倒産するとは思わないですよね。まさに、「黒字倒産」だと言えるでしょう。

　では、なぜ江守グループは倒産へ至ってしまったのでしょうか？
　当時の決算書を見て、事前に倒産を予見することは可能だったのでしょうか？

❖中国の売上規模の急拡大

　まず、江守グループの有報から、同社がどのような事業を行なっていたのかどうかを簡単に見ておきましょう。
　上場廃止前に最後に提出されている有報を見ると、江守グループは、主に①商社事業と②情報事業を展開していたことが分かります。

図5-3-2　江守グループの事業の内容

商社	———————	染料・テキスタイル・化学品・合成樹脂・電子材料・電子デバイス・資源・食糧・医薬中間体・原薬・医療機器・生活関連資材・産業用・環境関連機械設備等を販売しております。 なお、一部の関係会社においては、合成樹脂・染料等の製造、染色試験、堅牢度試験の受託事業を行っております。
情報	———————	ソフトウェア・コンピュータ機器販売並びにソフトウェア受託開発等を行っております。
その他	———————	塗料販売、建築工事の設計施工、移動体通信機器事業、ダストコントロール商品の販売及びリース事業、保険サービス事業、メディア開発事業、配送及び倉庫事業等を行っております。

出所：江守グループ_2015年3月期有価証券報告書

　図5-3-3のセグメント情報等を見ると、売上高の大部分は商社事業から稼得されていることがわかります。また、商社事業の中でも中国における売上高がかなりの割合を占めているということが分かります。

図5-3-3　江守グループ_15/3期セグメント情報

(単位：千円)

	報告セグメント							その他 (注) 1	合計	調整額 (注) 2	連結 財務諸表 計上額 (注) 3
	商社					情報	計				
	日本	中国	ASEAN他	消去	商社計						
売上高											
外部顧客への売上高	41,227,306	165,328,251	8,832,366	—	215,387,924	5,883,708	221,271,633	3,347,836	224,619,469	—	224,619,469
セグメント間の内部売上高又は振替高	9,515,810	3,367,625	14,001,510	△26,838,838	46,108	83,743	129,852	562,431	692,283	△692,283	—
計	50,743,116	168,695,877	22,833,877	△26,838,838	215,434,032	5,967,452	221,401,485	3,910,267	225,311,752	△692,283	224,619,469
セグメント利益又は損失(△)	1,431,233	3,110,869	△2,377	25,869	4,565,594	980,059	5,545,653	110,920	5,656,574	△1,272,665	4,383,909

出所：江守グループ_2015年3月期有価証券報告書

　利益面に着目してもみても、中国が稼ぎ頭になっているようです。では、江守グループにおいては、長年中国が主要なビジネス領域だったのでしょうか？ それとも、ここ数年で急激に成長してきているのでしょうか？

　確認のため、過去の有報に遡って中国における売上高の推移を見てみましょう。

図5-3-4　中国セグメントの売上高推移

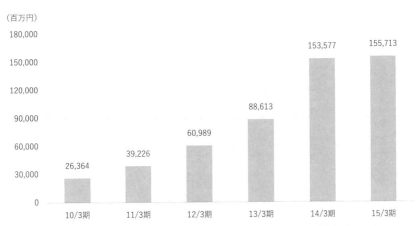

（百万円）

注：10/3期及び11/3期は中国セグメントの数字が開示されていないので、アジアセグメントの数字を記載している。

出所：江守グループ_各年の有価証券報告書を基に、筆者作成

これを見ると、14/3期までかなりのペースで中国セグメントにおける売上高が増加していることが分かります。14/3期における「業績等の概要」を見ると、中国事業がいかに好調であったかが読み取れる文章が記載されています。

図5-3-5　江守グループ_業績等の概要

［ケミカル］
　当連結会計年度の売上高は2,111億30百万円（同54.3％増）、セグメント利益（営業利益）は58億55百万円（同69.8％増）となりました。
　中国では、インフラ関連資材である銅、アルミニウム、精製鉄粉、マンガン鉱石といった資源の売上が年間を通して好調に推移いたしました。また、塩化ベンジル、トルエンやアセトン等、化学品の売上も堅調に推移いたしました。近年の個人消費の拡大を受け、トウモロコシ、アルコール、コンビニエンスストアや外食チェーン向けの高級米等、食糧関連取引も活発化し、中国におけるコア事業のひとつとして成長いたしました。当連結会計年度から子会社となった海南江守置基医薬有限公司については、原薬や医薬中間体の販売を通じて初年度から単年度黒字を計上するなど、好調なスタートを切りました。

出所：江守グループ_2014年3月期有価証券報告書

これほどまで中国事業の売上高が好調に伸びており、更に先ほど図5-3-1で見たようにきちんと利益も伸ばしている姿を見ると、普通に考えてかなり優良な企業だろうと思うのは当然だと思います。

❖ BSとCSに異変はあったのか？

　さて、ここまでPLに注目して見てきましたが、BSとCSはどのようになっていたのでしょうか？　第2章で見たニトリのように、江守グループは中国において積極的な投資を行なってきたからこそ、ここまで驚異的な売上高の成長を遂げることができたのでしょうか？

　PLだけを見ていても会社の実態はなかなか見えてこないので、BSとPLにも目を通してみることにしましょう。

　図5-3-6は、江守グループの14/3期の連結CSです。

　あれ？？となる点が、いくつかありますね。驚くことに、営業CFは2期連続で大きくマイナスとなっています（図中①）。一方で、13/3期と14/3期の営業利益は、それぞれ3,209百万円、5,743百万円のプラスです。

　なぜこのようなことが起こっているのかを探るために、営業CFの内訳を確認すると、「売上債権の増減額」が大きくマイナスになっていることが分かります（図中②）。これはつまり、売掛金等の売上債権が大きく増加したということです。

図5-3-6　江守グループ_連結CS

(単位：千円)

	前連結会計年度 (自　平成24年4月1日 至　平成25年3月31日)	当連結会計年度 (自　平成25年4月1日 至　平成26年3月31日)
営業活動によるキャッシュ・フロー		
税金等調整前当期純利益	3,220,760	5,390,632
減価償却費	321,933	252,120
貸倒引当金の増減額（△は減少）	△72,390	152,234
賞与引当金の増減額（△は減少）	△33,206	56,131
退職給付引当金の増減額（△は減少）	2,981	△29,063
退職給付に係る負債の増減額（△は減少）	−	31,445
受取利息及び受取配当金	△108,038	△135,679
支払利息	451,487	853,884
投資有価証券評価損益（△は益）	3,560	841
投資有価証券売却損益（△は益）	△637	△73
関係会社株式売却損益（△は益）		△33,251
有形固定資産除売却損益（△は益）	13,249	52,096
保険差益	△234,863	
❷ 売上債権の増減額（△は増加）	△6,243,662	△15,828,979
たな卸資産の増減額（△は増加）	△299,540	1,610,926
仕入債務の増減額（△は減少）	2,461,628	1,554,274
その他	△1,732,401	2,829,920
小計	△2,249,139	△3,242,540
利息及び配当金の受取額	104,095	132,288
利息の支払額	△403,318	△843,463
保険金の受取額	824,284	−
法人税等の支払額	△946,594	△1,243,961
❶ 営業活動によるキャッシュ・フロー	△2,670,673	△5,197,677
投資活動によるキャッシュ・フロー		
投資有価証券の取得による支出	△84,148	△40,780
投資有価証券の売却による収入	1,625	74
有形及び無形固定資産の取得による支出	△915,078	△800,118
有形及び無形固定資産の売却による収入	1,434	78,173
連結の範囲の変更を伴う子会社株式の売却による収入	−	※2 471,993
その他	20,233	△39,996
投資活動によるキャッシュ・フロー	△975,933	△330,654
財務活動によるキャッシュ・フロー		
短期借入金の純増減額（△は減少）	3,187,628	2,041,284
長期借入れによる収入	2,306,882	9,954,600
長期借入金の返済による支出	△1,606,715	△1,215,496
リース債務の返済による支出	△7,150	△18,884
株式の発行による収入		1,971,879
自己株式の取得による支出	△39	△231
配当金の支払額	△367,215	△466,963
少数株主への配当金の支払額	△1,950	△228,104
財務活動によるキャッシュ・フロー	3,511,440	12,038,082
現金及び現金同等物に係る換算差額	867,402	1,198,604
現金及び現金同等物の増減額（△は減少）	732,235	7,708,355
現金及び現金同等物の期首残高	6,674,625	7,406,860
現金及び現金同等物の期末残高	※1 7,406,860	※1 15,115,216

出所：江守グループ_2014年3月期有価証券報告書

217

実際にBSを見てみると、既に14/3期末時点で総資産の約67%もの売上債権が計上されていたことが分かります。

図5-3-7　江守グループ_連結BS

(単位：千円)

	前連結会計年度 （平成25年3月31日）	当連結会計年度 （平成26年3月31日）
資産の部		
流動資産		
現金及び預金	7,406,860	※2 15,115,216
受取手形及び売掛金	※7 43,281,528	※2 68,370,204
商品及び製品	6,827,516	5,683,739
仕掛品	112,253	247,481
原材料及び貯蔵品	90,628	32,803
前渡金	3,528,875	1,458,994
繰延税金資産	214,847	275,489
未収入金	571,816	1,054,834
その他	411,914	143,457
貸倒引当金	△9,743	△174,425
流動資産合計	62,436,498	92,207,796
固定資産		
有形固定資産		
建物及び構築物（純額）	※4 1,897,238	※4 1,729,424
機械装置及び運搬具（純額）	※4 572,922	※4 147,976
土地	※3 1,762,659	※3 1,738,363
リース資産（純額）	※4 8,837	※4 16,138
建設仮勘定	117,758	―
その他（純額）	※4 121,846	※4 132,571
有形固定資産合計	4,481,262	3,764,474
無形固定資産		
のれん	78,460	54,414
その他	558,377	785,781
無形固定資産合計	636,838	840,195
投資その他の資産		
投資有価証券	※1,※2 3,807,685	※1,※2 5,013,840
繰延税金資産	58,179	44,485
その他	266,539	307,344
貸倒引当金	△22,579	△25,880
投資その他の資産合計	4,109,824	5,339,785
固定資産合計	9,227,926	9,944,455
資産合計	71,664,424	102,152,251

出所：江守グループ_2014年3月期有価証券報告書

　ただ、売掛金が増えているのは、単に売上高が増えたためにすぎない可能性もあります。そこで、売上債権回転期間、棚卸資産回転期間、仕入債

務回転期間を算出してグラフ化してみました。

図5-3-8　回転期間の推移

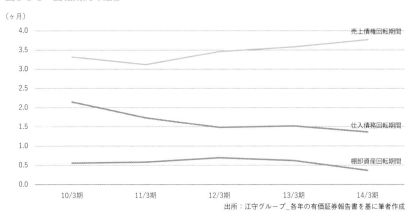

（ヶ月）

売上債権回転期間

仕入債務回転期間

棚卸資産回転期間

10/3期　　　11/3期　　　12/3期　　　13/3期　　　14/3期

出所：江守グループ_各年の有価証券報告書を基に筆者作成

　なるほど、これを見ると、売上債権回転期間だけが長期化していることが分かります。ですが、長期化の仕方がそこまで顕著であるとは言えないため、この事実だけをもって危険だと判断することは正直難しいとも思われます。

　ただ、売上債権回転期間が長期化しているにもかかわらず、仕入債務回転期間は短期化していますよね。これはいわば、キャッシュの回収は遅くなっているけど、支払いは早くなっているということです。そのため、江守グループの資金繰りが結構厳しくなっているのではないか？という仮説を立てることができます。

　実際に、有報の主要な経営指標の推移から過去5年間のCFの動きを見ると、営業CFが継続的にマイナスとなっており、江守グループにおける資金繰りは、ほとんど借入金等の財務CFに依存していたことが分かります（図5-3-9）。

図5-3-9　CFの推移

(1) 連結経営指標等

回次		第54期	第55期	第56期	第57期	第58期
決算年月		平成22年3月	平成23年3月	平成24年3月	平成25年3月	平成26年3月
営業活動によるキャッシュ・フロー	(千円)	△717,625	△6,678,987	△6,915,518	△2,670,673	△5,197,677
投資活動によるキャッシュ・フロー	(千円)	△449,433	△397,625	△631,688	△975,933	△330,654
財務活動によるキャッシュ・フロー	(千円)	1,902,570	9,979,558	8,875,610	3,511,440	12,038,082
現金及び現金同等物の期末残高	(千円)	2,656,141	5,383,323	6,674,625	7,406,860	15,115,216

出所：江守グループ_2014年3月期有価証券報告書

　このような状況下で、大きく膨らんでいる売掛金が貸し倒れてしまった場合は、借入金が返済できなくなって一気に危機的な状況になり得ます。

　となると、このような状況下で最も重視しなければならないのは、どこの取引先に対する売上が増加したのかということです。というのも、少数の大口取引先への売上が伸びているような場合は、その大口取引先の与信状況が悪くなってしまうと、そこに対して売り上げていた会社も一気に危機的状況に陥る可能性があるからです。

　この点、江守グループの場合、13/3期の有報の「業績等の概要」を見ると、大口販売が行われていることが記載されていました。

図5-3-10　業績等の概要

［ケミカル］
　当連結会計年度の売上高は1,368億2百万円（同23.2％増），セグメント利益（営業利益）は34億48百万円（同4.0％増）となりました．
　中国では，内需向け資源，食糧関連の大口販売が定着したことに加え，医薬中間体等，中国・インド間の輸出入取引も増え，セグメント全体を増益へけん引いたしました．この中国ビジネスでは，シンガポールの子会社を中継貿易のハブとして活用する取り組みが当連結会計年度より始まっており，中国とインド，ASEAN間の取引高拡大に同社が寄与することとなりました．なお，中国・インド間の取引基盤拡大を目的として，中国子会社がインドにおいてEMORI（INDIA）TRADING PRIVATE LTD.を設立することを決議したほか，中国市場への取り組みとして，成長分野である医薬品市場へも参入すべく，瓊海置基医薬有限公司の株式を100％取得することを決議しております．

出所：江守グループ_2014年3月期有価証券報告書

　つまり、大口取引先への販売が急速に伸びていることから、この取引先の財政状態が悪化した場合に江守グループへ与える影響はかなり大きいと考えられるということです。更に、売上債権回転期間が伸びていたことを考えると（図5-3-8）、大口販売で生じた債権が滞留している可能性があると気づくのも不可能ではなかったと言えます。

PLだけを見ることの怖さ

　とはいえ、売上債権が本当に回収できなくなるかどうかなんて分からないので、当時江守グループの倒産を予期することは簡単ではなかったと思われます。

　ただ、BSとCFを見ることで、少なくとも中国での大口販売先への売上債権が回収できなくなるだけで江守グループの資金繰りが一気に悪化し、債務超過に陥る可能性がある点には気付くことはできたはずだとも言えるでしょう。

　第1章でも触れたとおり、「決算書はPLしか見ない」という方は多いように思われます。しかし、特に会社の危険度を見抜くという点においては、BSとCFも併せて見ることが必須になることは間違いありません。

　繰り返しになりますが、会社が潰れる原因はキャッシュです。そのため、黒字倒産の危機を察知するためにも、キャッシュの動きを完全に表していないPLだけを見るのではなく、BSやCSもチェックするべきだと言えます。

　そして、BSやCSを見た時に違和感を感じたとき、特にそのような場合でかつPLの数字が非常に良くなっているような場合は、裏で何かが起きているかもしれないと少し疑ってみた方がいいかもしれません。

赤字の新興企業は、どのように 危険度を測ればいいのか?

✓ **なぜ、近年の新興企業は大赤字を出しながら上場できるのか?**
✓ **良い赤字と悪い赤字の違いは、どこに表れるのか?**

❖近年赤字上場が増えているのはなぜ?

　2019年は、86社がIPOを果たしました。そして驚くことに、そのうち15社が赤字のまま上場を果たしています。上場後しばらくして事業が傾き始めて赤字になってしまったのではなく、出だしから赤字となっているのです。

　例えば、2019年12月17日にマザーズへ上場を果たした、クラウドERPサービス「freee」を展開するフリー株式会社の「Ⅰの部(新規上場申請のための有価証券報告書(Ⅰの部)のこと。通常の有価証券報告書と記載事項はほとんど同じ)」を見ると、創業以来継続して赤字となっていることがわかります。

図5-4-1　フリーの直近5年間の業績

(2) 提出会社の経営指標等

回次		第3期	第4期	第5期	第6期	第7期
決算年月		2015年6月	2016年6月	2017年6月	2018年6月	2019年6月
売上高	(千円)	216,327	568,799	1,202,144	2,414,913	4,579,049
経常損失(△)	(千円)	△983,273	△2,129,905	△2,205,591	△3,399,297	△2,764,820
当期純損失(△)	(千円)	△985,563	△2,138,516	△2,257,697	△3,405,845	△2,692,189

出所:フリー_新規上場申請のための有価証券報告書(Ⅰの部)

なぜこのように、赤字の状態のまま上場を果たすことができるのでしょうか？

　赤字の会社が証券会社の審査と証券取引所の審査を通過することができるのは、なぜなのでしょうか？

　これには、大きく以下の2つの背景があると考えられます。

---

① **SaaS型のビジネスは先行投資が嵩み、赤字になりやすいということが投資家の間でも既知となってきている**
② **事業が将来的に成長し、長期的には利益体質になる可能性が高いと考えられている**

*SaaSとは、Software as a Serviceの略で、ソフトウェアを利用者（クライアント）側に導入するのではなく、提供者（サーバー）側で稼働しているソフトウェアを、インターネット経由で利用者がサービスとして利用できるようなビジネスモデルのことを指します。SaaS型ビジネスは、多くの場合、利用者から月額もしくは年額で利用料を収受するため、サブスクリプションモデルのひとつだと言えます。

　まず①ですが、フリーやSansan、マネーフォワード等に見られるように、継続的に赤字を計上している新興上場企業の多くはSaaS型のビジネスを展開しています。

　SaaS型のビジネスにおいては、基本的に事業が成熟期に入るまでは人件費や広告宣伝費、販促費等をガンガンかけながらとにかくユーザーを獲得し、売上高を伸ばす戦略をとります。そのため、事業が成長段階にあるときは赤字となりやすいのです。

　逆に、外部から資金調達をしてキャッシュが沢山あるのに、赤字を掘らずに資金を寝かせているようなSaaS企業があったら、「もっと金使ってユーザー数やARPU（ユーザーあたり平均収益）伸ばせよ！」と言われかねません。

　そして、このことが世間的にも既知と化してきていることから、SaaSビジネスを展開するような新興企業が赤字となっていたとしても投資家から

受け入れられやすくなっているということが、赤字上場を可能としている
1つの背景だと考えられます。

　もう1つは、当たり前ですが事業が将来大きく成長する可能性が高いと
考えられているからです。これがあるから、上場前からVC等が高いバリュ
エーションをつけて資金を入れるわけですし、会社は調達したキャッシュ
をエンジンにしてガンガン投資もできるのです。
　逆に、事業自体が将来成長する可能性が見込みにくい場合は、そもそも
多額の資金調達もできないし、赤字も掘りようがありません。

　ということは、特に新興企業の場合は、単に赤字であるという事実だけ
をもって危険だと判断することは賢明ではないということが分かります。
　では、このような赤字を掘りながら成長していく会社は、決算書のどこ
を見れば危険度を測ることができるのでしょうか？

❖営業CFと現預金残高を見比べて、余裕度を測る

　いくら新興企業といえども、キャッシュが尽きたらゲームオーバーとい
う原則は変わりません。そのため、まず本業から生まれるCF（営業CF）
と現預金残高を比べて、どの程度赤字を出し続けても大丈夫なのかを必ず
見る必要があります。

　先ほど例として挙げた、フリーの営業CFと現預金残高を比較してみま
しょう。
　まず、図5-4-2の連結CSから営業CFを見ると、△1,726百万円となって
いることが分かります。

図5-4-2　フリー_19/6期の営業CF

(単位：千円)

	当連結会計年度 (自　2018年 7 月 1 日 至　2019年 6 月30日)
営業活動によるキャッシュ・フロー	
税金等調整前当期純損失（△）	△2,769,913
減価償却費	49,853
株式報酬費用	169,865
貸倒引当金の増減額（△は減少）	16,735
株式交付費	22,750
新株予約権戻入益	△81,023
売上債権の増減額（△は増加）	△207,120
未払金の増減額（△は減少）	167,414
未払費用の増減額（△は減少）	132,290
前受収益の増減額（△は減少）	648,041
その他	133,159
小計	△1,717,948
利息の受取額	48
法人税等の支払額	△8,371
営業活動によるキャッシュ・フロー	△1,726,271

出所：フリー_新規上場申請のための有価証券報告書（Ⅰの部）

では、現預金残高はどのようになっているでしょうか？
連結BSから確認してみましょう。

図5-4-3　フリー_19/6期の現預金残高と純資産

(単位：千円)

	当連結会計年度 (2019年 6 月30日)
資産の部	
流動資産	
現金及び預金	5,852,912
売掛金	638,027
（中略）	
株主資本	
資本金	100,000
資本剰余金	16,006,038
利益剰余金	△11,916,199
株主資本合計	4,189,838
新株予約権	320,217
純資産合計	4,510,056
負債純資産合計	7,380,958

出所：フリー_新規上場申請のための有価証券報告書（Ⅰの部）

現預金は5,853百万円となっており、まだだいぶ余裕がありそうですね。

貸方を見ると、資本剰余金が16,006百万円とかなり大きくなっていることから、これまで外部投資家から調達してきたキャッシュが多く残っているということが分かります。

つまり、フリーは過去から継続してかなりの赤字を掘ってきているものの、過去における資金調達のおかげでキャッシュ残高にはまだ余裕があり、現時点で危険だというわけではないということです。

しかし、これが例えば営業CFが△5,000百万円とかになっていたら、現預金残高と比較してもそこまで余裕があるとは言えません。そのため、赤字を計上し続けている会社の危険度を測るときは、まず営業CFと現預金残高を見比べることで、どの程度今後も成長投資を続けることができるのかを見極めることが重要です。

コストの内訳と売上高の成長率を分析する

営業CFと現預金残高を見比べることで資金繰りの余裕度を測ったら、次にコストの内訳を見ましょう。

2-2で述べたとおり、赤字の新興企業は成長投資がPL上のコストとして出ることが多いため、会社が何に投資をしているのかを知るためにコストの内訳を見ることはマストとなります。

なお、この際に意識しておくべきポイントが、かけたコストがきちんとパフォーマンスの向上に繋がっているかということです。そして、このコストとパフォーマンスの相関を知るためには、できるだけコストの内容を詳細に把握しておくことが重要になります。

具体例を見てみましょう。マネーフォワードの場合、人件費が18/11期から19/11期にかけて大きく増えていますが、決算説明資料にて人員数の内訳が開示されています。

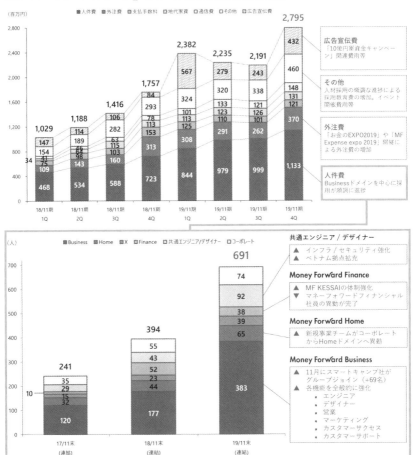

図5-4-4 マネーフォワード_コストの内訳と人員数の内訳推移

出所：マネーフォワード_2019年11月期決算説明資料

　これを見ると、明らかにMoney Forward Businessの事業で人員数を大きく増やしていることが分かりますよね。

　また、営業だけでなく、エンジニアやカスタマーサクセスの人員も増やしていることから、Money Forward Businessのユーザー数を増やすだけで

なく、解約率の低下やARPA（課金顧客あたり平均売上）の上昇にも力を入れていそうだということが分かります。

　そこで、Money Forward BusinessのKPIを見ると、各指標も総じて良化していることが分かります。

図5-4-5　Money Forward BusinessのKPI

```
Money Forward Business 19/11期 ハイライト          33

・ 通期ストック収入が前年同期比+59%と急速に成長。
  下期は2Q決算で示した成長率見通し+60%-65%を上回る+67%で着地。

・ 新プラン導入により、課金顧客あたり売上高（ARPA）が前年同期比
  +37%増加の59,248円*1。

・ 解約率（顧客数ベース）は新プラン導入の影響を除くと1.2%*2。
  月間経常収益（MRR：Monthly Recurring Revenue）ベースは△2.3%*3、
  ネガティブチャーンを実現。

・ 売上継続率（ネットレベニューリテンション）は129%*4。

・ セールス効率性は、SME向けSaaS企業として業界屈指の1.6倍*5。
  なお、20/11期は19/11期の投資加速の影響を受けるものの十分に魅力的な
  水準を維持できる見込み。
```

出所：マネーフォワード_2019年11月期決算説明資料

　これがもし、エンジニアやカスタマーサクセス等の人員を増やしているのに、KPIがあまり変わっていなかったような場合は注意が必要です。

　人件費は基本的に固定費なので、「一気に人を増やし続けたけど、成果はあまり出ませんでした」となると、かなり危険な状態になり得ます。そのため、人件費が大きく増加している場合は、少なくともどの事業でなぜ人を増やしたのか、そして人員増がきちんとパフォーマンスの向上につながっているのかをしっかり分析するべきだと言えるでしょう。

　一方で、広告宣伝費は、完全に変動費だと言えるわけではありませんが、ある程度裁量に基づいて発生する費用なので、ここが大きくなっているが

ために赤字となっていたとしても、そこまで心配する必要はないと考えられます。

　例えば、2019年6月に上場した、名刺管理サービスを展開するSansanは、18/5期から19/5期にかけて大幅に利益が改善していますが、販管費の内訳を見ると、広告宣伝費が前年比でかなり減少した影響が大きいことが分かります。

図5-4-6　Sansan_業績推移と販管費の内訳

(1) 連結経営指標等

回次		第10期	第11期	第12期
決算年月		2017年5月	2018年5月	2019年5月
売上高	（千円）	4,839,233	7,324,098	10,206,014
経常損失（△）	（千円）	△780,055	△3,077,015	△891,689
親会社株主に帰属する 当期純損失（△）	（千円）	△790,126	△3,085,890	△945,539

※1　販売費及び一般管理費のうち主要な費目及び金額は次のとおりです。

	前連結会計年度 （自　2017年6月 1日 至　2018年5月31日）	当連結会計年度 （自　2018年6月 1日 至　2019年5月31日）
広告宣伝費	4,478,273千円	2,831,283千円
給料手当及び賞与	1,591,023	2,252,288
賞与引当金繰入額	98,374	158,949

出所：Sansan_2019年5月期有価証券報告書

　ただし、この場合も「赤字の原因は広告宣伝費だからOK！」というわけではもちろんありません。広告宣伝費を多額に計上している場合は、それがきちんと売上増加に繋がっているかを見る必要があります。

　Sansanの場合は、18/5期に多額の広告宣伝費をかけた結果、売上高がしっかりと伸びていることが分かりますね。

図5-4-7　Sansan事業とEight事業の売上高推移

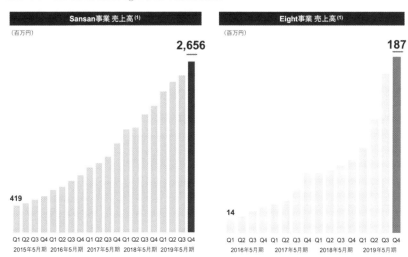

出所：Sansan_2019年5月期決算説明資料

　これが仮に、大量の広告宣伝費を投じたものの大して売上高が変わっていないような場合や、一時的に売上高は伸びたけど広告宣伝費を減らしたらすぐに売上高も減ってしまったというような場合は、少し警戒したほうがよいと言えるでしょう。

5-4のまとめ

- ・赤字でも上場できるのは、投資家の赤字に対する許容度が上がったのと、将来大きく黒字化する可能性が高いと考えられているから
- ・新興企業といえど、キャッシュが尽きないことが最も重要なので、まずは現預金残高と営業CFのバランスを見て、資金繰りに余裕があるかどうかを確認する
- ・コストの内訳から、会社の投資がどこに集中しているのかを確認し、それがどのような形で跳ね返ってきているかを確認する

粉飾決算を見抜くことは可能か？

　オリンパスやカネボウ、そして東芝…平成においては、日本の名だたる会社が会計不正を行ったことで度々、世間を騒がせました。会計不正は粉飾決算とも呼ばれ、決算書を意図的に虚偽に作成・開示する行為のことを指します。会計不正が生じる要因は様々ですが、例えば経営者が株価上昇のプレッシャー等を強く感じていたり、中間管理職が経営トップから予算達成の圧力をかけられていたりした場合に生じやすくなります。

　では、この不正を決算書から見抜くことは可能なのでしょうか？

　会社が不正を行う際は、多くの場合PLの数字をいじります。基本的に、投資家や債権者はPLの売上や利益を重視する傾向にあるためです。代表的な不正の手法として、売上高の架空計上や、棚卸資産の水増しが挙げられますが、いずれも売上を実態より大きく計上したり、原価を実態より小さく計上するための手法だと言えます。

　ところが、不正を行うと必ず何かしらの形で財務諸表に不自然な点が表れます。例えば売上高を架空計上した場合は、入金がないので売掛金がBSに残り続けますよね。その結果、架空売上計上を続けることで売掛金が異様に大きくなり、回転期間も長期化していきます。

　この他にも、売掛金が残り続けるとバレてしまうので、本当はお金は出て行ってないけど出て行ったことにして貸付金を計上しておき、売掛金の入金仕訳を入れて消し込むという不正もあります。こうすれば現預金残高は実際の残高と合いますし、売掛金もちゃんと消し込まれるため、売上を架空計上しても一見バレにくい側面があるのです。ただ、この場合でも貸付金は残り続けるので、同じ手法を続けると貸

232

付金がやたらと大きくなっていきます。

　「じゃあ、決算書から不正を見抜くことは可能なのか！」というと、残念ながらそういうわけでもありません。実際の不正の手法は、この他にも連結外しや引当金の未計上等色々ありますし、非常に複雑なスキームを利用しながら少しずつ長い時間をかけて行なうこともあるのです。そうなると、監査法人ですらも不正を見破ることが難しくなり、ましてや公表資料だけを見て不正を見抜くことは非常に難しくなります。

　詰まるところ、プロでない人が決算書等の公表情報から不正が行なわれているかどうかを確証をもって判別するのは、かなり難しいと言えます。粉飾決算を見抜くためには相当高度な会計知識、不正に関する知識が要求されるのです。

第 **6** 章

業界ごとの
決算書の特徴を知る

住友不動産や
ファーストリテイリング等の
決算書から業界の特性を探る

　下図A〜Dは、それぞれ以下のいずれかの業界に属する会社の決算書を
表したものですが、どの決算書がどの業界に属する会社のものかを考えて
みてください。

① 不動産業　② 半導体機械製造業　③ アパレル業　④ 物流・倉庫業

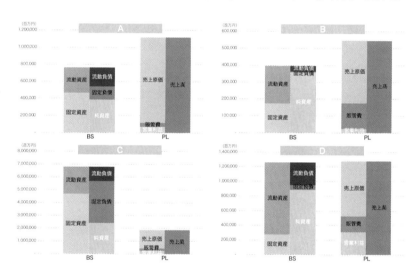

　会社の属する業界が異なれば、決算書の特徴もかなり異なってきます。
　そして、業界ごとの決算書の特徴を押さえた上で決算書を読むと、各社
の戦略の違いや強み・弱み、将来性がより見えやすくなります。
　第6章では、①不動産業、②アパレル小売業、③製造業にフォーカスし
て、各業界ごとの決算書にどのような特徴が存在するのか、そして業界の
中での戦略の違いを決算書から読み取るためには何を見ればいいのか、と
いうことについて説明していきます（上図の回答は、250頁をご覧ください）。

6-1
不動産業の決算書の特徴

ポイント

✓ **不動産業の事業形態と決算書の特徴とは？**
✓ **営業CFがマイナスでも大丈夫なのはなぜ？**
✓ **有利子負債を活用するのはなぜ？**
✓ **賃貸と分譲の業績評価で重要となる指標は何？**

❖不動産の業態と決算書の特徴

まずは不動産業の特徴を見ていきましょう。大別すると、不動産の業態はそれぞれ以下のようになります。

> ・**賃貸業**
> ・**分譲販売業**
> ・**仲介・管理業**

賃貸業は、土地を仕入れてそこに建物を建築したり既存の土地建物を仕入れたりすることで、自社で不動産を所有し、それを誰かに貸すことで賃料を得る事業です。そのため、基本的に収入はインカムゲインとなります。

賃貸業の場合、仕入れた不動産は全て固定資産として計上されます。また、基本的に賃料収入が収益基盤となるので、資産規模と比較して収益規模は小さくなります。

そのため、PLの売上高の規模と比較して、BSの有形固定資産の規模が大きくなるという特徴があります。

例えば、丸の内等でオフィスビルの賃貸事業を展開する三菱地所のBSを見ると、固定資産の割合がかなり大きく、その結果PLの規模と比べてBSの規模がかなり大きくなっていることがわかります。

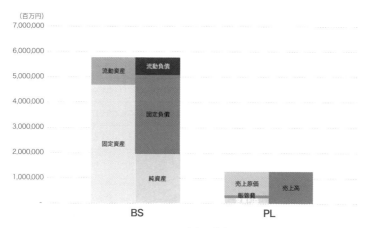

図6-1-1　三菱地所のBSとPL

（百万円）

　分譲販売業は、不動産を仕入れるという点は賃貸業と同じです。違うのは、分譲の場合は仕入れた不動産を売却することでキャピタルゲインを得ることだという点です。

　分譲販売は、「モノを仕入れて売る」という点では卸売業や小売業と同じです。そのため、分譲販売事業においては、建設中の建物や仕入れた土地建物は、流動資産の「棚卸資産」として計上されます。

　不動産の場合、一般的な商品とは違って単価が非常に大きく、売れるまでの期間も長いことから、分譲の事業を行う会社は流動資産の棚卸資産が大きくなる傾向にあります。例えば、「プラウド」のブランドで分譲住宅の販売を行う野村不動産のBSを見ると、先ほどの三菱地所と比べて流動資産の割合がかなり大きくなっていることが分かります。これは棚卸資産が大きくなっているためです。

図6-1-2　野村不動産のBSとPL

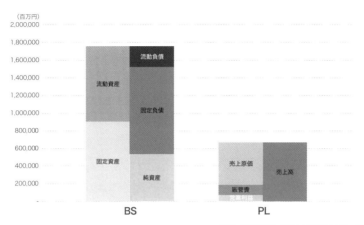

（百万円）

仲介業は、不動産の売り手と買い手、貸し手と借り手を繋ぐことで得られる仲介手数料を主な収益基盤とする事業です。

また、管理業は、入居者の管理や建物自体の管理を行う事業で、オーナーや借主から得られる管理報酬を主な収益基盤としています。いずれも賃貸業や分譲業とは異なり、大きな資産を必要としないので、PLの規模の方がBSの規模よりも大きくなる傾向にあります。

❖各社の利益率とROICを比較してみる

各業態ごとの特徴をざっくり押さえたところで、ここからは実際に不動産業を手がける会社の決算書を比較して、不動産業の決算書の特徴をもう少し深掘りしていきたいと思います。

まず、不動産業の主要プレイヤーである三井不動産、三菱地所、住友不動産、東急不動産ホールディングス、野村不動産ホールディングスについて、各社の営業利益率を比較してみましょう。

図6-1-3　不動産業各社の営業利益率推移

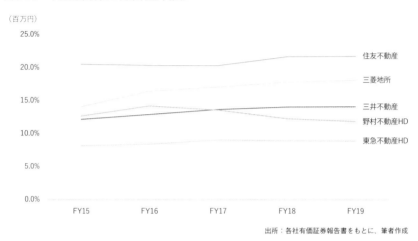

出所：各社有価証券報告書をもとに、筆者作成

　営業利益率は概ね10%~20程度で推移していますが、各社で若干利益率が異なることが分かります。特に、住友不動産は、他のプレイヤーが10%前後で利益率が推移しているにも関わらず、継続的に20%以上の高い利益率を確保していますね。

　では、ROICはどのようになっているでしょうか？

図6-1-4　不動産業各社のROIC推移

会社名	FY15	FY16	FY17	FY18	FY19
三井不動産	3.4%	3.4%	4.1%	3.9%	3.7%
三菱地所	4.1%	3.3%	3.6%	3.7%	3.9%
住友不動産	3.1%	3.2%	3.4%	3.3%	3.5%
東急不動産HD	3.4%	3.3%	3.8%	3.2%	3.2%
野村不動産HD	5.3%	5.2%	4.5%	4.1%	4.2%

出所：各社有価証券報告書をもとに、筆者作成

　なるほど、ROICはそこまで大きくは変わらないことが分かります。更に、ROICを投下資本回転率と税引後営業利益率に分解してみると、住友不動産は投下資本回転率が低い一方で、東急不動産と野村不動産は若干高くなっていることが分かります。

図6-1-5　ROICの分解

会社名	投下資本回転率	税引後営業利益率	ROIC
三井不動産	0.36	10.2%	3.7%
三菱地所	0.29	13.5%	3.9%
住友不動産	0.22	16.0%	3.5%
東急不動産HD	0.50	6.2%	3.2%
野村不動産HD	0.47	9.0%	4.2%

出所：各社有価証券報告書をもとに、筆者作成

　ここで注意していただきたいのが、全事業における賃貸業の割合が大きいほど投下資本回転率は低くなり、分譲業の割合が大きいほど利益率が低くなるという点です。
　賃貸業は、既述のとおり資産規模が大きくなる一方でインカムゲインが収益基盤となるので、売上高はそこまで大きくなりません。その結果、回転率は低くなる傾向にあります。
　また、分譲の場合は不動産の売却額が売上高となることから、売上高が大きくなる結果として利益率は低くなる傾向にあります。

　にも関わらず、「住友不動産は野村不動産より回転率が低いからダメだ」と単純に判断してしまうと、かなり的外れな分析となってしまいます。なぜROICに差が出ているのか？事業の特性が異なる可能性はないか？ということを常に考えておくことが大切です。

❖ 住友不動産はなぜ利益率が高いのか?

とはいえ、なぜ住友不動産だけ利益率が群を抜いて高いのかは少し気になりますよね。少し住友不動産の決算書を見ながら、利益率が高い理由を探ってみましょう。

賃貸事業の比重が大きい会社の利益率が高くなる傾向にあるのは既述のとおりですが、各社のセグメント情報から賃貸事業の利益率を比較した場合はどのようになっているでしょうか?

各社のセグメント情報から賃貸事業の利益率の推移をグラフ化すると、次のようになります。

図6-1-6　賃貸事業のセグメント利益率推移

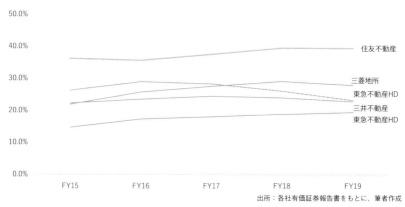

出所：各社有価証券報告書をもとに、筆者作成

三菱地所と東急不動産HDはセグメントを明確に賃貸と分譲で分けていないため、一概には比較できませんが、その影響を差し引いてもやはり住友不動産の利益率がかなり高いことが分かりますよね。これは一体なぜでしょうか?

　まずは、不動産賃貸業のコスト構造がどのようになっているかを考えて
みましょう。

　賃貸業における主なコストとしては、減価償却費、修繕費、水道光熱費、
固定資産税、損害保険料、人件費等が挙げられます。ということは、コス
トの発生の仕方は他社とほとんど変わらないということです。もちろん人
件費や内装費用等、他社と差がつくコストはありますが、固定資産税や損
害保険料等についてはそこまで差がつくわけではありません。

　また、収益性に差がつくと考えられる要因として「空室率」が挙げられ
ますが、各社の有価証券報告書を見ると、最近はどの不動産会社もかなり
空室率が低くなっていますし、図6-1-7を見ると、むしろ住友不動産の空室
率がこれまで最も高い水準で推移してきていることが分かります。そのた
め、差がつく要因は空室率でもなさそうです。

図6-1-7　大手不動産会社の賃貸業における空室率の推移

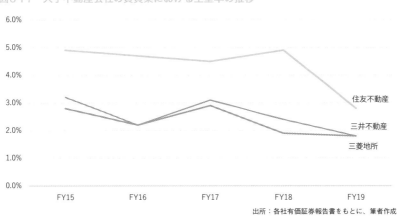

出所：各社有価証券報告書をもとに、筆者作成

　となると、住友不動産の利益率が高いのは単純に賃料が高いからではな
いか？ということが推察できます。実際住友不動産はサービスの質が高く、

ビルの外装や内装に対するこだわりが強いことでも有名ですが、その分賃
料も高めに設定されていると言われています。

　また、住友不動産は、賃料を高めに設定できる都内のオフィス賃貸にか
なり集中して事業を展開しています。同社のホームページを見ると、都内
に230棟以上ものオフィスビルを所有しており、国内No.1の地位を確立し
ていることが謳われています。

図6-1-8　東京No.1のオフィスビル事業

オフィスビル事業

230棟 東京No.1を誇る、住友不動産の主力事業※

ビジネス拠点として交通利便性の高い東京都心を中心に、230棟超を展開しています。

前面をガラスで覆うなどの先進的で存在感のある外観・共用部デザインや、安心・安全で快適なオフィス環境を創出する最先端の設備・仕様を
誇る高機能・最高スペックのビルを追求し、開発を進めています。災害時にも安心な地震に強い免震・制振構造の積極的な採用、ビルの無停電
化の推進といったBCP(事業継続計画)対応の強化にも積極的に取り組んでいます。

また、当社営業利益の7割近くを担う賃貸事業を一層充実させるため、東京都心再開発を最重点と置き、具体化している延床80万坪超の開発計
画(七次末時点賃金延床152万坪の5割超)を進め、オフィスビル事業 東京No.1の地位を確実なものとします。

※建築中含む_自社調べ(2020年1月)

出所：住友不動産ホームページ

　このように、家賃が高く取れるところに集中して不動産を取得し、サー
ビスや設備の質を高めて相対的に高い賃料を設定しているからこそ、住友
不動産の賃貸事業の利益率が高くなっているのだと推察することができま
す(ちなみに、オフィス賃貸ではないですが、日本で一番家賃が高いと言
われている某マンションも、住友不動産が所有しているマンションです)。

❖ 巨額の有利子負債を抱えるワケ

　先ほども述べましたが、不動産の賃貸事業を行なおうと思ったら、最初にかなりのお金がかかってきます。しかし、賃貸事業は長期間に渡ってゆっくりと収益が回収されていくため、営業CFで投資資金を賄うのはなかなか難しいという構造になっています。

　実際に、大手不動産会社のキャッシュフローの動きを見てみましょう。

図6-1-9　大手不動産会社のCF推移

単位：百万円		FY15	FY16	FY17	FY18	FY19
三井不動産	営業CF	30,343	32,154	227,432	30,143	216,709
	投資CF	(261,640)	(239,719)	(201,583)	(365,464)	(388,895)
	財務CF	221,508	201,110	15,071	289,150	231,238
三菱地所	営業CF	200,078	135,821	168,527	293,338	345,954
	投資CF	(46,568)	(231,003)	(327,292)	(286,841)	(271,083)
	財務CF	(189,109)	309,237	(4,921)	37,203	(192,473)
住友不動産	営業CF	35,067	96,107	158,507	189,933	260,057
	投資CF	(220,917)	(105,384)	(274,161)	(220,534)	(209,212)
	財務CF	187,814	44,980	197,996	26,461	(146,058)

出所：各社有価証券報告書をもとに、筆者作成

　どの会社も、営業収入よりも投資支出が多い年がほとんどであることが分かりますよね。そのため、大きな投資を実行する際は、ある程度資金を外部から調達する必要があります。各社とも、財務CFが大きくなっている年がちらほらあるのは、投資資金を賄うために外部から資金調達を行っているためです。

　では、各社のBSはどうなっているのでしょうか？

　調達方法を表す、貸方の「有利子負債」と「資本金・資本剰余金」に着目して見てみましょう。

図6-1-10　大手不動産会社の有利子負債比較

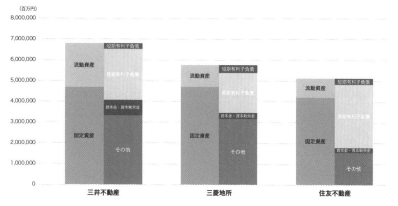

出所：各社有価証券報告書をもとに、筆者作成

　なるほど、資本金と資本剰余金の金額はそこまで大きくなっておらず有
利子負債がかなり大きくなっていることが分かりますね（ちなみに、「その
他」の大部分は利益剰余金）。これはつまり、不動産会社は大部分の資金の
調達を借入れで賄っているということです。

　では、なぜ返済が不要な株式の発行による調達ではなく、返済が必要と
なる借入で調達しているのでしょうか？

　今の世の中は超低金利社会なので、基本的には株式で調達するよりも負
債で調達する方がお金の調達コストは低くなります（この理由については、
8-1で詳しく解説しています）。そのため、経済合理性に照らして考えると、
全ての会社はリスクの許容範囲内で最大限借入等の負債を使って資金を調
達するべきだと言えるのです。

　この点、不動産会社のビジネス、特に住宅の賃貸業は、相当経済情勢が
悪化しない限り他業種と比較して利益が安定的に出るので、事業のリスク
は比較的低いと言えます。

　また、株式の場合は価値がゼロになる可能性もありますが、不動産の場合は価値がゼロになることは基本的にありません。これにより、銀行としても、貸付時に不動産を担保に入れてもらうことが可能なので、万が一貸したお金が返ってこなかった場合でも、一般企業と比較してダメージが大きくなり辛いという側面があります。つまり、銀行としても積極的に貸し出すインセンティブが働くということです。

　このように、不動産業は、他業種と比較してリスクの許容度が高く、かつ価値が消えるものではないことから、積極的に有利子負債を活用した資金調達を行っており、結果としてBSの有利子負債も大きくなっているのです。

❖営業CF＝マイナスでも大丈夫なのか

　もう一度、図6-1-9を見てください。よく見ると営業CFの動きに結構なブレがあることに気づきます。なぜ、こんなに営業CFが変動しているのでしょうか？　不動産業自体が業績がブレやすいものなのでしょうか？
　特に、営業CFが大きく動いている三井不動産の連結CSから、営業CFの内訳を見てみましょう（図6-1-11）。

　これを見れば一目瞭然ですが、販売用不動産の増減がかなり大きくなっていますよね。18/3期は、この販売用不動産の増減額が大きくマイナスとなっているがために、営業CFも小さくなっていることが分かります。

図6-1-11 三井不動産の営業CFの内訳

（単位：百万円）

	前連結会計年度 （自 2017年4月1日 至 2018年3月31日）	当連結会計年度 （自 2018年4月1日 至 2019年3月31日）
営業活動によるキャッシュ・フロー		
税金等調整前当期純利益	224,748	242,043
減価償却費	70,167	79,034
減損損失	8,042	11,414
受取利息及び受取配当金	△6,084	△7,136
支払利息	25,671	28,284
持分法による投資損益（△は益）	△15,258	△14,895
投資有価証券売却損益（△は益）	—	△1,481
固定資産除却損	7,550	2,129
補助金収入	—	△3,973
固定資産圧縮損	—	3,959
売上債権の増減額（△は増加）	△4,961	△4,323
仕入債務の増減額（△は減少）	1,704	3,826
販売用不動産の増減額（△は増加）	※2 △217,384	※2 △31,877
その他	△10,570	9,419
小計	83,624	316,424
利息及び配当金の受取額	10,377	15,018
利息の支払額	△25,652	△27,421
法人税等の支払額	△38,206	△87,312
営業活動によるキャッシュ・フロー	30,143	216,709

出所：三井不動産_2019年3月期有価証券報告書

　既述のとおり、分譲販売業の場合は、不動産を取得した際、「有形固定資産」ではなく「棚卸資産」として計上されます。そのため、一般的な事業会社が土地や建物を取得した場合、キャッシュアウトは投資CFのマイナスという形で出てきますが、不動産会社が販売の対象となる土地や建物を取得した場合は、キャッシュアウトが営業CFのマイナス（棚卸資産の増加）という形で出てきます。つまり、販売対象の不動産を大量に仕入れた期は営業CFは小さくなり、その不動産を売却した期は一気に営業CFが計上されるので、営業CFが凹んでいたとしても必ずしも事業状況が悪くなっているとは言えないのです。

　ただし、例えば景気が悪化する局面でこの販売用不動産が大きく増えているような場合は、不動産を大量に仕入れているのではなく、売れ残りが発生して滞留しているという可能性もあります。そのため、販売用不動産

の増加要因が、勝負をしかけていることによるものなのか、滞留していることによるものなのかを見極める必要があります。

　この辺りの見極めは正直かなり難しいところではありますが、有報の「第2事業の状況」に、受注関連の情報が記載されていることがあるので、その情報を参考にすれば一定程度推測することが可能です。

　例えば、三井不動産の場合、有報の「経営者による財政状態、経営成績及びキャッシュ・フローの状況の分析」において、期末時点における契約状況が記載されています。

図6-1-12　三井不動産_分譲事業の契約状況

・契約状況

		マンション	戸建	合計
期首契約済み	（戸）（A）	4,188	153	4,341
期中契約	（戸）（B）	3,426	441	3,867
計上戸数	（戸）（C）	3,283	475	3,758
期末契約済み	（戸）（A）＋（B）－（C）	4,331	119	4,450
完成在庫	（戸）	141	30	171
新規発売	（戸）	3,427	431	3,858

（注）契約済み戸数、新規発売戸数には、次期以降に計上が予定されている戸数も含まれております。

出所：三井不動産_2019年3月期有価証券報告書

　この「期末契約済み」の戸数は、既に翌期以降に売れることがほぼ確実な戸数を表しています。そのため、販売用不動産等の残高が増加している場合でも、この期末契約済みの戸数が増えていれば、基本的には滞留が生じていると考える必要はないと言えます。

　一方で、期末の契約済み戸数が減っているのに、販売用不動産等の残高が増えているような場合は、販売できるかどうか分からない物件が増えているということなので、このような場合は「滞留リスクがあるかもしれない」と警戒心を持った方がいいと考えられます。

P236の答え！

A：物流・倉庫業（SGホールディングス）

B：アパレル業（しまむら）

C：不動産業（三井不動産）

D：半導体機械製造業（東京エレクトロン）

6-1のまとめ

- 賃貸業は、不動産が有形固定資産として計上され、収益はその不動産から生まれる賃料収入となるため、BSがPLより大きくなる
- 分譲販売業は、不動産が流動資産の「棚卸資産」に計上されるため、BSの流動資産がかなり大きくなる
- 不動産会社は、他業種と比較してリスクが限定的であるため、必要資金の大部分を有利子負債で調達している
- 営業CFに「販売用不動産の増減」が含まれるので、仮に営業CFが大きく減少していたとしても必ずしも事業状況が悪くなっているとは言えないが、滞留の可能性もあるので、有報に記載されている「契約状況」を見ながら精査する必要がある

6-2
アパレル業の決算書の特徴

ポイント

✓ **SPAモデルとは何か？**
✓ **アパレル業界特有の季節性とは？**
✓ **しまむらの在庫回転率が高い理由は？**
✓ **ユニクロはなぜ多額のキャッシュを抱えているのか？**

❖ アパレル業界のビジネスモデル

　6-1では、全ての人々の生活に欠かすことのできない衣・食・住のうち、「住」を担う不動産業を見てきましたが、今度は「衣」を担うアパレル業の会社の決算書を見ていきたいと思います。

　ここでも、本題へ入る前にまず、アパレル業界のビジネスモデルを簡単におさらいしておきましょう。

　アパレル業界におけるバリューチェーンを超単純化すると、川上から企画→製造→仕入→販売というフェーズを辿ることになっています。

　セレクトショップなどは、この中でも「仕入」と「販売」の機能を担っており、いかに「トレンドに沿った服を素早く、そして安く仕入れて売る」ということを高速回転できるかがビジネス上の重要なポイントとなってきます。

　しかし、セレクトショップの場合、例えば顧客のニーズやトレンドが大きく変化したとしても、仕入先を開拓するにはそれなりの時間がかかるため、そのような変化に合わせて仕入れる商品を素早く変えるということが難しいという特徴があります。また、そもそも新しいニーズやトレンドに対応するブランドが見つからない可能性もありますよね。

加えて、自社で服を作るわけではないので仕入価格をコントロールすることが難しく、販売価格が少し高くなりがちという点もあります。そのため、セレクトショップのビジネスモデルだけでサステナブルに成長を続けるのはなかなか難しいという構造になっていました。

　そんななか、アパレル業界で新たなスタンダードとなりつつあるビジネスモデルがSPAです。SPAは、「Specialty store retailer of Private label Apparel」の略で、簡単に言うと、企画から販売までのバリューチェーンを一気通貫で担うプレイヤーのことを指します。

　SPAは、企画から製造までも自社で担うことから、顧客の趣向の変化やトレンドに素早く対応し、かつ製造までコントロールすることで商品を安価に提供することができるという点に大きな強みがあります。

　元々はアメリカの大手アパレルブランド「GAP」が最初にこのSPAを取り入れたと言われていますが、今やZARA、H＆M等の世界中の名だたるアパレルブランドをはじめ、国内最大手のアパレルブランドであるユニクロも、このSPAモデルを取り入れています。

❖ アパレル業界特有の「季節性」

　ここまでは簡単にビジネスモデルを整理してきましたが、ここからは決算書の数字を用いてアパレル業界の特徴を探ってみます。

　まず、アパレル業界に「季節性」というものが存在するのかどうかを見てみましょう。

　日本には四季があり、シーズンごとに売れる服も単価も変わってくるので、なんらかの季節性がありそうな気はしますよね。そこでまずは、ユニクロを展開するファーストリテイリング（以下、FR）の四半期ごとの売上高と営業利益率の推移を確認してみます。

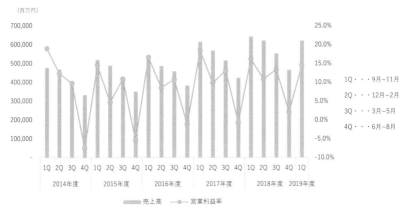

図6-2-1　ファーストリテイリングの四半期売上高及び営業利益率推移

出所：ファーストリテイリング有価証券報告書及び四半期報告書より、筆者作成

　面白いほどに毎年同じような動きを見せていますよね。このグラフを見る限り、概ね以下のような特徴があることが分かります。

・売上高は、1Qから4Qにかけて減少する傾向にある
・営業利益率は、1Qにピークとなり、4Qに最も低くなる傾向にある
・3Qは2Qより売上高が小さいが、営業利益率は高い

　さて、ここからどのようなことが分かるでしょうか？

　まず、アパレル業界の特徴として、夏は売上単価が低く冬は高いというものがあります。そのため、冬服が売れる9月～2月頃までは売上高が大きく、夏にかけて減少していく、という動きになっていることが分かります。そして、アパレル業の販管費はほとんど固定費なので、売上高が増えれば増えるほど利益率も高くなります。

　ところが、なぜ2Qは3Qよりも売上高が高いのに、利益率は低くなっているのでしょうか？

これは、12月・1月に行われる年末年始のセールの影響だと考えられます。この時期は冬服が売れるので売上高は高いものの、大きく値引きを行うことで粗利率が落ちることから、営業利益率も落ちているということです。

このような季節性を把握した上で決算書を読むと、色んなことが見えてきます。

例えば、図6-2-2はグローバルワークやローリーズファーム等のブランドを展開するアダストリアの売上高と営業利益率の四半期推移ですが、FRとはまた少し違った推移になっていますよね。

図6-2-2　アダストリアの四半期売上高及び営業利益率推移

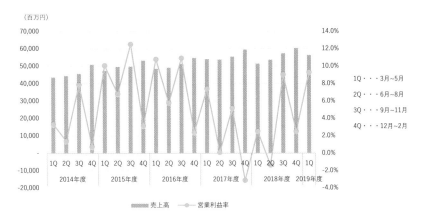

出所：アダストリア有価証券報告書及び四半期報告書より、筆者作成

アダストリアの場合、2017年度までは4Q（12月～2月）の営業利益率がかなり大きく落ち込む傾向にあることが分かります。

一方のFRは、12月～2月はそこまで利益率が落ち込んでいたわけではなかったですよね。ここから、アダストリアは年末年始のセールによる値引き幅がFRよりも大きいのではないか？ということが推察できます。

また、2018年度の1Qはかなり利益率が低くなっています。2016年度や

2017年度の1Qも売上高は同程度なのにここまで利益率が低くなっているのは、売れ行きが芳しくないために相当値引き販売を行って売上を確保したからではないかということも推測できます。

　このように、業界特有の季節性を把握した上で四半期ごとの業績推移を並べてみることで、その期間に何が起こったのかということがよりはっきりと見えてきたり、異常な動きになっていたときにすぐに察知することができるようになります。

　そのため、決算書を読む際は、その会社にどのような季節性があるかどうかをまずチェックしてみてください。

❖ しまむらはなぜ、粗利率が低くても利益を出せるのか

　さて、ここからは実際にアパレル業界に属する会社の決算書を読んでいきます。

　まずは、国内アパレル業における売上高2位の「しまむら」を見てみましょう。しまむらは、郊外を中心に「ファッションセンターしまむら」や「アベイル」、「バースデイ」等を展開するアパレル会社であり、グループ全体の店舗数は実に2,000店を上回るほどの規模となっています。

　事業の特徴としては、ユニクロ等と比べると郊外に集中的に出店しており、また価格帯が比較的安いという点があります。しまむらの決算説明資料を見ると、商品1点あたりの平均単価は1,000円を割っていることが分かります。

図6-2-3　ファッションセンターしまむらの客単価および1点単価

(2) 売上・客数・買上点数・客単価の推移（ファッションセンターしまむら事業）

		2015年2月		2016年2月		2017年2月		2018年2月		2019年2月	
		金額	前年比	金額	前年比	金額	前年比	金額	前年比	金額	前年比
全店売上高	金額（百万円）	414,121	101.7	441,152	106.5	451,937	102.4	446,141	98.7	424,558	95.2
客数	客数（千人）	160,615	99.8	166,035	103.4	168,209	101.3	169,943	101.0	166,306	97.9
買上点数	点数（点）	3.1	98.6	3.0	97.9	3.0	98.5	2.9	99.2	2.9	101.5
客単価	単価（円）	2,578	101.9	2,657	103.0	2,687	101.1	2,625	97.7	2,553	97.2
1点単価	単価（円）	841	103.4	886	105.3	910	102.7	896	98.5	859	95.8

出所：しまむら_第66期決算概要

そんなしまむらのPLは、どうなっているのでしょうか？
直近の有報からPLを見てみましょう。

図6-2-4　しまむらの連結PL

（単位：百万円）

	前連結会計年度 (自　平成29年2月21日 至　平成30年2月20日)	当連結会計年度 (自　平成30年2月21日 至　平成31年2月20日)
売上高	565,102	545,996
売上原価	※4 375,631	※4 372,219
売上総利益	189,470	173,776
営業収入	1,001	948
営業総利益	190,472	174,725
販売費及び一般管理費	※1 147,575	※1 149,274
営業利益	42,896	25,451

出所：しまむら_2019年2月期有価証券報告書

粗利率は約30%程度となっていますね。これは高い水準なのでしょうか？ それとも低いのでしょうか？

図6-2-5は他のアパレル会社の粗利率の推移をグラフ化したものですが、これを見ると、しまむらの粗利率だけかなり低い水準となっていることが分かります。

図6-2-5　アパレル業界の粗利率比較

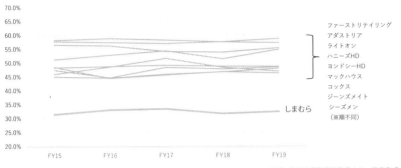

出所：各社有価証券報告書より、筆者作成

　一方で、営業利益率を見てみると、他のアパレル会社に引けを取らない水準となっています。

図6-2-6　アパレル業界の営業利益率比較

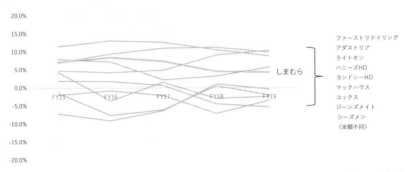

出所：各社有価証券報告書より、筆者作成

　粗利率が低いのに、営業利益率は一定の水準を確保できているということとは、販管費率が非常に低いということです。では、なぜ販管費率を低く抑えられているのでしょうか？

店舗小売業における主要な販管費は、「人件費」、「広告宣伝費」、「賃料」だと言われています。これらの費用の売上高に対する割合を見ることで、その会社がどこにどの程度のコストを割いているのかが概ね見えてくるので、しまむらと競合他社の主要販管費の対売上高比率を見てみましょう。

図6-2-7　しまむらと競合他社の、主要販管費の対売上高比率

	しまむら	ファストリ	アダストリア	ハニーズ
人件費率	10.7%	13.2%	15.2%	15.8%
広告宣伝費率	2.9%	3.2%	3.7%	開示なし
賃借料率	6.1%	8.6%	16.7%	12.9%

出所：各社有価証券報告書より、筆者作成

　これを見ると、しまむらは人件費率、賃借料率が競合他社と比べてかなり低いことが分かります。賃借料率が低いのは、しまむらが一部の店舗を自社で保有しているために、そもそも賃借料が発生しない店舗が多く存在することも理由の1つにあると思われますが、主にしまむらが郊外に集中的に出店する戦略を採っているためであると考えられます。

　当たり前ですが、都心部と郊外ではテナント賃料の水準が全く異なるので、都心部への出店は基本的に行なわない方針のしまむらの賃借料率が低くなるのは自然だとも言えます。

　また人件費に関しても、有価証券報告書の「従業員の状況」を見ると、しまむらは正社員とパートタイマーの比が1:5程度になっていることが分かります。

　他の競合企業は正社員とパートタイマーの比は概ね1:1から1:2程度になっているので、しまむらには他社よりもパートタイマーが多く在籍しているということです。

図6-2-8 しまむら_従業員の状況

平成31年2月20日現在

事業部門の名称	従業員数（人）	
しまむら	1,821	(9,165)
アベイル	381	(1,637)
バースデイ	326	(1,439)
シャンブル	122	(466)
ディバロ	21	(35)
日本計	2,671	(12,742)
思夢樂	460	(-)
飾夢楽	43	(61)
海外計	503	(61)
合計	3,174	(12,803)

(注) 1. 従業員数は就業人員(当社から社外への出向者を除く。)であり、定時社員(パートタイマー)、アルバイト社員、嘱託社員を含んでおりません。
また、定時社員(パートタイマー)は（ ）内に正社員換算による年間の平均人員を外数で記載しております。
2. 子会社の思夢樂股份有限公司は平成29年9月度よりM社員制度（定時社員制度）を廃止し、パート社員を正社員登用しました。

出所：しまむら_2019年2月期有価証券報告書

一般的には、正社員の方がパートタイマーより賃金が高いと考えられるので、このような人員構成の違いも、販管費率が相対的に低くなっている一因だと考えられます。

❖決算書から分かるしまむらの強みとは

このように、低い粗利率でも営業黒字をしっかり計上しているしまむらですが、決算書を見ると、ある大きな強みを持っていることが分かります。
連結BS（流動資産）と連結PL（売上総利益まで）を見てください。どこに強みがあるか分かりますか？

図6-2-9　しまむら_連結BSと連結PL

（単位：百万円）

	前連結会計年度 （平成30年2月20日）	当連結会計年度 （平成31年2月20日）
資産の部		
流動資産		
現金及び預金	22,849	24,260
売掛金	4,136	4,685
有価証券	※1 143,011	139,000
商品	47,704	50,550
繰延税金資産	1,440	1,320
その他	6,161	4,948
流動資産合計	225,303	224,767

（単位：百万円）

	前連結会計年度 （自　平成29年2月21日 至　平成30年2月20日）	当連結会計年度 （自　平成30年2月21日 至　平成31年2月20日）
売上高	565,102	545,996
売上原価	※4 375,631	※4 372,219
売上総利益	189,470	173,776
営業収入	1,001	948
営業総利益	190,472	174,725
販売費及び一般管理費	※1 147,575	※1 149,274
営業利益	42,896	25,451

出所：しまむら_2019年2月期有価証券報告書

　これを見ただけでどこに強みがあるのかが分かれば、かなり企業分析のスキルが上がっていると言ってもいいでしょう。

　BSの「商品」とPLの「売上原価」を見比べれば分かりますが、しまむらは、棚卸資産の回転期間が非常に短いのです。

　アパレル業界の平均的な棚卸資産回転期間は、概ね3ヶ月～4ヶ月程度となっています。アパレルの店舗には数多くの衣服が積まれているので、在庫を抱えやすい業種であることについてはそんなに違和感ないですよね。

　一方で、しまむらの棚卸資産の回転期間は概ね1.6ヶ月ほどとなっています。これは簡単に言うと、店内にある衣服が全て2ヶ月以内に売り切れるということです。アパレル業界の平均的な回転期間と比較しても、かなり短いことが分かりますね。

　実際、しまむらには「コントローラー」というポジションの人がいて、このコントローラーが店舗間の売れ行きや在庫量を逐一把握しており、例えば店舗Aである商品の売れ行きがいいことが分かったら、その商品の売れ行きが芳しくない店舗Bから店舗Aへ商品を輸送する、というような戦略を採っているとのことです。

　また、衣服の種類をかなり細かくセグメンテーションし、トレンドに合わせて店に置く商品を細かく変えたり、値引きを実施するタイミングを工夫することで、とにかく在庫をすばやく売り切る戦略をとっていたりします。

　これだけ高速で在庫を売り捌いているからこそ、売上単価が低くても一定規模の売上高を確保することができているのですね。

❖ユニクロはなぜ、大量のキャッシュを抱えているのか

　さて、ここまでしまむらの決算書を見てきましたが、アパレル業界の国内最大手であるFRの決算書も見てみましょう。

　FRは、冒頭に述べたSPAの形態をとっています。つまり、商品企画、製造、販売までを自社で行なっているということです。FRは、このSPAモデルで大きな成功を遂げた会社だと言われていますが、実際の決算書はどのようになっているのでしょうか？

　まずは、連結PLを見てみましょう。

　FRの営業利益率は10%以上と、国内のアパレル業界の中で最も高い水準となっていますね。これは、高い在庫回転率、商品開発力、経費コントロール等、様々な要素でFRのオペレーションの強さが出ている証拠だと言えます（図6-2-10）。

図6-2-10　FR_連結PL

（単位：百万円）

	注記	前連結会計年度 （自　2017年9月1日 至　2018年8月31日）	当連結会計年度 （自　2018年9月1日 至　2019年8月31日）
売上収益	23	2,130,060	2,290,548
売上原価		△1,080,123	△1,170,987
売上総利益		1,049,936	1,119,561
販売費及び一般管理費	24	△797,476	△854,394
その他収益	25	3,385	4,533
その他費用	15,25	△20,244	△12,626
持分法による投資利益	16	611	562
営業利益		236,212	257,636

出所：ファーストリテイリング_2019年8月期有価証券報告書

　セグメント別の営業利益率とFR全体の利益率を比較すると、国内ユニクロ事業の利益率が若干落ちてきている一方で、海外ユニクロの利益率が大きく上昇しており、FR全体の利益率の伸びに大きく貢献していることが分かります。

図6-2-11　FR_セグメント別営業利益率の推移

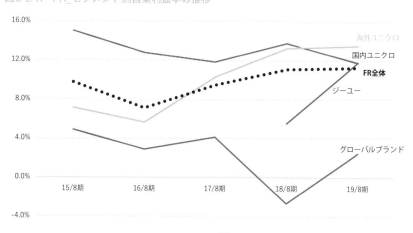

出所：ファーストリテイリング_2019年8月期有価証券報告書

続いて、BS（資産及び負債）とCSについても見てみましょう。

図6-2-12　FR_連結BSと連結CS

（単位：百万円）

	注記	前連結会計年度 （2018年8月31日）	当連結会計年度 （2019年8月31日）
資産			
流動資産			
現金及び現金同等物	8,31	999,697	1,086,519
売掛金及びその他の短期債権	9,31	52,677	60,398
その他の短期金融資産	11,31	35,359	44,473
棚卸資産	10	464,788	410,526
デリバティブ金融資産	31	35,519	14,787
未収法人所得税		1,702	1,492
その他の流動資産	12	28,353	19,975
流動資産合計		1,618,097	1,638,174
非流動資産			
有形固定資産	13	155,077	162,092
のれん	14	8,092	8,092
無形資産	14	46,002	60,117
長期金融資産	11,31	79,476	77,026
持分法で会計処理されている投資	16	14,649	14,587
繰延税金資産	19	26,378	33,163
デリバティブ金融資産	31	−	9,442
その他の非流動資産	12	5,691	7,861
非流動資産合計		335,368	372,384
資産合計		1,953,466	2,010,558
負債及び資本			
負債			
流動負債			
買掛金及びその他の短期債務	20,31	214,542	191,769
その他の短期金融負債	11,17,29,31	171,854	159,006
デリバティブ金融負債	31	6,917	2,985
未払法人所得税		21,503	27,451
引当金	21	11,868	13,340
その他の流動負債	12	72,722	82,103
流動負債合計		499,410	476,658
非流動負債			
長期金融負債	11,17,29,31	502,671	499,948
引当金（非流動）	21	18,912	20,474
繰延税金負債	19	13,003	8,822
デリバティブ金融負債	31	−	3,838
その他の非流動負債	12	16,690	17,281
非流動負債合計		551,277	550,365
負債合計		1,050,688	1,027,024

	注記	前連結会計年度 （自 2017年9月1日 至 2018年8月31日）	当連結会計年度 （自 2018年9月1日 至 2019年8月31日）
営業活動によるキャッシュ・フロー			
税引前利益		242,678	252,447
減価償却費及びその他の償却費		45,055	48,476
減損損失	15	12,376	3,444
受取利息及び受取配当金		△7,560	△12,293
支払利息		3,169	4,369
為替差損益（△は益）		△2,132	13,107
持分法による投資損益（△は益）		△611	△562
固定資産除却損		1,176	650
売上債権の増減額（△は増加）		△2,852	△6,302
棚卸資産の増減額（△は増加）		△179,469	38,145
仕入債務の増減額（△は減少）		9,758	△16,426
その他の資産の増減額（△は増加）		△13,053	2,932
その他の負債の増減額（△は減少）		146,867	36,881
その他		1,819	1,719
小計		257,220	366,589
利息及び配当金の受取額		7,409	10,533
利息の支払額		△2,393	△3,848
法人税等の支払額		△86,725	△74,263
法人税等の還付額		892	1,493
営業活動によるキャッシュ・フロー		176,403	300,505
投資活動によるキャッシュ・フロー			
定期預金の預入による支出		△63,490	△103,619
定期預金の払出による収入		59,185	92,252
有形固定資産の取得による支出		△31,962	△41,567
無形資産の取得による支出		△16,532	△24,177
敷金及び保証金の増加による支出		△4,773	△7,490
敷金及び保証金の回収による収入		3,064	4,304
その他		△2,671	1,541
投資活動によるキャッシュ・フロー		△57,180	△78,756
財務活動によるキャッシュ・フロー			
短期借入金の借入による収入	29	1,767	17,145
短期借入金の返済による支出	29	△1,596	△16,789
長期借入金の返済による支出	29	△3,308	△4,433
③ 社債の発行による収入	29	249,319	－
社債の償還による支出	29	－	△30,000
配当金の支払額	22	△38,244	△48,975
非支配持分からの払込みによる収入		3,803	592
非支配持分への配当金の支払額		△7,827	△8,773
リース債務の返済による支出	29	△5,918	△11,377
その他		224	182
財務活動によるキャッシュ・フロー		198,217	△102,429
現金及び現金同等物に係る換算差額		△1,545	△32,496
現金及び現金同等物の増減額		315,894	86,822
現金及び現金同等物期首残高	8	683,802	999,697
現金及び現金同等物期末残高	8	999,697	1,086,519

出所：ファーストリテイリング_2019年8月期有価証券報告書

　まずBSの資産を見ると、有形固定資産が資産規模と比べてかなり小さいことが目につきますよね（図中①）。SPA＝自社で製造している＝工場とか機械装置とかがBSに載ってきて有形固定資産が大きくなる、じゃないの？と思ってしまいそうですが、これを見るとFRは自社で工場を所有しているわけではないことが分かります。実際、FRは提携先の工場に製造を委託しており、自社が直接製造機能を抱えているわけではないのです。

　次に気になるのが、現預金を大量に保有していることです（図中②）。CSを見ると、投資CFがそこまで大きくマイナスになっていないので、FCFは大きくプラスになっています。

　これだけ見ると、本業から十分CFが生まれるので、特段資金調達を実施する必要はなさそうですよね。しかし、財務CFの「社債の発行による収入」を見ていただければわかるとおり、FRは18/8期に約2,500億円の資金調達を行っています（図中③）。

　これとは別に、16/8期もほぼ同額の社債を発行しています。それにより、現預金残高は1兆円を超えるほどになっています。

　FCFが大きくプラスとなっていて、キャッシュも十分あるにも関わらず、なぜわざわざ社債を発行してまで大量のキャッシュを抱えているのでしょうか？

　このような資金調達を行なっている場合、まず、大規模な設備投資を実施しようとしている可能性があると考えられます。そこで、有報の「第3 設備の状況」から、FRの設備投資計画を見てみましょう。

図6-2-13　FR_設備投資計画

(1) 重要な設備の新設等

　2020年8月期（自 2019年9月1日　至 2020年8月31日）におけるセグメントごとの設備投資計画（新設、拡充）は次のとおりであります。

セグメントの名称	投資計画金額 （百万円）	主な投資内容等
国内ユニクロ事業	7,800	新規店舗の出店等（約30店舗）
海外ユニクロ事業	35,100	新規店舗の出店等（約168店舗）
ジーユー事業	7,400	新規店舗の出店等（約36店舗）
グローバルブランド事業	3,500	新規店舗の出店等（約39店舗）
その他	46,300	システム投資関連等
合計	100,100	

(注)　1．今後の所要資金につきましては、自己資金、社債、借入金等でまかなう予定であります。

　　　2．上記金額には、消費税等は含まれておりません。

出所：ファーストリテイリング_2019年8月期有価証券報告書

　これを見ると、海外の新規店舗の出店とシステム投資に100,000百万円近く使用する予定であることがわかります。とはいえ、1兆円以上の現預金を持っているFRからすると、そこまで大きな投資とは言えません。

　社債発行のプレスリリースを見ても、資金使途は「設備投資資金、運転資金、投融資資金および社債償還資金」としか書かれていないので詳細は分かりませんが、何らかの大規模な投資を企図しているか、もしくは不況に備えて好景気のうちに現預金を蓄えておこうとしているかでしょう。

　アパレル業においては、通常そこまで大規模な投資は必要となりません。店舗も自社で所有しない限りは賃借なので、投資と言えるのは新規出店時の内装工事や敷金くらいです。となると、FRのこの資金調達は、アパレル業界の常識からは少しかけ離れていることが分かります。

　そう考えると、やはりここまで多額の現預金を蓄えているのは、何か大きな投資を実行しようとしている可能性が高いということでしょう。

　そう遠くない将来に大型M＆A等の面白い勝負をしかけてくるかもしれないので、ここは是非アンテナを張っておきたいところですね。

6-2のまとめ

- ・アパレル業界においては、商品企画、製造、販売までを一気通貫して行うSPAモデルが主流となりつつある
- ・アパレル業界には以下のような業界特有の季節性があるため、業績比較を行うときは前年同期比で比較する必要がある
  - ①冬服の売上単価が大きいので、冬服が売れだす秋口に最も営業利益率が高くなる
  - ②2月や1月は年末年始のセールがあるため、粗利率が低くなる

- ・しまむらの棚卸資産回転期間は1ヶ月半程度となっており、業界平均の3~4ヶ月よりかなり短くなっている点に強みがある
- ・FRは、FCFが十分プラスとなっているのに、多額の社債を発行していることから、今後何かしらの勝負を仕掛けてくる可能性が高いと考えられる

製造業の決算書の特徴

6-3

ポイント

✓ **製造業の共通点とは？**
✓ **原価計算の仕組みとは？**
✓ **棚卸資産の内訳を注視すべき理由とは？**
✓ **設備の状況から何をチェックすべきなのか？**

❖製造業の特徴と共通点

　戦後における日本の高度経済成長に大きく寄与した「ものづくり」。6-3では、そんなものづくりを支える「製造業」の決算書にはどのような特徴があるのか、製造業の決算書を読む際は何に注意すべきなのかということについて説明していきたいと思います。

　まず当然ですが、一口に「製造業」といっても色々あります。飲料メーカー、自動車メーカー、ガラスメーカーや化学品メーカー等々…。そのため、これらの様々な製造業を十把一絡げにして「製造業の決算書はこうだ！」というのは無理があります。

　とはいえ、共通点が全くないわけではありません。全ての製造業の決算書における共通点を挙げるとすると、以下のようになるのではないかと思います。

---

① 製造用の工場や機械を持っており、有形固定資産が大きくなる傾向がある
② 棚卸資産の内訳として原材料、仕掛品、製品がBSに載ってくる

　まず①ですが、製造業の会社は基本的に自社の工場を保有しているので、

土地・建物や機械装置等の有形固定資産が比較的大きくなる傾向にあります。ただし、この中でも特に有形固定資産が大きくなりやすい業種があれば、そこまで大きくはならない業種もあります。例えば、図6-3-1を見てください。

図6-3-1　AGCと東京エレクトロンのBS比較

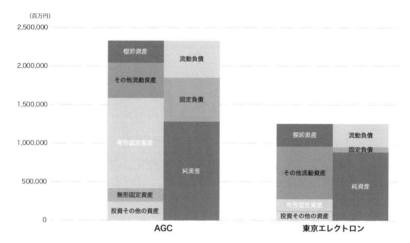

出所：各社の有価証券報告書より、筆者作成

これはガラスや化学品等の製造を行うAGCと、半導体製造装置を製造する東京エレクトロンのBSの構成図ですが、AGCは有形固定資産の割合がかなり大きくなっている一方で、東京エレクトロンは有形固定資産の割合がかなり小さいことが分かります。

このような場合に、「なぜ、半導体装置の製造には有形固定資産がそこまで必要とならないのだろう？」という視点で様々な分析を行うことも可能となるので、「通常、製造業は有形固定資産が大きくなる」という前提で決算書を読み進めていただいてOKです。

②の棚卸資産の内訳ですが、モノの製造を行なっていない会社は通常棚卸資産＝製品または商品となります。しかし、製造業の会社においては、棚卸資産は原材料、仕掛品（製造工程の途中にある加工品）、製品・商品に分かれてBSに計上されています。

　先ほどのAGCはIFRSを適用しているので、連結BSには「棚卸資産」と1行で記載されていますが、注記を見ると棚卸資産の内訳が記載されていることが分かります。

図6-3-2　AGCの棚卸資産の内訳

（単位：百万円）

	注記番号	前連結会計年度末 （2017年12月31日）	当連結会計年度末 （2018年12月31日）
資産			
流動資産			
現金及び現金同等物	5, 25	126,417	123,503
営業債権	6, 25	260,497	260,111
棚卸資産	7	261,708	277,014
その他の債権	6, 25	43,774	50,836
未収法人所得税		5,570	4,531
その他の流動資産	25	24,554	17,199
流動資産合計		722,522	733,196

注記を見ると…

（単位：百万円）

	前連結会計年度末 （2017年12月31日）	当連結会計年度末 （2018年12月31日）
商品及び製品	115,964	120,792
仕掛品	55,640	56,783
原材料及び貯蔵品	90,103	99,439
合計	261,708	277,014

出所：AGC_2018年12月期_有価証券報告書

　では、原材料、仕掛品、製品とは一体何なのでしょうか？

　これを理解するために、ここからは原価計算の仕組みを簡単に説明しておきます。原価計算の仕組みを理解しているのと全く知らないのとでは、製造業の決算書を見た時に得られる気づきや疑問点が大きく変わってくる

ので、是非ここで押さえておいてください（既にそんなもん知ってるよ！という方は、読み飛ばしていただいて大丈夫です）。

❖原価計算の仕組み

　ここでは、Aさんがパソコンの製造販売を行なっていた場合を想定して考えてみましょう。このとき、このパソコンの売上原価は一体どのように計算されるのでしょうか？

　原価計算の大まかな計算の流れを図示すると、図6-3-3のようになります。

図6-3-3　原価計算の大まかな流れ

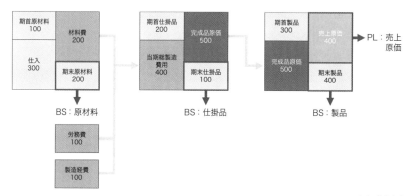

出所：筆者作成

　まず、パソコンの製造に必要となる原材料を300仕入れます。この場合、前期末の原材料の残りが100あったので、手元には400の原材料がありますよね。そのうち、当期の製造工程に投入されたのは200でした。

　また、その他に労務費（工具の人件費のこと）が100、製造経費が100かかっていたので、当期の製造費用は材料費と合わせて400となります。前期末の仕掛品が200あったので、合計600が製造工程に投入された原価と

なります。そのうち、500が完成し、100は仕掛中だったので、完成品原価の500だけが次のフェーズへと移ります。

前期末にまだ売れていなかった完成品300と合わせると、手元に800の完成品があるということになります。このうち期末に製品として残っているのは400でした。したがって、400が、売れた製品に対応する原価、つまり売上原価となりPLに計上されます。

また手元に残っている資産を見ると、原材料が200、製造途中の仕掛品が100、完成品が400残っていますよね。これらがそれぞれBSに載ってくるのです。

ポイントは、売れた製品に対応する原価しかPLの売上原価にならないということと、各フェーズの残った部分がBSに載ってくるという点です。具体的な計算方法は日商簿記2級の「工業簿記」のテキスト等に譲るとして、一旦ここでは原価計算の全体像を押さえておいてください。

❖ 棚卸資産の内訳を見るべき理由

さて、先ほどの原価計算の流れを理解していることの何が重要なのでしょうか？

例えば、期末原材料がどのような場合に増えるかを考えてみましょう。仕入が増加したときはもちろんですが、製造がストップして原材料が製造工程にほとんど投下されなかった場合も増えますよね。期末仕掛品も、製造が長引いてなかなか製品が完成しない場合や、製造がストップした場合に増えるということが分かります。

このように、原価計算の流れを理解していると、BSの原材料・仕掛品・製品やPLの売上原価が製造工程のどの部分からきているのか、そしてどの

ような時にそれらが増減するのかが直感的に分かるようになるので、決算書を見た時に得られる気づきや疑問点が増えるという利点があるのです。

　例えば、図6-3-4はシャープの過去の有報をもとに作成した棚卸資産の内訳推移のグラフですが、これを見ると非常に興味深い動きをしていたことが分かります。

図6-3-4　シャープの売上高と棚卸資産の内訳推移

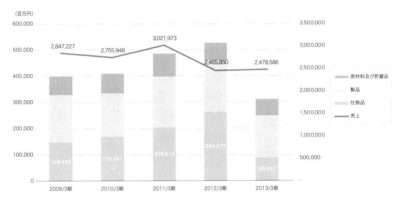

出所：シャープ_各期の有価証券報告書をもとに筆者作成

　2009/3期から2012/3期にかけて、仕掛品の残高がかなり増加していることが分かりますよね。特に、2012/3期は売上高が大きく減少しているにもかかわらず、仕掛品は大きく増加しています。なぜ、このような動きになっているのでしょうか？

　売上高が大きく増加しているときに仕掛品の残高も増えている場合は、取引量の増加に従って生産量も増えていると考えられるため、特に不自然ではありません。

　しかし、売上高が増加していないにも関わらず、仕掛品が大きく増えている場合はどうでしょうか？ この場合、途中で製造がストップしたことに

より、一度製造工程に投入された原材料等が仕掛品として残ってしまっていることが考えられます。

　実際に、シャープはこのとき、液晶パネルの需要が急減したことで売上高が急減し、反面、途中まで製造を行なっていた仕掛品がだぶついた状態になっていたのです。

　会計基準上、売れる見込みがないと判断されてしまった原材料、仕掛品、製品は、売れる見込みのある金額（正味売却可能価額と言います）まで切り下げられなければなりません。結局シャープは、2013/3期にこの仕掛品をはじめとした棚卸資産の切り下げによる損失等を計上し、約5,400億円もの当期純損失を計上するに至りました。

　2012/3期の段階で、売上が大きく減少して損失を計上していたにも関わらず、仕掛品が大きく増加していたことを見ていれば、この仕掛品の大部分が価値のないものとして将来評価損が計上されるのではないか、ということを予測できたかもしれません。

　そのため、製造業の会社を見る場合は、PLの動きと併せて、棚卸資産の内訳の推移を注意深く見ることが非常に重要となるのです。

❖ 有形固定資産回転率で、生産効率を測る

　製造業は、主に工場や機械等の有形固定資産が重要な収益の源泉となるため、有形固定資産の重要性が他の業種と比較して相対的に高くなっています。そのため、製造業の会社を比較する場合は、有形固定資産からどの程度の売上高を獲得しているのかを表す「有形固定資産回転率」を必ず見ておくべきだと言えます。

　例として、1959年に稲盛和夫氏により設立された会社で、ファインセラミック部品や自動車関連部品の開発・製造・販売を行う京セラの決算書を見てみましょう。

図6-3-5　京セラの有形固定資産と売上高

(百万円)

	注記	IFRS移行日 (2017年4月1日)	前連結会計年度 (2018年3月31日)	当連結会計年度 (2019年3月31日)
資産の部				
流動資産				
現金及び現金同等物	8	376,195	424,938	512,814
短期投資	10,31	297,371	196,802	99,210
営業債権及びその他の債権	9,31	337,371	382,659	357,352
その他の金融資産	10,31	7,778	12,996	9,871
棚卸資産	11	331,155	364,875	343,880
その他の流動資産	12	79,755	83,629	34,637
流動資産合計		1,429,625	1,465,899	1,357,764
非流動資産				
負債性証券及び資本性証券	10,31	1,146,608	1,071,990	963,651
持分法で会計処理されている投資	13,35	5,863	3,874	4,159
その他の金融資産	10,31	13,429	15,681	17,869
有形固定資産	14	254,341	288,898	341,855
のれん	7,15	110,470	144,268	149,499
無形資産	7,15	61,235	80,186	80,001
繰延税金資産	16	56,614	41,370	38,558
その他の非流動資産	12	6,452	16,647	15,119
非流動資産合計		1,655,012	1,662,914	1,610,711
資産合計		3,084,637	3,128,813	2,968,475

(百万円)

	注記	前連結会計年度 (自 2017年4月1日 至 2018年3月31日)	当連結会計年度 (自 2018年4月1日 至 2019年3月31日)
売上高	6,25	1,577,039	1,623,710
売上原価	26	1,204,211	1,159,687
売上総利益		372,828	464,023
販売費及び一般管理費	7,14,15, 26,27,34	282,129	369,200
営業利益		90,699	94,823
金融収益	28	41,483	44,750
金融費用	28	1,560	1,241
為替換算差損益	31	△827	53
持分法による投資損益	13	△1,564	379
その他一純額		1,761	1,846
税引前利益	6	129,992	140,610
法人所得税費用	16	47,766	25,754
当期利益		82,226	114,856

出所：京セラ_2019年3月期有価証券報告書

有形固定資産回転率は、売上高÷有形固定資産で算出することができます。京セラの場合、有形固定資産回転率は、1,623,710÷｜(288,898+341,855)÷2｜＝5.15となります。

　この水準は、競合他社と比較して高いのでしょうか？

　競合他社として、村田製作所、日本碍子を選定して、各社の有形固定資産回転率の推移を見てみましょう。

図6-3-6　京セラと競合他社の有形固定資産回転率の推移

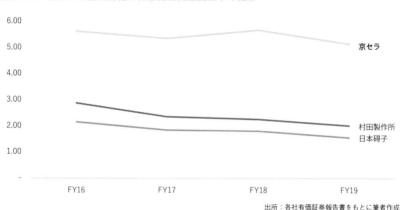

出所：各社有価証券報告書をもとに筆者作成

　こうして見ると、京セラの有形固定資産回転率の水準が圧倒的に高いことが分かります。これが意味するのは、京セラは、より小さい有形固定資産からより多くの売上高を獲得している、つまり生産効率性が高いということです。

　京セラの創業者である稲盛和夫氏の著書『稲盛和夫の実学〜経営と会計〜』を読まれたことのある方はご存知かもしれませんが、稲盛氏は「できるだけ中古品で我慢する」ということを重視しており、過剰な設備投資は

むしろ経営効率を低下させる、と述べられています。このような稲盛氏の経営方針も相まってか、実際に京セラと村田製作所のCSを見比べてみると、京セラは設備投資がかなり抑えられているということが分かります。

図6-3-7　京セラと村田製作所のCS比較

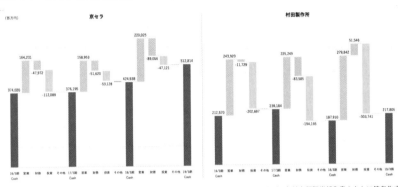

出所：各社有価証券報告書をもとに筆者作成

　ただし、有形固定資産回転率が低い＝生産効率が悪い、と単純に判断してはいけません。村田製作所のように最新鋭の設備に積極的な投資を行なっている場合、有形固定資産回転率は低くなるものの、これがオペレーションの強化や将来の飛躍的な成長につながると考えられます。実際、村田製作所は京セラよりも営業利益率が高くなっており、この点では大きな事業の優位性があると考えられます（図6-3-8）。

図6-3-8 村田製作所と京セラの営業利益率の比較

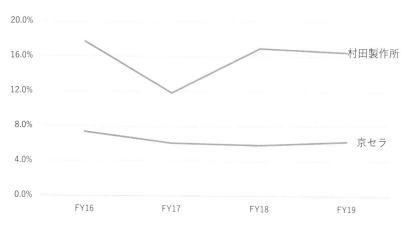

　このように、製造業では有形固定資産回転率が重要になってくるものの、単にその指標だけを見て生産効率の良し悪しを判断するのではなく、CSや利益率等の指標も併せて見ることで、その会社の強みと弱みが何なのかを深掘りしていくことが重要になってくると言えます。

6-3のまとめ

・製造業は有形固定資産が大きくなる傾向にあるが、何を製造しているかによってこの割合は異なってくる
・棚卸資産の内訳（原材料・仕掛品・製品）の推移を確認し、不自然な増加がある場合は、製造がストップしているのか、売行きが落ちているのか等を検討する必要がある
・有形固定資産回転率を計算することで、生産効率の高低をおおよそ把握することができるが、それだけをもって会社の良し悪しを判断してはいけない

銀行のBSを見るとマクロの経済が分かる？

　第6章では色々な業種の決算書を見てきましたが、少し特殊な銀行業の決算書も簡単に覗いてみましょう。下図は、日本で一番資産規模が大きい民間銀行である三菱UFJフィナンシャルグループのBSにおける「現金預け金」、「貸出金」の推移です。

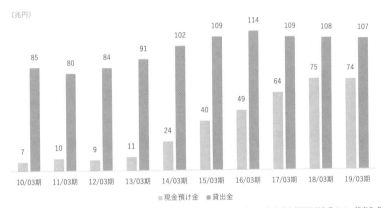

出所：三菱UFJフィナンシャルグループ_各期有価証券報告書より、筆者作成

　銀行の場合、借方の「現金預け金」が、一般事業会社の普通預金や当座預金に相当するもので、基本的には中央銀行である日本銀行に開設している当座預金に預けているお金を指します。
　この現金預け金の残高が10年間で急増していますよね。図を見ると、7兆円だった現金預け金残高は、10年間で74兆円にまで膨らんでいることが分かります。

　これは主に、安倍政権が掲げる「デフレ脱却」という目標の下、日銀が大幅な金融緩和を行なったためです。つまり、日銀が、民間金融

機関等が保有する国債等の有価証券を大量に買い集めたこと等により、民間金融機関に大量の資金が供給されたということです。

ただ、現金預け金が大きく増加した一方で、貸出金はあまり増えていませんよね。これは、金融緩和等の影響で民間銀行に供給されるお金が増えたものの、そのお金が貸付等により十分に運用できていないということを示唆しています。

ただし、これは何も銀行が貸し渋りを行っていることが要因なのではなく、そもそも企業等の借り手側で余剰資金を吸収できるだけの資金需要がないことが主要因だとも言えるのです。

デフレ脱却のためには、企業の積極的な投資によりお金の流れを活発にする必要がありますが、現状はそうはなっていないということですね。

銀行としても、金利がほとんどない日銀当座預金にお金を寝かせていても収益性が下がっていく一方なので、多くの銀行は、大量に積み上がった現金預け金をどのように運用すればいいのかということに日々苦悩しているのだと思われます。

このように、銀行のBSは日本のマクロ経済の大きな流れを表しているとも言えるので、定期的にチェックすることで世の中の大まかな潮流が分かるかもしれません。

第 **7** 章

M&Aを行った会社の
決算書を読み解く

なぜ、日本電産は M＆Ａで成功を 続けてきたのか

　M＆Aは「Merger and Acquisition」の略で、日本語で直訳すると「合併と買収」を意味します。このM＆Aですが、リーマンショックからしばらく経った2011年以降、M&Aの件数は大きく伸びていることがわかります。

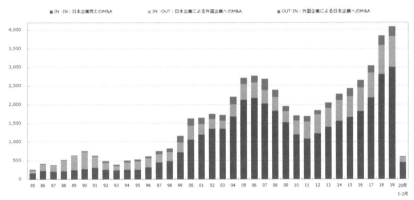

■ IN -IN：日本企業同士のM&A　　■ IN - OUT：日本企業による外国企業へのM&A　　■ OUT-IN：外国企業による日本企業へのM&A

出所：MARR online_グラフで見るM＆Ａ動向_https://www.marr.jp/genre/graphdemiru

　では、会社がM＆Aを行ったとき、M＆Aの成否を決算書から判断するためには、どこを注視すればよいのでしょうか？　また、M＆Aの対象となる会社の決算書には、どのような特徴があるのでしょうか？

　本章では、そういったM&Aが行なわれたときの決算書の読み方や、M&Aの対象となる会社の決算書にはどのような特徴があるのか？という点について、日本電産とユニゾホールディングスの事例を交えながら迫っていきたいと思います。

これだけは知っておきたい
基礎知識

✓ **のれんはどのようなロジックで発生するものなのか？**
✓ **買収価格はどのように決められているのか？**

❖「のれん」が発生する仕組み

「○○社、のれんの減損計上により××億円の最終赤字！」みたいな記事を目にしたことはありませんか？　恐らく、本書を読まれている方の多くは「のれんって、純資産と買収価額の差額でしょ？」と、既にのれんがどのように発生するのかをご存知かもしれません。

実はこれ、間違ってはいないのですが、実際ののれんが発生するプロセスはもう少し複雑です。そこでここでは、どのようなロジックでのれんが発生しているのかを少し詳細まで突っ込んで説明しておきたいと思います。

簡単な例を用いながら見ていきましょう。まず、A社がB社の全株式を現金で取得したとします。このとき、B社のBSは図7-1-1のとおりでした。

図7-1-1　B社の財務諸表

B社貸借対照表			
現金	50,000	買掛金	40,000
売掛金	20,000	未払金	20,000
土地	100,000	借入金	140,000
建物	130,000	純資産	100,000
資産	300,000	負債・純資産	300,000

出所：筆者作成

基本的に、様々な評価手法を用いてまず買収価額が決定されます。ここではB社の買収価額が200,000であったとしましょう。この場合、B社の純資産100,000と買収価額200,000の差額100,000がのれんになるかというと、実はそういうわけではありません。

　実際は、買収時にB社の貸借対照表の資産と負債を時価ベースに置き替える作業を行ないます。また、時価に評価替えをすると同時に、商標権や意匠権等の無形資産を識別することもあります。このような作業を「PPA（Purchase Price Allocation）」と呼び、日本語で「取得原価の配分」と訳されます。

　B社についてPPAを実施した結果、図7-1-2のようなBSに組み換えられたとしましょう。

図7-1-2　B社の財務諸表（PPA実施後）

現金	50,000	買掛金	40,000
売掛金	20,000	未払金	20,000
土地	120,000	借入金	140,000
建物	130,000	時価純資産	150,000
商標権	30,000		
資産	350,000	負債・純資産	350,000

出所：筆者作成

　すると、時価ベースの純資産が150,000となっていますよね。この時価純資産150,000と買収価額200,000の差額50,000が、のれんとして認識されるのです。

図7-1-3　のれんが発生する流れ

A社がB社の買収額を
200,000と確定した段階で、
当初はB社の純資産
100,000との間に100,000
の差額、つまり
余剰価値があった

時価純資産 150,000

PPAの結果、余剰価値
100,000のうち、土地の
含み益 20,000と商標権
30,000の価値が特定可能で
あることが分かった

残りの50,000の余剰価値は
特定できず、財務諸表上も
個々の勘定科目名で表示でき
ないため、「のれん」として
表示される

出所：筆者作成

　若干専門的な説明となってしまいましたが、何が言いたいかというと、のれんは単なる買収差額ではなく、買収会社が見込んでいる目に見えない超過収益力ないしは余剰価値だということです。
　そのため、固定資産の含み益や商標権、知的財産権等、個別具体的に特定することが可能な価値はのれんには含まれておらず、買い手が価値を見出しているシナジー効果や優秀な人材等の、特定が難しい価値がのれんとして出てきていると考えてください。

第7章　M&Aを行った会社の決算書を読み解く

❖買収価格の決まり方

　先ほど、様々な評価手法を用いて先に買収価格が決定されると書きましたが、実際の買収価格はどのように決定されているのでしょうか？ 具体的に深掘りしていくとそれだけで1冊の本ができてしまうので、全てを説明することはできませんが、ここでは概要の説明だけ行っておきましょう。

　まず、会社それ自体の価値のことを「企業価値」と言いますが、企業価値は基本的に事業価値と非事業用資産の合計と考えることができます。
　事業価値とは、その名の通り事業そのものの価値を表すものであり、EV（Enterprise Value）と略されます。また、非事業用資産は、事業に関係ない資産（投資有価証券や余剰資金、遊休状態となっている固定資産等）のことを指します。
　そしてこの企業価値は、「債権者価値」と「株主価値」に分類することができます。債権者価値は、銀行や社債権者等に帰属する価値なので、基本的には有利子負債の金額と同額になります。また、株主価値は、その名の

図7-1-4　企業価値、債権者価値、株主価値の関係図

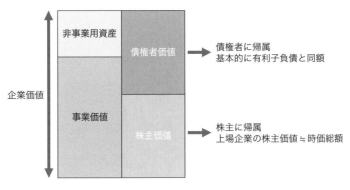

出所：筆者作成

通り株主に帰属する価値を意味しています。例えば上場企業の株主価値は、基本的には株価に発行済株式総数を乗じて算出される時価総額で表されていると考えてください。

BSの形式で企業価値、債権者価値、株主価値の関係を表すと、図7-1-4のようになります。

買収価額を決定する際は、このうち株主価値を算定することが最終的なゴールとなります。例えば、株主価値が100と分かれば、その会社の株式を100%取得する際の買収価格は基本的に100を基準にして決められていくということです。

そして、この株主価値を算定するアプローチとしては、①株主価値を直接算定する方法と、②事業価値を算定してから非事業用資産と債権者価値を足し引きすることで株主価値を算定する方法があります（①の方法を「エクイティ・アプローチ」、②の方法を「エンタープライズ・アプローチ」と呼びます）。

図7-1-5　株主価値の算定アプローチ

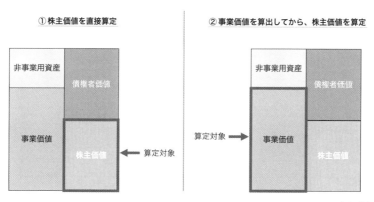

出所：筆者作成

①のアプローチにおける代表的な手法としては、株式市価法、株価倍率

法（PER等）、修正純資産法等が挙げられます。また、②のアプローチに
おける代表的な手法としては、株価倍率法（EV/EBITDA等）、DCF法等が
挙げられます（EBITDAとは、Earning Before Interest, Tax, Depreciation, and
Amortizationの略で、支払利息、税金、減価償却費、無形資産等償却費を
差し引く前の利益を指します）。

　本書ではこれら全ての評価方法は説明しませんが、頻繁に利用される株
価倍率法の考え方だけ簡単に説明しておきましょう。

　株価倍率法は、上場企業の株価をベースにして株主価値や事業価値を算
定する方法です。例えば、今非上場会社のA社の株主価値を算定しようと
しているとします。A社と同様の事業を展開している上場会社としてB社
があり、B社の当期純利益は1億円、時価総額は20億円となっていたとし

図7-1-6　株価倍率法（PERを用いる場合）

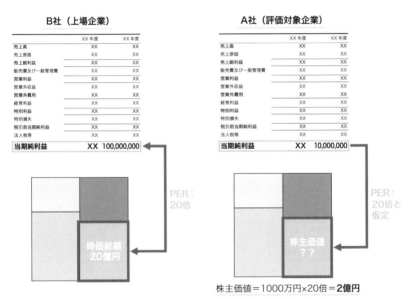

出所：筆者作成

ましょう。

　この場合、B社のPERは20倍なので、仮にA社の当期純利益が1000万円だった場合、A社の株主価値を2億円（1000万円×20倍）と考える、これが株価倍率法です。要は、上場会社の時価総額を株主価値と仮定して財務数値との倍率を算出し、それを評価対象会社の財務数値に乗じることによって株主価値を算定しているということですね。

　また、先ほどの株価倍率法は、①株主価値を直接算定するアプローチですが、②事業価値を算出してから株主価値を算定するアプローチにおいても使えます。

　例えば、先ほどの例だと、B社の時価総額が20億円であることが分かっていたので、逆算してB社の事業価値を求めるのです。

　仮にB社の有利子負債が10億円、非事業用資産が5億円だとしたら、B社の事業価値は25億円となります。

図7-1-7　株価倍率法（EV/EBITDA倍率を用いる場合）

事業価値＝3000万円×10倍＝ **3億円**

株主価値＝3億円＋1億円−2億円＝ **2億円**

出所：筆者作成

事業価値と比較する財務数値として、EBITDAを用いるとしましょう（図7-1-7）。B社のEBITDAが2.5億円だとすると、事業価値が25億円なので、EV/EBITDA倍率が10倍と求められます。

　そのため、A社のEBITDAが仮に3,000万円であった場合、A社の事業価値は3億円と求められ、非事業用資産と有利子負債を足し引きすることで株主価値を算出することができるのです。

　このように株価倍率法は、同種の事業を展開している複数の上場企業の株価をもとに倍率を算出することで、ある程度簡便的にかつ一定の合理性を持って株主価値を算出できるので、買収価格を決定する際は必ずと言っていいほど利用されます。

　また、上場企業同士の倍率を見比べることで、どの程度市場からの評価ないしは期待度にギャップがあるのかを知ることもできます。

　買収価額の算定ロジックが理解できていると、買収価額を見たときにそれが高いのか安いのかといったことや、買収対象会社に対する期待度がざっくりと分かるようになるので、是非ここで概要を押さえておいてください。

7-1のまとめ

- のれんは、時価純資産と買収価額の差として発生する、買収会社が見込んでいる目に見えない超過収益力ないしは余剰価値であり、この時価純資産を算出するプロセスをPPAという
- 買収価格は「株主価値」を基に算定されるが、株主価値の算定方法としては、①株主価値を直接算定する方法と、②事業価値を算定してから非事業用資産と債権者価値（有利子負債）を加減して算出する方法がある
- よく使われる評価方法として、株価倍率法（PER、EV/EBITDA倍率等）やDCF法等が挙げられる

7-2

日本電産に学ぶ、 M&Aの成否を判定する方法

ポイント

✓ M&Aにはどのような種類があるのか？
✓ のれんはどのようなロジックで発生するものなのか？
✓ 企業結合注記は、どこに着目すれば良いのか？

❖ M&Aの巧者、日本電産

　「日本でM&Aを成功させ続けている会社と言えば？」と聞かれたとき、真っ先に「日本電産」が浮かんでくる方は多いのではないでしょうか？

　日本電産は「NIDEC」という英名で親しまれているモーターの製造会社ですが、HPに掲載されている「M&Aの歴史」というページを見ると、設立以来なんと66件ものM&Aを行なってきていることが分かります。

　そんな日本電産の過去10年間の、単体売上高と単体以外の売上高の推移を見てみましょう（図7-2-1）。

　これを見ると、この10年間で単体売上高も増加してはいるものの、それを上回るペースで単体以外の売上高が増加していることが分かります。直近期末の19/3期は、単体以外の売上高比率が85％ほどになっています。

　単体以外の売上高が増えているということは、既存の子会社がオーガニックに売上高を伸ばしているか、もしくは買収等により新たに子会社を連結することで、その子会社の売上高を合算しているということです。

　日本電産の場合は、既存子会社のオーガニックな成長ももちろんあると思われますが、M&Aの件数が非常に多いため、基本的には積極的な買収により売上高を伸ばしてきていると考えられます。

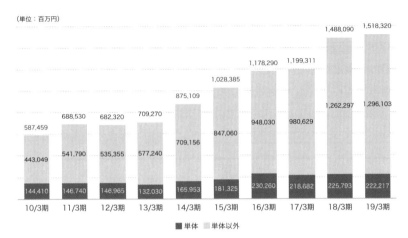

図7-2-1　日本電産の売上高推移（単体と単体以外の売上高比較）

(単位：百万円)

出所：日本電産_各年の有価証券報告書をもとに、筆者作成

図7-2-2は日本電産の過去のM＆Aの件数推移ですが、特にここ最近は年間で5件前後のM＆Aを実施しており、また、海外企業に対するM＆Aのペースが上がっていることが分かります。

図7-2-2　日本電産のM＆Aの件数推移

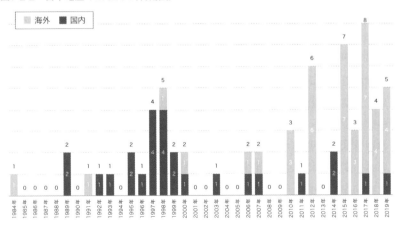

出所：日本電産HP「M＆Aの歴史」より、筆者作成

　M＆Aを実施する際は、(案件の金額規模にもよりますが) 買手と売手の間で買収価格や契約条件の交渉が行なわれるだけでなく、証券会社や弁護士、会計士等の外部アドバイザーによるバリュエーションやDD (デューディリジェンス) も行なわれるため、基本的にはかなりの労力、コスト、時間がかかります。

　ましてや、M＆Aの対象会社が海外企業の場合は尚更です。そのため、ここまで頻繁に、しかも成功確率が10%~20%とも言われる海外企業のM＆Aを行なっている日本電産は、相当M＆Aに手慣れた巧者だと考えることができると思います。

❖ 企業結合注記から、買収額とのれんを確認する

　それでは、日本電産が具体的にどのような会社をいくらで買っているのかを見てみましょう。まず、会計基準上、企業結合 (ある企業またはある企業を構成する事業と、他の企業または他の企業を構成する事業とが1つの報告単位に統合されることを指します) を行なった場合で、かつその企業結合に一定の金額的重要性がある場合、必ず財務諸表の「企業結合注記」において、取得価額や受け入れた資産・負債の主な内訳等を開示しなければならないと決められています。

　この企業結合注記で記載される内容は、日本基準、IFRS、米国基準で異なるのですが、どの金額で、何を手に入れた結果、どれくらいののれんが出たのか、といった概要は掴むことができます。そのため、まず日本電産の企業結合注記を見て、どのような会社を買収しているのかどうかを確認してみましょう。

　図7-2-3は、日本電産の2020年3月期の第3四半期報告書に記載されている企業結合注記です。これを見ると、エンブラコ社、オムロンオートモーティブエレクトロニクス (現：日本電産モビリティ)、ロボテック社の買収に関する情報が記載されています。

図7-2-3　日本電産_企業結合注記

7．企業結合及び支配の喪失

　2019年7月1日（ブラジル時間）にNIDECはワールプール社の保有するエンブラコ社の株主からエンブラコ社の株式100%を現金122,401百万円で取得致しました。エンブラコ社は、冷蔵庫用コンプレッサー及び電気部品の開発・製造・販売を行っております。本件取引により、当社の冷蔵庫用コンプレッサー事業の更なる強化及び製品ラインナップや販売地域の拡大が可能となります。また、エンブラコ社が保有するDCコンプレッサーにおける高い技術力に加え、当社が保有するブラシレスDCモータ技術を大いに活用することができます。

　2019年10月31日にNIDECはオムロンオートモーティブエレクトロニクス株式会社（以下、「日本電産モビリティ」）の株式、取得対象海外子会社の株式等並びに取得対象海外事業を現金105,575百万円で取得致しました。日本電産モビリティは、自動車向け車載電装部品の製造・販売を行っております。本件取引により、日本電産モビリティの電子制御ユニット（ECU）をはじめとした各種エレクトロニクス製品と当社グループのモータ、ポンプ、ギア等を組み合わせることにより、新たなモジュール化製品、システム製品を生み出していくことが可能となります。また、レーザーレーダー及びドライバモニターシステム関係製品に強みをもつ日本電産モビリティと日本電産エレシスが協力し、自動運転技術をサポートする多様なセンサー製品群を提供できると考えております。

　2019年11月27日にNIDECは米国のRoboteq, Inc.（以下、「ロボテック社」）の株主から、ロボテック社の株式90%を現金1,744百万円で取得致しました。ロボテック社は、超低電圧ドライブ（ULVドライブ）の設計・開発・販売を行っております。本件取引により、AGVメーカーに、サーボモータと精密ギアボックス製品に加えてULVドライブを提供できるようになることに加え、モータ制御システムの完全なサポートをワンストップで提供することが可能となります。この企業結合によるNIDECの財政状態及び経営成績に与える重要な影響はありません。

　取得日における対象事業の取得資産及び引受負債の公正価値は次のとおりであります。

（単位：百万円）

	エンブラコ社	日本電産モビリティ	その他
流動資産			
現金及び現金同等物	12,804	24,348	108
営業債権及びその他の債権	36,495	17,870	31
棚卸資産	23,177	11,315	131
その他の流動資産	3,422	6,989	2
非流動資産			
有形固定資産	39,598	30,790	―
その他の非流動資産	3,409	5,349	57
取得資産の公正価値	118,905	96,661	329
流動負債			
短期借入金	8,144	6,856	―
営業債務及びその他の債務	42,497	20,231	17
その他の流動負債	8,586	28,935	0
非流動負債			
その他の非流動負債	4,260	4,312	57
引受債務の公正価値	63,487	60,334	74
取得資産及び引受債務の公正価値（純額）	55,418	36,327	255
非支配持分	―	―	25
のれん	66,982	69,795	1,515

出所：日本電産_2020年3月期_第2四半期報告書

　エンブラコ社とロボテック社は現金で株式を取得していますが、日本電産モビリティのM＆Aは、株式取得と事業譲受の組み合わせで行なわれていることが分かります。

　その結果、各社からのれんがいくら出ているかが分かります（図中①）。また、図中②の「取得資産及び引受債務の公正価値（純額）」とあるのが、時価純資産のことです。

　例えば、エンブラコ社の場合だと、時価純資産が55,418百万円の会社を122,401百万円で取得し、66,982百万円ののれんが出てきているということになります。

　一見、ものすごい高い金額で買っているように思いませんか？　時価純資産の2倍以上の金額も払って大丈夫なの？と。そこで、ここからはこの買収価額が果たして高いのか、それとも安いのかという点について少し考えてみましょう。

❖ 日本電産の買収価格は高い？安い？

　企業結合注記から、エンブラコ社の取得価額が122,401百万円であることは既に分かっているので、エンブラコ社のPLに関する情報を拾えないか探してみます。

　基本的にほとんどの会社が、どこかの会社の買収の意思決定をした場合は、当該買収に関するニュースリリースを自社のIRページで公表します。そして多くの場合、そのニュースリリースから買収対象会社の簡易的な財務情報や買収の決定に至った理由等を知ることができるので、企業結合注記だけでなくこのニュースリリースも見てみましょう。

　日本電産の「株主・投資家向けニュース」を見ると、2018年4月24日にエンブラコ社の買収に関するリリースが公表されています。同リリースには、エンブラコ社に関する概要が掲載されていました（図7-2-4）。

第7章　M＆Aを行った会社の決算書を読み解く

図7-2-4　エンブラコ社買収に関するニュースリリース

(1)	名　　　　　称		Embraco（Whirlpool Corporation のコンプレッサ事業）
(2)	主 要 な 対 象 会 社 及 び 所 在 地		Embraco Indústria de Compressores e Soluções em Refrigeração Ltda.（所在地：ブラジル） Ealing Compañía de Gestiones y Participaciones S.A.（所在地：ウルグアイ） Embraco Slovakia s.r.o.（所在地：スロバキア） Embraco Luxembourg Sàrl（所在地：ルクセンブルク） 新持株会社（名称未定）（所在地：香港）
(3)	事　業　内　容		冷蔵庫用コンプレッサ及び電気部品の開発・製造・販売
(4)	従　業　員　数		10,464 人（2017 年 9 月時点）
(5)	当　　社　　と 当 該 会 社 の 関 係	資　本　関　係	該当事項はありません。
		人　的　関　係	該当事項はありません。
		取　引　関　係	重要な取引関係はありません。
		関連当事者への 該　当　状　況	該当事項はありません。
(6)	当該事業の最近 3 年間の経営成績（未監査）		
決算期	2015 年 12 月期	2016 年 12 月期	2017 年 12 月期
連結純資産	538 百万ドル	524 百万ドル	605 百万ドル
連結総資産	1,082 百万ドル	1,113 百万ドル	1,308 百万ドル
連結売上高	1,302 百万ドル	1,257 百万ドル	1,307 百万ドル
連結営業利益（調整後※）	106 百万ドル	101 百万ドル	96 百万ドル
営業利益率（調整後※）(%)	8.1%	8.1%	7.4%

出所：日本電産_米国ワールプール社 コンプレッサ事業 エンブラコ（Embraco）の株式取得に関する譲渡契約締結のお知らせ

　これを見ると、直近3年間の財務数値が掲載されていることが分かります。

　しかし、これ以上の財務情報は載っていないので、少し乱暴ですが、営業利益を当期純利益と同額であると仮定して買収価額の倍率を算出してみます。同ニュースリリースにおいて、買収価額が1,080百万ドルであることが記載されているので、PERは11.25倍（1,080百万ドル÷96百万ドル）であることが分かります。

　また、純資産が605百万なので、PBRは1.79であることが分かります。

　では、この水準は高いのでしょうか？

　東京証券取引所が毎月公表している「規模別・業種別　PER・PBR（連結）」によると、2020年2月の東証1部における「電気機器」のPERは18.1倍、PBRは1.3倍となっています。

　これはつまり、エンブラコ社の評価倍率が、市場の平均から大きくは外れていないということです。海外企業の評価倍率を日本の上場企業の倍率で当てはめて考えるのも少し乱暴ですが、少なくとも買収価額が高すぎることはないということが想像できると思います。

　日本電産の永守会長は、M&Aで失敗しない秘訣として「高値掴みをしない」ことを挙げられていますが、実際に見てみると確かに高値掴みをしている様子はなさそうです。
　これがもし、PER30倍とかPBR3倍とかになっていたら、高値掴みをしている可能性もあるので、より買収後のパフォーマンスを注視する必要があります。

　このように、どこかの会社がM&Aを発表した場合は、買収価額と公表されている被買収会社の財務数値を用いて簡便的に倍率を算出することで、買収価額が高いのか安いのかをざっくりと把握してみることが重要になってきます。

❖買収後のパフォーマンスを評価する方法

　会社がM&Aを行なった後に注視したいのが、買収後に業績パフォーマンスが良くなっているのかどうかという点です。特に、買収価格が高いと考えられるような場合においては、それだけ買収対象会社が大きく成長していくことを想定しているので、期待通りのパフォーマンスが発揮されているかは慎重にモニタリングする必要があります。
　では、具体的にどこを見れば、買収後のパフォーマンスを評価することができるのでしょうか？　実際に日本電産の過去のM&Aを例に、買収後のパフォーマンスがどのようになっているのかを見てみましょう。

日本電産は2017年2月に米国のエマーソン・エレクトリック社から、モーター事業と発電機事業を144,315百万円で買収しています（対象事業の会社の株式取得）。買収時のリリースを見ると、対象事業の3年間の業績が公表されていました。

図7-2-5　エマーソンの一部事業買収に関するニュースリリース

（6）　　当該事業の最近3年間の経営成績			
決算期	2013年9月期	2014年9月期	2015年9月期
売上高	1,984百万ドル	1,989百万ドル	1,674百万ドル
EBITDA	273百万ドル	260百万ドル	175百万ドル

出所：日本電産_米国 Emerson Electric Co.のモータ・ドライブ事業及び発電機事業の取得に関するお知らせ

　売上高もEBITDAも共に減少傾向にある中で、買収が行われたことが分かりますね。

　ただ、この対象事業の決算書が、今後、日本電産のIR情報において開示されるわけではありません。そのため、この買収した事業が日本電産の財務諸表上どのセグメントに属するのかを確認する必要があります。

　日本電産は、連結財務諸表注記の「セグメント情報」において各セグメントの内容を説明しており、その中に買収した会社がどのセグメントに属しているかが記載されています。

　図7-2-6は日本電産の17/3期有報の「セグメント情報」の冒頭部ですが、この「ルロア・ソマーホールディング社」と「日本電産コントロール・テクニクス」が、エマーソンから取得した事業（以下、エマーソン事業）にあたります。つまり、エマーソン事業のパフォーマンスは「日本電産モータセグメント」として表れるということです。

図7-2-6 日本電産のセグメント内容

名称	オペレーティング・セグメントの内容
① 日本電産	日本電産㈱（日本）から構成され、主にHDD用モータ、その他小型モータ及び車載用製品の開発販売を行っております。
② タイ日本電産	タイの子会社であるタイ日本電産㈱及びその連結子会社、HDD用部品を製造するその他のアジアの子会社から構成され、主にHDD用モータの製造販売を行っております。
③ シンガポール日本電産	シンガポールの子会社であるシンガポール日本電産㈱及びその連結子会社から構成され、主にHDD用モータ及びその他小型モータの販売を行っております。
④ 日本電産（香港）	香港の子会社である日本電産（香港）有限公司及びその連結子会社から構成され、主にHDD用モータ及びその他小型モータの販売を行っております。
⑤ 日本電産サンキョー	日本の子会社である日本電産サンキョー㈱及びその連結子会社から構成され、主に機器装置、車載用製品、電子部品及びその他小型モータの製造販売を行っております。
⑥ 日本電産コパル	日本の子会社である日本電産コパル㈱及びその連結子会社から構成され、主に電子・光学部品、機器装置及びその他小型モータの製造販売を行っております。
⑦ 日本電産テクノモータ	日本の子会社である日本電産テクノモータ㈱及びその連結子会社から構成され、主に商業・産業用製品の製造販売を行っております。
⑧ 日本電産モータ	米国持株会社である日本電産アメリカ・ホールディング㈱とその子会社である日本電産モータ㈱及び北米の子会社並びに南米・アジア・欧州の他の子会社から構成され、主に家電・商業・産業用製品の製造販売を行っております。当セグメントには当期第4四半期連結会計期間に子会社となった日本電産ルロア・ソマーホールディング社、日本電産コントロール・テクニクス社を含めて表示しております。
⑨ 日本電産モーターズ　アンド　アクチュエーターズ	ドイツの子会社であるドイツ日本電産モーターズ　アンド　アクチュエーターズ㈲をはじめとする欧州・北米・南米・日本・アジアの他の子会社から構成され、主に車載用製品の製造販売を行っております。
⑩ その他	重要性に乏しいため、報告対象とならないセグメントにより構成されております。

出所：日本電産_2017年3月期有価証券報告書

この2社は2017年3月期の第4四半期から連結されているので、2018年3月期の第1四半期以降の四半期ごとの日本電産モータセグメントの売上高、及びセグメント利益の変化に着目しながら、過年度の業績推移を確認してみましょう。

図7-2-7　日本電産モータセグメントの売上高及びセグメント利益の四半期推移

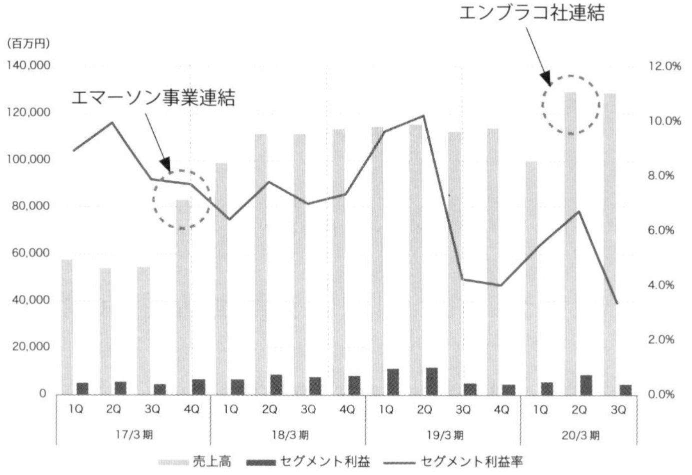

出所：日本電産_各年の有価証券報告書及び四半期報告書より、筆者作成

　これを見ると、エマーソン事業が連結されて以降、19/3期の2Qまで売上高も利益も増加傾向にあったことが分かります。しかし、19/3期の3Qに構造改革費用の計上等により営業利益が減少し、以降売上高も減少しています。

　20/3期の2Qからエンブラコ社が連結子会社化されていることから、売上高は再び大きく増加していますが、中国との貿易摩擦等による需要減の影響もあり、利益率は若干低迷していることが分かります。

　つまり、日本電産モータセグメントが総じて横ばいであることから、エマーソン事業は、買収後にパフォーマンスが特段良くなっているわけでも、悪くなっているわけでもないということです。

　このように、どこかの会社を買収した場合は、その買収対象会社がどのセグメントに属するのかを確認し、そのセグメントの業績推移を四半期ごとにモニタリングすることで買収対象会社のパフォーマンスをざっくりと

評価できるようになります。

　例えば、買収した会社が属しているセグメントの業績が買収後に悪化しているような場合は、買収した会社のパフォーマンスが良くないことを示唆しているかもしれず、その会社から生じているのれんに減損損失が計上される可能性があります。特に、買収時のPER等のマルチプルが高い場合は、買収価額が高いが故に多額ののれんが計上されていると考えられるので、その分のれんの減損が計上された際のダメージは大きくなります。

　そのため、買収した会社がどのセグメントに属しているのか、そしてそのセグメントの業績が買収後にどうなっているのか、ということは必ずチェックするようにしましょう。

❖買収資金は何で賄っている？

　株式取得や事業譲受を行なう際は、基本的にはキャッシュが必要になります。そのため、規模の大きな買収であればあるほど、買収資金を手元資金だけで賄うのではなく、外部から調達した資金で買収を行うことが多くなります。

　そこで重要になるのが、どのように買収資金を調達しているかという点です。調達方法や金額、調達条件等を見ておくことで、会社がそのM＆Aに対してどれだけリスクをかけているのかが分かるため、大型のM＆Aが行われた場合は必ず資金調達方法の概要を把握しておくべきだと言えます。

　実際に、日本電産のケースを見てみましょう。日本電産は2019年7月にエンブラコ社を122,401百万円で買収する際、100,000百万円の社債を発行しています。

　また、2019年10月にオムロンオートモーティブエレクトロニクス（現：日本電産モビリティ）を105,575百万円で買収する際も、100,000百万円の

社債を発行しています。

　つまり、日本電産は基本的に買収資金を有利子負債である社債で賄っているということです。買収時のリリースを見ても調達方法が明示されているわけではありませんが、同じタイミングで買収金額と同程度の社債を発行しているので、この社債が買収資金の調達源であると考えていただいて問題ないでしょう。

　ところで、エンブラコ社も日本電産モビリティも1,000億円を超える規模の買収ですが、買収資金のほとんど全額を有利子負債で賄っていて、日本電産の財務的には問題ないのでしょうか？
　BSから、有利子負債と有利子負債依存度（有利子負債÷総資産）の推移を見てみましょう（図7-2-8）。

図7-2-8　日本電産セグメントの売上高及びセグメント利益の推移

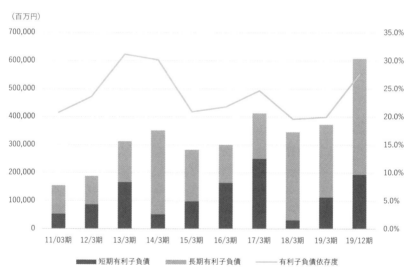

出所：日本電産_各年の有価証券報告書より、筆者作成

　やはり、有利子負債の金額は年々大きくなってきていることが分かりますね。しかし、有利子負債依存度は依然として30％以下となっており、過去の水準と比較しても有利子負債依存度が高すぎるという状態ではなさそうです。

　また、日本電産は営業CFも年間1,700億円程度出ていることから、現時点で財務状況に問題があるとはほとんど考えられないと言っていいでしょう。

　ただし、日本電産は「Vision2020」の中で、2021年3月期に売上高2兆円を達成する目標を掲げており、そのうち5,000億円は新規のM&Aを含むと述べています。

図7-2-9　日本電産のVision2020

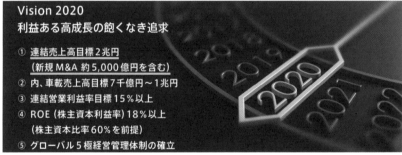

出所：日本電産HP

　売上高5,000億円の会社を買おうと思ったら、1,000億円や2,000億円の規模ではきかない可能性が高く、近いうち大規模なM&Aが行なわれるかもしれません。

　仮に、この規模の会社の買収資金を社債や借入れで賄った場合、有利子負債はまた一段と膨れ上がり、有利子負債依存度も過去最高水準になることが考えられます。

有利子負債の依存度があまりにも高まりすぎてしまうと、追加で魅力的な買収案件が見つかったときに借入れが行ないづらくなったり、業績が悪化して営業CFが伸び悩んだ際に返済負担が大きくなりすぎて、新たな投資が制限されてしまうことも考えられます。

　そのため、日本電産が仮に今後有利子負債による調達資金で大型のM＆Aを行った場合は、有利子負債の返済負担が増えても十分返済が可能なほどに営業CFが伸びているか、そして買収時の株価倍率が高くなりすぎていないか、といったことを確認することがより一層重要になってきそうです。

7-2のまとめ

- 日本電産は、数多くのM＆Aを成功させながら成長してきている
- まず、企業結合注記から買収額とのれんの金額を把握する必要がある
- 買収時のニュースリリース等を確認し、買収対象会社の業績情報が掲載されている場合は、買収額と業績数値を用いて簡易的に株価倍率を算出し、買収額が高すぎないかどうかを確認する（倍率を精緻に算定するのは不可能なので、あくまで参考程度）
- 買収後のパフォーマンスは、買収対象企業の属するセグメント情報の業績推移を見ることでモニタリングすることができる
- 買収時の調達資金源を確認し、有利子負債で調達している場合は、有利子負債の依存度や営業CFとのバランスを考慮し、過剰にリスクをとった買収をしていないかを確認する必要がある

7-3
ユニゾホールディングスの
TOB合戦が起きたのはなぜか?

ポイント

- ✓ **TOBとは何か?**
- ✓ **ユニゾホールディングスに買収希望者がこぞって参画したのはなぜか?**
- ✓ **TOBの対象となる会社にはどのような共通点があるのか?**

❖ TOBとは何か

　ここまでは上場会社による非上場会社の買収について見てきましたが、次は上場会社を買収するケースを見ていきたいと思います。が、その前にまず、上場会社の買収を行う際に必ず必要になる手続きであるTOBについて、少し説明しておきましょう。

　非上場会社の場合、株主は特定少数であることがほとんどですが、上場会社の場合は株主が不特定多数になります。そのため、上場会社を買収したり、大量の株式を取得しようとする場合、基本的には「公開買付」という方法により、買収対象会社の株主から売却を募らなければなりません。この公開買付は、日本では一般的にTOB（Takeover Bid）と呼ばれています（ちなみに、米国では一般的にTender offerと呼ばれます）。

　公開買付を行う場合は、まず買収側がTOBを開始する旨の公告を行ない、そこで取得価格や買付期間、買収を行う理由等を説明する必要があります。また、買収対象者側も、そのTOBに対して賛同するか否かに関する会社の見解を記載した意見表明報告書を公告しなければなりません。

　なお、一般的に買収対象会社が賛同している場合のTOBは「友好的TOB」、反対している場合のTOBは「敵対的TOB」と呼ばれます。

第7章

M&Aを行った会社の決算書を読み解く

図7-3-1　意見表明報告書からわかる、友好的TOBと敵対的TOB

友好的TOB（対象会社が賛同するケース）

ヤフー株式会社による当社株式に対する
公開買付けに関する意見表明のお知らせ

　当社は、2019年9月12日付プレスリリース「ヤフー株式会社による当社株式に対する公開買付けの開始予定に関する意見表明及び同社との資本業務提携契約締結に関するお知らせ」（以下「2019年9月12日付プレスリリース」といいます。）において公表いたしました、ヤフー株式会社（2019年10月1日付で「Zホールディングス株式会社」に商号変更予定、以下「公開買付者」といいます。）による当社の普通株式（以下「当社株式」といいます。）に対する公開買付け（以下「本公開買付け」といいます。）について、公開買付者から、本公開買付けを2019年9月30日より開始することを決定した旨の連絡を受け、本日開催の当社取締役会において、改めて、本公開買付けに賛同の意見を表明すること、及び、本公開買付け後も当社株式の上場が維持される予定であるため、本公開買付けに係る当社株式1株当たりの買付け等の価格（以下「本公開買付価格」といいます。）の妥当性については意見を留保し、株主の皆様が本公開買付けに応募するか否かについては、当社の株主の皆様のご判断に委ねる旨を決議いたしましたので、下記のとおりお知らせいたします。

敵対的TOB（対象会社が反対するケース）

ＢＳインベストメント株式会社による当社株券に対する
公開買付けに関する意見表明（反対）のお知らせ

　当社は、伊藤忠商事株式会社（以下「伊藤忠商事」といいます。）の完全子会社であるＢＳインベストメント株式会社（以下「公開買付者」といいます。）による当社株式に対する公開買付け（以下「本公開買付け」といいます。）に対して、本日開催の取締役会において、(i)伊藤忠商事が派遣する取締役であり、本公開買付けに関して当社との間で利益が相反するおそれがあることを理由に当該取締役会を欠席した清水源也取締役、及び、(ii)取締役会には参加したものの、意見を留保した伊藤忠商事出身である中村一郎取締役を除く取締役8名及び監査役3名の全員一致により、本公開買付けに対して反対し、当社の株主の皆様には本公開買付けに応募されないようお願いする旨の意見を表明することを決議いたしましたので、お知らせいたします。

出所：株式会社ZOZO_IRリリース、株式会社デサント_IRリリース

　ちなみに、公開買付を行う際は「買付予定数の下限」を設定することが多く、その場合、仮に売却の応募がなされた株式数が元々設定していた下限の株式数を下回っていたら、公開買付自体が中止されます。

　そのため、既存株主が買付価格や理由に賛同して売却に応じてくれないと、買収ができなくなってしまうこともあるのです。お金を無尽蔵に持っていたとしても、買収に関する既存株主からの賛同が得られなければ、買収をすることはできないということですね。

　なお、TOBを行なわなければならないケースは、金融商品取引法で細かく制定されていますが、基本的に買付後の株式等所有比率が3分の1を超えるような取得の場合は、必ずTOBによらなければなりません。

❖TOB合戦の標的となった、ユニゾホールディングス

　東京都内を中心にオフィスビルの賃貸事業やビジネスホテル事業を展開する、ユニゾホールディングス（以下、ユニゾ）という会社があります。ユニゾは、もともと1959年9月に大商不動産として設立された会社で、2009年に東証二部へ上場、2011年に東証一部へ指定され、2015年にユニゾホールディングスという社名に変更されています。
　そんなユニゾですが、2019年7月10日に旅行代理店大手のHISから突如TOBを仕掛けられます。買付価格は3,100円で、発表日の前日のユニゾの終値が1,990円なので、約56％のプレミアムが付された価格となっていました。

　HISのTOB発表に対して、ユニゾは2019年8月6日に反対の意見表明書を公表しましたが、同月16日にソフトバンクグループ傘下の米系投資ファンド、フォートレス・インベストメント・グループがユニゾに対するTOBを公表します。TOBを仕掛けられた会社を救うために、より良い買収条件でTOBを仕掛ける者のことを「ホワイトナイト」と呼びますが、まさにフォートレスはホワイトナイトの役割を果たしたと言えます。

このときのフォートレスの買付価格は4,000円で、ユニゾもフォートレスからのTOBに対しては賛同の意見を表明していました。

ところが、このタイミングで投資ファンドのブラックストーンからユニゾに対し、「5,000円でTOBを開始してもいいよ」と打診が入ります。

これを受けて、ユニゾは当初賛同していたフォートレスからのTOBに関する意見を賛同から留保に変更し、2019年12月22日には反対意見を表明するに至っています。

最終的に、投資ファンドのローン・スターとユニゾの従業員が共同出資で設立した、（株）チトセア投資が6,000円の買付価格でTOBを行い、2020年4月3日に成立することでユニゾのTOB合戦は幕を閉じる形となりました。ちなみに、会社の経営陣が主導でTOBを実施することを「MBO（Management Buy Out）」と呼びますが、今回のように従業員がTOBを主導している場合は、「EBO（Employee Buy Out）」と呼ばれます。

約9ヶ月にも及んだTOB合戦の一連の流れは、図7-3-2のとおりです。

図7-3-2　ユニゾを巡るTOB合戦

日付		買付価格	内容
2019年	7月10日	3,100	HIS、ユニゾに対するTOB開始を発表
	8月6日		ユニゾ、HISからのTOBについて「反対」意見を表明
	8月16日	4,000	サッポロ合同会社（フォートレス）、ユニゾに対するTOB開始を発表
	〃		ユニゾ、サッポロ合同会社からのTOBに対して「賛同」意見を表明
	9月27日		ユニゾ、サッポロ合同会社からのTOBに対する賛同意見を、「留保」に変更
	10月15日		ブラックストーンが、買付価格5,000円でTOBを開始する意向を有している旨を公表（TOBはしていない）
	11月15日	4,100	サッポロ合同会社、買付価格を4,000円から4,100円へ引き上げ
	12月22日		ユニゾ、サッポロ合同会社からのTOBに対する留保意見を、「反対」に変更
	〃	5,100	チトセア投資、ユニゾに対するTOB開始を発表
	〃		ユニゾ、チトセア投資からのTOBに対して「賛同」意見を表明
2020年	1月28日		ブラックストーンが、買付価格5,600円でTOBを開始する意向を有している旨を公表（TOBはしていない）
	1月29日	5,200	サッポロ合同会社、買付価格を4,100円から5,200円へ引き上げ
	2月9日		ユニゾ、サッポロ合同会社からのTOBに対して「反対」意見を表明
	2月9日	5,700	チトセア投資、買付価格を5,100円から5,700円へ引き上げ
	2月9日		ユニゾ、チトセア投資からのTOBに対して「賛同」意見を表明
	2月24日		ブラックストーンが、買付価格6,000円でTOBを開始する意向を有している旨を公表（TOBはしていない）
	3月18日	6,000	チトセア投資、買付価格を5,700円から6,000円へ引き上げ
	3月18日		ユニゾ、チトセア投資からのTOBに対して「賛同」意見を表明
	4月3日	6,000	TOB成立（公募株式比率86.55%）

出所：ユニゾホールディングスHPより、筆者作成

　これを見ると、誰かが買付価格を引き上げては、また別の者がそれ以上の価格を提示しての繰り返しとなっており、かなり紆余曲折があったことが分かりますね。結局、ユニゾの株価も、HISが最初にTOB開始を発表した当時は1,990円だったのが、TOB終了間際には約6,000円となっていました。

　ここで気になるのが、なぜ各社がこぞってユニゾを買収しようとしていたのか？ということです。当初の株価の3倍の価格を提示してまでも買収したいほど魅力的、もしくは割安な会社だったのでしょうか？

　実際にユニゾの決算書を見て、各社が買収したいと思わせる理由がどこに潜んでいたのかを確認してみましょう。

❖「投下資本回転率が低い＝経営効率が悪い」ではない？

　まず、ユニゾのPLから見てみます。

　過去10年間の売上高と営業利益の推移を見ると、直近年度においては売

図7-3-3 ユニゾ　売上高と営業利益の推移

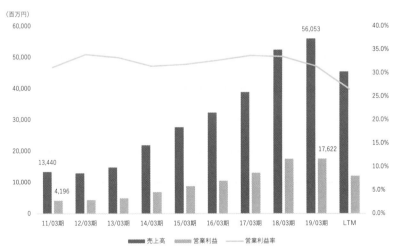

出所：ユニゾ_各年の有価証券報告書より、筆者作成

上高と営業利益が減少しているものの、物件数の増加と共に過年度から継続的に成長を続けてきていたことが分かります。

　売上高と営業利益の伸びも目につきますが、営業利益率が30%前後という高い水準で推移しているのも気になりますよね。第6章においても不動産業の会社について営業利益率を見ましたが、改めて各社の営業利益率を比較してみましょう。

図7-3-4　利益率が高いユニゾ

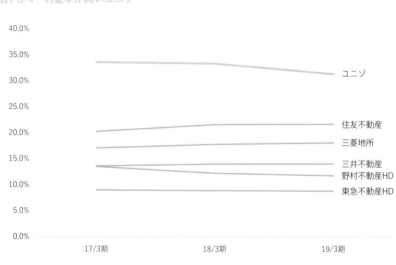

出所：各社有価証券報告書より、筆者作成

　なるほど、競合の中でも群を抜いて利益率が高いことが分かります。これは、ユニゾが賃貸業とホテル業しか行なっていない一方で、競合他社は、賃貸業より利益率が劣る分譲販売等の事業も行なっているためであると考えられます。実際、住友不動産の賃貸セグメントの利益率は約40%近くになっていましたよね（図6-1-6参照）。とはいえ、ユニゾの利益率が三井不

動産や三菱地所の賃貸事業よりも高いことは事実です。

　これは、ユニゾが保有する62の物件（2020年1月末時点）のうち、61が東京23区内の物件となっており、同社がかなり集中的に賃料を比較的高く設定できる都心部に絞って物件を開拓する戦略を採っているために、相対的に利益率が高くなっているものと推察することができます。

　では、ユニゾの利益率が高いことが分かりましたが、資産の効率性という観点から見るとどうでしょうか？

　まず、ユニゾのBSとPLを比較してみると、規模が全く異なることが分かります。

図7-3-5　ユニゾ_BSとPLの比較

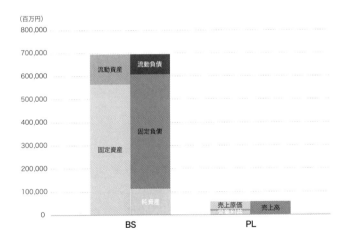

出所：ユニゾ_2019年3月期有価証券報告書より、筆者作成

不動産会社、特に賃貸事業はBSの方が大きくなりやすいことは既に第6章で述べたとおりですが、ここまで差がある会社はなかったですよね。実際、ユニゾと各社の投下資本回転率を比較してみると、断トツでユニゾが低くなっていることが分かります。

図7-3-6 投下資本回転率の推移比較

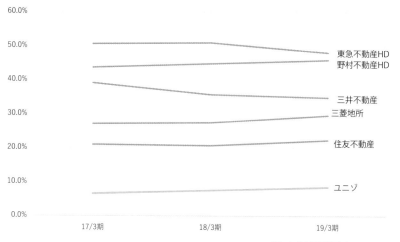

出所：各社有価証券報告書より、筆者作成

これは、ユニゾの経営効率が悪いということを表しているのでしょうか？

仮にユニゾの空室率が高いような場合は、経営効率が悪いと考えられるかもしれませんが、実際にユニゾの2019年3月期のアニュアルレポートから空室率を確認してみると5.1％となっており、他社と比べて若干高くはなっているものの、そこまで大きな差はないという状況になっています。

そのため、ユニゾの投下資本回転率が低いのは、あくまで不動産業の大部分が賃貸業であることが主要因であり、特段経営効率が悪いためであるとは考えにくいということが分かります。

❖ユニゾは割安だったのか？

　ここまで見ると、ユニゾは業績自体は安定して推移しており、特段懸念点はなさそうな会社であることが分かります。では、HISが最初のTOBを仕掛ける前の決算書の数字も確認しながら、当時ユニゾが割安であったのかどうかを見ていきましょう。

　まずは、直近ユニゾの直近5年間の株価の推移を見てみます。

図7-3-7　ユニゾ_直近5年間の株価推移

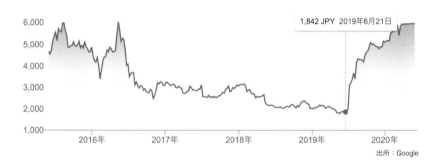

出所：Google

　これを見ると、2016年の5月頃から2019年の6月にかけて、株価はほとんどずっと下がり続けていたことが分かります。

　あれ？ ちょっと待ってください。図7-3-3で見たように、16/3期〜19/3期の間も継続的に売上高と営業利益は増加し続けていたはずです。業績の伸びとは裏腹に、一体なぜ株価が下がり続けていたのでしょうか？

　理由の1つとして考えられるのが、ユニゾが積極的に増資による資金調達を行なっていたということです。会社が増資を行うと発行済株式数が増えるので、既存株主の持株比率や一株当たりの価値が減ってしまうというと言われています（これを希薄化と言います）。

理論的には、調達時点の株価より低い価格で株式を発行しない限り希薄化は生じないのですが、過度なエクイティによる調達は投資家に嫌われる傾向があり、よほど積極的かつ将来大きくなりそうな成長投資に使うための調達でない限り、大規模な増資をすれば株価は下がることが多いというのが実態です。

図7-3-8　ユニゾの2016年以降の増資一覧

公表日	調達価格 （円）	算定基準日 の株価 （円）	ディスカウ ント率	調達額 （百万円）	新規発行株 式数 （株）	調達後発行済 株式数 （株）
2016/6/23	3,820	3,705	3.01%	12,782	487,700	23,770,700
2017/6/30	2,557	2,480	3.01%	11,780	610,000	28,520,700
2018/5/8	2,159	2,226	3.01%	10,702	743,000	34,220,700

出所：ユニゾ_IRリリース

　では、実際に株価が割安であったのかどうかについて、PERとPBRを算出して競合他社と比較してみましょう。

図7-3-9　PERとPBRの比較

会社名	PER			PBR		
	FY16	FY17	FY18	FY16	FY17	FY18
ユニゾ	10.4	8.7	6.1	0.9	0.8	0.6
三井不動産	17.8	16.4	16.2	1.2	1.2	1.2
三菱地所	27.4	20.7	20.7	1.8	1.5	1.6
住友不動産	13.2	15.6	16.6	1.4	1.7	1.8
東急不動産HD	11.7	13.4	12.7	0.8	1.0	0.8
野村不動産HD	7.2	10.3	8.5	0.7	0.9	0.7

出所：各社有価証券報告書及びYahooファイナンス

　PERとPBRは、他社と比べて低い水準となっていたことが分かります。また、FY18にかけて株価の下落とともに、PER、PBRは一段と低くなっています。

　これを見ると、明らかに他の会社と比べて株価が安値で放置されていたことが分かります。PBRが1を割っているということは、時価総額が、会社が保有している資産を全て現金化して、債務を全て返済して残る金額よりも下回っているということ。つまり、TOBが行われる前のユニゾは、理論的には事業を維持するよりも解散した方が株主へのリターンが大きくなるほどに、時価総額が小さくなっていたということです。

　通常、このように株価倍率が低く放置されている会社には、それなりの要因があるはずですが、基本的に理由は次の3つのいずれかに集約されます。

> ・収益性が低い、もしくは将来的に低くなる可能性が高い
> ・将来の成長が見込めない
> ・財務的なリスクが高い

　ユニゾの収益性が高いことは既に確認済なので、この低い株価で放置されていたのは、将来の成長が見込めないか、財務的リスクが高いと市場から判断されていたためであると考えられます。

　ユニゾのように、賃貸事業とホテル事業という投資の回収期間が長いビジネスを展開している場合、PLの規模がBSの規模よりかなり小さくなるため、たとえ利益が毎年ちゃんと出ていたとしても、新たに物件を購入する際に有利子負債で調達を行えば自己資本比率は低下します。

　この点、ユニゾは既に18/3期時点で自己資本比率が11.8%となっていました。18/3期までの3年間で毎年増資を行なっていたにも関わらず、です。この状況下で更に売上高を拡大するためにデットで資金調達を行った場合、更に大規模な増資を行わない限り自己資本比率はさらに低下してしまいます。

つまり、ユニゾがこのまま賃貸事業やホテル事業だけを軸に事業を拡大させていくのは、財務的なリスクの観点から難しかったと考えられるのです。そのため、何か新規事業を開始したり、ホテル事業を大幅に成長させるようなことがない限り、成長は限定的として市場から注目を浴びることがなかったのかもしれません。

そう考えると、株価は低い水準ではあったものの、それは継続的な成長がなかなか見込みにくいという理由があったためであり、一義的に指標だけを見て割安であったと考えることはできない状況であったことが分かります。

各社がユニゾを手に入れたかった理由

では、なぜそのような中で、各社こぞってユニゾを手に入れようとしたのでしょうか？

まず考えられるのが、保有する不動産に含み益があったことです。ユニゾの19/3期の有報の「賃貸等不動産関係」の注記を見ると、時価が帳簿価額（図7-3-10の「期末残高」）を大きく上回っていたことが分かります。

図7-3-10　賃貸等不動産注記_時価と簿価の比較

（単位：百万円）

		前連結会計年度 （自　平成29年（2017年）４月１日 至　平成30年（2018年）３月31日）	当連結会計年度 （自　平成30年（2018年）４月１日 至　平成31年（2019年）３月31日）
連結貸借対照表計上額	期首残高	479,645	563,490
	期中増減額	83,844	△129,508
	期末残高	563,490	433,981
期末時価		677,259	570,429

出所：ユニゾ_2019年3月期有価証券報告書

ここまで含み益があると、有利子負債の金額が大きくてもそこまで問題はありません。この状態で保有不動産の一部を売却すれば、売却益の発生

により自己資本比率も改善できる上に、更に収益性の高い物件への投資機会を模索することもできるからです。

　また、ユニゾはホテル事業の利益率が低下傾向にありました。図7-3-11は、セグメント情報から作成したホテル事業の売上高とセグメント利益の推移ですが、売上高は伸びている一方で、利益はどちらかというと伸び悩んでいたことが分かります。

図7-3-11　ホテル事業の売上高とセグメント利益の推移

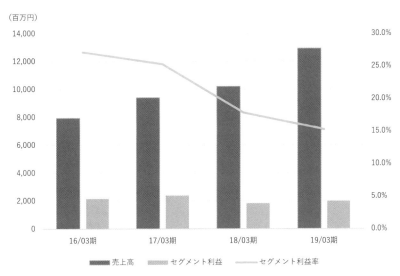

出所：ユニゾ_各年の有価証券報告書より、筆者作成

　ホテル事業は、不動産を持つ点では賃貸事業と同じですが、賃貸事業と比べて売上高が大きくなります。その分、ホテルの清掃費用や広告費、人件費がかかりますが、高い稼働率を維持できれば賃貸事業よりも儲けることができるのです。

第7章　M&Aを行った会社の決算書を読み解く

これはつまり、好調とは言えないホテル事業にテコ入れしてバリューアップをすることができれば、ユニゾの企業価値はまだまだアップサイドがあると考えることができるということです。

実際に、HISがユニゾに対するTOBを開始した際に公表しているリリースを見ると、特にユニゾのホテル事業に魅力を見出してTOBを行っていることが窺えます。

図7-3-12　HISがユニゾの買収を企図する理由（一部抜粋）

> そのような検討を行う中、公開買付者は、対象者が、42年に亘るホテル経営（2019年7月9日時点において国内で25軒）を通じたホテル事業の豊富なノウハウを有していると評価しているところ、①年々増加する訪日観光客をターゲットとする公開買付者の主要事業である旅行事業の顧客を対象者が経営するホテルに送客することや、公開買付者の「対面による店舗販売」、「インターネットを介したオンライン販売」、「企業向けの法人営業販売」の3つのチャネルを通じて対象者のホテルを売り込むことにより、対象者が経営するホテルの稼働率及び収益性の向上が期待できること、また、②対象者のホテルは日本国内の展開に留まり海外展開は行っていないものの、公開買付者の海外拠点及び取引先を含む情報ネットワークを生かすことで、第三者が経営するホテルの売却案件の機会の提供や、新規のホテルの開業のための立地に関する情報の提供を行うことにより、将来的に対象者のホテル事業のスムーズな海外展開が可能となることで潜在的な成長力が大きく高まること、といった対象者にとってのメリットがあると、2018年6月中旬に、考えるに至りました。なお、対象者も、2019年4月16日に公表した第四次中期経営計画（2019年〜2021年度）を策定し、企業価値の向上に向けた活動を進めておりますが、公開買付者が提案するこれらのメリットは、対象者にとって新たな成長機会を提供するものと考えています。

出所：HIS_ユニゾホールディングス株式会社株式（証券コード：3258）に対する公開買付けの開始に関するお知らせ

そう考えると、このホテル事業を成長させるノウハウと自信のある会社にとって、利益率の高い賃貸事業と含み益のある資産を有しているユニゾは、魅力的な会社に映ったとも考えられます。

このように、7-3ではユニゾの例を見てきましたが、改めて買収対象となりやすい会社の特徴をまとめておくと、概ね次のようになると考えられます。

---

① **PERやPBR等の株価倍率が、競合他社と比べて低くなっている**
② **収益性自体は高く、事業も安定している**
③ **第三者のテコ入れにより、大幅に成長できる余地がある**

国内企業のTOBの案件数自体は、大体年間40件〜50件なので、そこまで頻繁にTOBが行われるわけではありませんが、上記の条件に全て当てはまるような会社は、もしかしたらどこかから買収が持ちかけられるかもしれません。

7-3のまとめ

・買収合戦の標的となったユニゾは、賃貸事業とホテル事業のみを行なっているため、他の不動産会社と比べて利益率が高く、投下資本回転率が低くなっている
・PERやPBRが相対的に低くなっていたのは、増資による希薄化だけではなく、賃貸事業だけで継続的に事業を拡大していくことが財務リスクの観点から難しいと市場から評価されていたためであると考えられる
・ホテル事業を伸ばすことができれば、高収益体質で保有物件の含み益を有するユニゾは魅力的とも言えるので、ホテル事業を成長させるノウハウと力量を持つ会社からすれば、ユニゾは魅力的かつ割安な会社に映ったと考えられる

第 **8** 章

実践!各企業の決算を
読み込んでみよう

ラクスル、
ソフトバンクグループの
決算書を深読みする

　本書ではここまで、様々な側面から決算書の読み方を一通り解説してきました。しかし、「はじめに」でも述べたように、知識を学んだだけでは実際の決算書はなかなか読めるようにはなりません。とにかく色々な会社の有価証券報告書や決算説明資料等に目を通すという実践を積んでいくことで、本当の意味で「読める」ようになるのです。

　そこで、第8章では本書の締めくくりとして、これまでの章で紹介してきた知識を踏まえた上で「ラクスル」と「ソフトバンクグループ」の決算書を読み進めていきたいと思います。

会社	概要
	2009年設立。 主に、印刷・集客支援のシェアリングプラットフォーム「ラクスル」を運営する印刷事業と、物流のシェアリングプラットフォーム「ハコベル」を運営する運送事業を展開している。デジタル化が進んでいない伝統的な産業にインターネットを持ち込み、産業構造に変革を起こすことで、より良い世界をつくっていくことを会社のビジョンとして掲げている。
	1981年設立。 携帯キャリア「Softbank」を国内に展開するソフトバンク事業、半導体の設計やソフトウェアツールの販売等を行うアーム事業、海外での携帯端末の流通を行うブライトスター事業、世界中のスタートアップにファンド投資を展開するソフトバンク・ビジョン・ファンド事業の他、球団事業やスマホ決済事業等、非常に多岐にわたる 事業を展開するグループ。 創業以来、「情報革命」という一環した理念のもと事業を拡大させており、ここ数年は特にファンド投資事業に注力している。

業界の再定義に挑戦する、ラクスル

ポイント

✓ ラクスルの事業内容は？
✓ 赤字を掘っているのはなぜか？
✓ デットで大きな調達を行なっているのはなぜか？
✓ 今後、決算情報を見るときに注視しておくべきポイントとは？

❖ 印刷業界の再定義から始まったラクスル

　2018年5月に、東証マザーズへ上場を果たしたラクスル。同社は、「仕組みを変えれば、世界はもっと良くなる」という企業ビジョンの下で印刷事業や運送事業を展開しており、多くの市場参加者から注目を集めている会社の1つです。8-1では、そんなラクスルの決算書を読み進めていきたいと思います。

　まずは、ラクスルのビジネスモデルを簡単に押さえておきましょう。
　従来の印刷業界は、ユーザーが印刷会社へ直接印刷物の発注を行ない、印刷会社は受けた注文をもとに製造して、ユーザーに納品するというシンプルな構造となっていました。
　しかし、単に印刷物といっても、名刺やチラシ、パンフレット等種類がたくさん存在するが故に、印刷会社が自社で印刷できない業務を他社に依頼するといった「まわし仕事」が多く発生するようになっており、このような状況が印刷会社の稼働率を低下させ、ユーザーの納品までの待ち時間を長くしてしまうという大きな課題がありました。
　ラクスルはその課題に着目し、インターネットを使って全国から印刷の

注文を集め、その注文をラクスルが提携している印刷会社に発注し、印刷機の非稼働時間を使って印刷するという「仕組み」を開発、提供することで事業を拡大させてきました。

図8-1-1　ラクスル_印刷事業のビジネスモデル

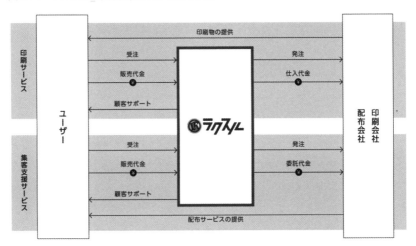

(注) ●がついている矢印は、金銭の流れを示しております。
出所：ラクスル_新規上場申請のための有価証券報告書（Ⅰの部）

　要は、元々インターネットを使った効率化が図られていなかった「印刷業界」というレガシーな業界に、インターネットを使ってユーザーと印刷会社をつなぐことで、印刷会社には稼働率向上という恩恵を、ユーザーには小ロットでも安く注文でき、かつ納品までの期間を短縮できるという恩恵を提供しているということです。まさに、印刷業界を再定義していると言えるでしょう。
　キャッシュの流れとしては、ユーザーから受け取る販売代金のうち、ラクスルの利益分を差し引いて、印刷会社へ支払いを行うというようになっています。

　またラクスルは、このように印刷業界の再定義に成功したため、今度は印刷業界だけではなく「運送業界」も再定義しようとしています。

　運送業界も印刷業界と同様に、トラックの手配や案件の伝達・管理等を電話やFAXで行っているところが多く、アナログであるが故に非効率化している業務が多く介在している業界だと言えます。ラクスルはここにも目をつけ、2015年12月に「ハコベル」というサービスを開始しています。

　こちらも「ラクスル」とサービスの流れは似ており、基本的にはモノを配送したいユーザーがハコベルを使って配送サービスを注文すれば、稼働に空きがある運送会社が配送してくれるという流れになっています。

　キャッシュの流れもほとんど同じで、ラクスルがユーザーと運用会社の間に入り、ユーザーから受け取る利用料から利益分を差し引いて運送会社へ支払うようになっています。

図8-1-2　ラクスル_運送事業のビジネスモデル

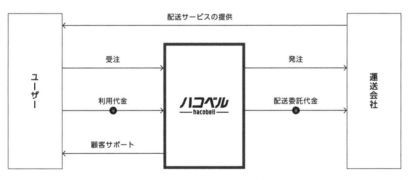

(注) ●がついている矢印は、金銭の流れを示しております。
出所：ラクスル_新規上場申請のための有価証券報告書（Ⅰの部）

　そう考えると、ラクスルは印刷会社でも運送会社でもなく、「業界に存在する様々な非効率に着眼し、インターネットを利用して効率化していく会社」であるということが分かりますね。

第8章　実践！各企業の決算を読み込んでみよう

❖ PLから読み取れる事業戦略

ビジネスモデルを一定理解したところで、ラクスルの決算書を見ていきましょう。

まず、有報の「主要な経営指標等の推移」を見ると、売上高は毎期大きく伸びているものの、利益水準はまだまだ低いことが分かります。

図8-1-3　ラクスル_過去5年間の売上高と経常損益等の推移

回次		第6期	第7期	第8期	第9期	第10期
決算年月		2015年7月	2016年7月	2017年7月	2018年7月	2019年7月
売上高	（千円）	2,644,963	5,082,189	7,675,055	11,174,249	17,168,658
経常利益又は経常損失（△）	（千円）	△1,731,998	△1,438,737	△1,163,101	43,242	130,243
当期純利益又は当期純損失（△）	（千円）	△1,754,754	△1,448,470	△1,175,411	15,459	69,598
持分法を適用した場合の投資利益	（千円）	－	－	－	－	－
資本金	（千円）	2,920,556	2,920,556	100,000	1,926,045	1,958,453

出所：ラクスル_2019年7月期有価証券報告書

特に、15/7期〜17/7期は大きく経常損失を計上していますね。これは一体、なぜでしょうか？

各期の有報におけるPL及びPL注記から、数値をまとめてみました（図8-1-4）。

図8-1-4　売上原価と販管費の内訳

単位：千円	16/7期	17/7期	18/7期	19/7期
売上高	5,082,189	7,675,055	11,174,249	17,168,658
売上原価	4,177,712	5,936,198	8,412,650	13,224,435
売上総利益	904,476	1,738,856	2,761,599	3,944,222
売上総利益率	*17.8%*	*22.7%*	*24.7%*	*23.0%*
販売費及び一般管理費	2,338,707	2,883,997	2,668,560	3,800,366
給料及び手当	386,549	634,345	828,185	1,106,412
広告宣伝費	1,130,724	1,385,252	797,400	1,190,408
貸倒引当金繰入額	-	191	-177	131
減価償却費	21,383	29,961	40,934	54,900
その他	800,051	834,248	1,002,218	1,448,515
営業利益	-1,434,231	-1,145,140	93,038	143,856
営業利益率	*-28.2%*	*-14.9%*	*0.8%*	*0.8%*

出所：ラクスル_各年の有価証券報告書より、筆者作成

　これを見ると、明らかに販管費が大きくなっていることが分かります。中でも、広告宣伝費がかなり大きくなっていますよね。

　ラクスルの場合、基本的には「ラクスル」や「ハコベル」のプラットフォームを利用するユーザーがどれだけ増加するかどうかが勝負の決め所なので、事業を拡大していく上では広く一般にサービスを認知してもらうための広告宣伝投資を行なう必要があります。

　このような広告宣伝投資の効果もしっかり発現しており、売上高は毎期大きく伸びていることが分かります。

　ところで、過去にこれほどまでに赤字を計上してまで広告宣伝費をかけていて、資金繰りや自己資本比率は大丈夫なのでしょうか？　次は、ラクスルのBSがどのようになっているのかを見てみましょう。

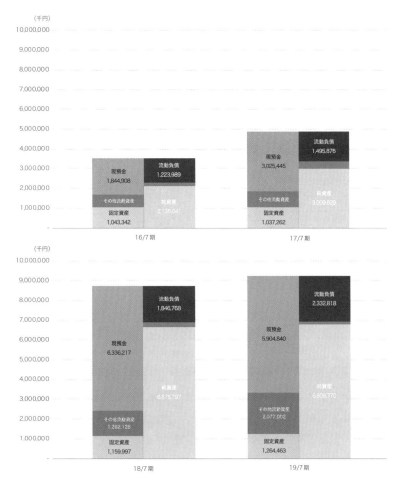

図8-1-5　16/7期〜19/7期におけるBSの推移

(千円)

出所：ラクスル_各年の有価証券報告書より、筆者作成

　これを見ると、純資産と現預金の残高がかなり大きくなっていることが分かります。18/7期は、上場時の株式発行により多額の資金調達を行なっているために、純資産と現預金が大きく増加していますが、その前からも

純資産がかなり大きくなっていますね。これは、ラクスルが上場前からVC等の投資家から多額の資金調達を行なっていたことにより、資本金と資本剰余金がかなり大きくなっていたためです。

　ラクスルからすれば、これだけエクイティで資金調達をすることができれば、広告宣伝投資にお金をかけて赤字を掘ったとしても、純資産はそこまで毀損しないし、資金的余裕も保てます。

　そのため、しばらくはユーザー数を増やして事業を拡大するために、意図的に赤字を掘りながら積極的な広告宣伝投資を行なう、というのがラクスルの事業戦略であったと読み取ることができます。

❖「無借金企業＝良い企業」ではない

　そんな自己資本がかなり厚くなっていたラクスルですが、2019年9月と11月に、50億円の新規借入と50億円の転換社債の発行により、合計100億円の資金調達を行っています。BSを見ると、負債によって多額の調達を行なったことで、固定負債に含まれる長期借入金と転換社債が一気に膨らんでいることが分かります（図8-1-6）。

　一見、「なぜ今まで返済義務のない自己資本で調達していたのに、返済義務のある負債で調達しているんだよ！」と思ってしまいそうですよね。なぜ、こんなことを行なっているのでしょうか？

　第6章でも少し触れましたが、ファイナンスの世界では、「負債の方が、自己資本よりも調達コストが低い」という常識があります。これはどういうことなのでしょうか？

　例えば、あなたが投資家として上場会社であるA社の株式に投資しようと思っていたとしましょう。この場合、あなたは恐らくA社の業績が良くなることを通じて、株価が大きく上昇することを狙っているはずです。

図8-1-6　借入と転換社債による大型調達により、一気に負債比率が上昇

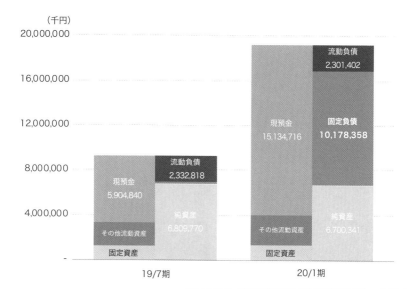

（千円）

出所：ラクスル_各年の有価証券報告書及び四半期報告書より、筆者作成

　では、次に銀行の立場でA社を見てみましょう。今は超低金利社会なので、銀行はA社に対して1%の利率で貸してくれました。つまり、銀行からすれば、A社への融資から1%のリターンが生まれればOKということです。

　ここで考えてみてください。投資家であるあなたは、仮にA社に100万円を投資して、1年後に1万円のリターンが生まれて満足できるでしょうか？　おそらく、全く満足できないですよね。もっとたくさんのリターンが生まれると思うから、わざわざ数千とある銘柄からA社を選んで投資をするわけです。

　一方で銀行は、1%のリターンが生まれればOKなのです。これは、銀行や社債権者等の債権者は、貸した元本が返ってくる前提でお金を出しており、元本が保証されない株式投資と比較してリスクが低いためです。

　投資家は、出したお金が返ってくるかは分からないし、株価が大きく下がってむしろ損する可能性を覚悟の上で投資を行なうので、会社に対してより大きなリターンを要求します。そのため、会社からすれば、自己資本でお金を調達する場合は、投資家に高いリターンをもたらすためにより成長性や収益性を高めなければならないということになります。一方で、負債で調達する場合は、基本的にリターンは利息のみでOKです。だから、基本的には負債の方が自己資本よりも調達コストが低くなるのです。

　加えて、配当金を支払っても税務上損金に算入されませんが、支払利息は損金に算入されます。そのため、理論上は負債で資金調達をした方が、節税効果分企業価値が高まると言われています。

　このように、基本的に企業は負債で資金を調達した方が企業価値は高まるので、「無借金企業＝いい企業」というわけではないのです。

　ちなみに、だからといって全ての資金調達を負債でやればいいというわけでもありません。負債比率が高まってしまうと、今度は「倒産リスク」が高まってしまい、逆に企業価値を毀損してしまうからです。なので、リスクが相対的に低い投資を行なう際の資金調達は負債で、リスクが相対的に高い投資を行なう際の資金調達は自己資本で行なうというのが、コーポレートファイナンスの大原則なのです。

❖ラクスルは、最適資本構成を意識している？

　ここで改めて図8-1-6を見ると、ラクスルが一気に借入と転換社債を活用した調達を行なっていることが分かります。なお、転換社債は、最初は負債として資金を調達して、将来株価が転換価格を上回っていたら株式に転換され、返済する必要がなくなる金融商品です。

　転換社債の取得者は、将来株価が上がったタイミングで株価より低い価格で株式に転換できれば、値上がり益を狙うことができるようになります。

このメリットの存在により、転換社債は普通社債と比べて利率が低く設定されることが多く、また、株式へ転換されると調達資金を返済する必要がなくなるので、発行者側にも大きなメリットが生まれます。

　では、なぜこのような大規模な資金調達を行なったのでしょうか？
　まずは、借入実行時のプレスリリースから資金使途を確認してみましょう。

図8-1-7　借入金の資金使途

1. 借入の理由
今後の事業拡大に向けた運転資金等への充当のため。

2. 借入の内容	
（1）借入先	株式会社みずほ銀行、株式会社三菱 UFJ 銀行、株式会社三井住友銀行、株式会社りそな銀行、株式会社商工組合中央金庫、日本生命保険相互会社
（2）借入金額	5,000 百万円
（3）借入金利	年利 0.6〜0.7%
（4）借入実行日	2019 年 9 月中旬〜下旬
（5）最終弁済期限	借入実行日より 5 〜 7 年間
（6）担保の有無	無担保、無保証

3. 業績への影響
本日公表済みの 2020 年 7 月期業績予想に与える影響は軽微であります。

出所：ラクスル_2019年9月12日_資金の借入に関するお知らせ

　ラクスルの20/1期のBSを見ると、売掛金22億円、買掛金16億円、未払金4億円となっており、概ね運転資本が1.5億円となっています。つまり、「プラスの運転資本」なので、売上規模が拡大する局面では一定の資金を確保しておく必要があります（詳細は第3章を参照）。それに加え、今後業容が拡大するにつれ人件費等のコストも増えるので、一定程度の資金的余裕を持っておくことがこの借入れの目的であることが分かります。
　資金使途が運転資金である場合、何か大きな投資等に利用するわけではなく、リスクは相対的に低いと言えるので、このような場合はエクイティ

よりもデットで調達する方が理に叶っていると言えます。
　それでは次に、転換社債のリリースの方を見てみましょう。

図8-1-8　転換社債の資金使途

1．資金の使途
(1)今回調達資金の使途
　本新株予約権付社債の発行による手取金約50億円につきましては、2024年7月末までを目処に、主に運送事業の今後の成長に向けた投資資金に充当する予定であります。具体的には、物流業界のデジタル化においてリーディングプラットフォームとなるべく、プロダクト開発のための技術チームの採用拡大、並びに、ユーザー（荷主）獲得及びドライバー網拡大のための販売促進費に充当する予定であり、2021年7月期までに13.5億円を投資し、残額については投資効果を検証した上で、市場環境、競争環境等に鑑み最適な投資配分により充当する予定であります。

出所：ラクスル_2019年11月13日_2024年満期ユーロ円建転換社債型新株予約権付社債の発行に関するお知らせ

　転換社債の調達資金は、運送事業への投資に使用する予定だということが分かりました。資金の使途が、研究開発チームの人件費や販売促進費、つまり広告宣伝等の比較的リスクの高い投資となっているので、エクイティで調達すべきでは？とも思ってしまいそうですよね。
　しかし、上場前と違うのは、既に「印刷事業」が利益を出し始めているということです（図8-1-9）。運送事業で積極的に投資を行なって赤字になったとしても、印刷事業で黒字が出ていればグループ全体としての赤字額は限定されて、純資産もそこまで傷みません。

図8-1-9　セグメント利益の推移

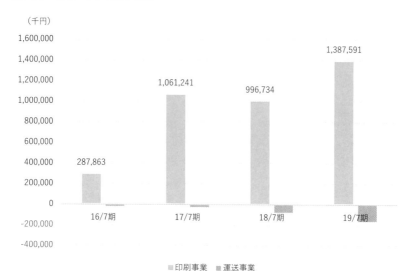

（千円）

	1,600,000
1,400,000	
1,200,000	
1,000,000	
800,000	
600,000	
400,000	
200,000	

- 16/7期：287,863
- 17/7期：1,061,241
- 18/7期：996,734
- 19/7期：1,387,591

■印刷事業　■運送事業

出所：ラクスル_各年の有価証券報告書をもとに筆者作成

　また先ほど述べたとおり、転換社債の場合、投資が上手くいって株価が上がれば株式に転換されて返済する必要がなくなるため、「返済不要」というエクイティのメリットも享受できます。加えて、この転換社債には利息が付されていないので、ラクスルは仮に転換社債が株式に転換されなくても、元本だけ返済すれば良いことになっているのです。

　結局、借入と転換社債の発行を行なったことにより、ラクスルの自己資本比率は34.9%まで一気に落ち込みましたが、これは特段危険な水準とは言えませんし、むしろ、負債をうまく活用しながら「最適資本構成」の実現による企業価値の最大化を目指している姿勢が表れていると言えるでしょう。

❖ 今後はどのような事項に注目すべきなのか

では、ラクスルの今後の決算書を読む上では、どのような事項に注目していくべきなのでしょうか？

まず、印刷事業が今後も売上高と利益を伸ばしながら成長を続けていくのかどうかという点です。

先ほど述べた運送事業への投資は、印刷事業が順調に利益を生み出してくれることが前提となっているはずだと考えられます。そのため、この印刷事業の売上高と利益の動きは四半期単位で慎重にウォッチした方がよいと考えられます。なお、ラクスルは決算説明資料の中で、印刷事業の売上高を年間購入者数、年間平均注文回数、平均注文単価を開示してくれています。

図8-1-10 印刷事業のKPI分解

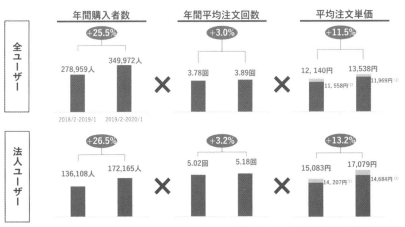

出所：ラクスル_2020年7月期第2四半期決算説明資料

印刷事業の売上高に変化がある場合、このKPIのどこが変動しているのかを見ることで、売上高の変動要因が概ね掴めます。そのため、決算説明資料からここはチェックしてきましょう。

　次に、運送事業の売上高の下がり幅とセグメント損益です。ラクスルは、コロナウイルスの感染拡大により外部環境が大きく変化していることを受けて、運送事業への投資を行なう前に、まずは一旦収益性の改善を優先する旨を述べています。

図8-1-11　運送事業への投資の考え方

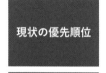

| 現状の優先順位 | 1. ハコベルコネクトの有償導入の推進
2. 売上総利益率は2Qをボトムとし、10%程度まで向上を目指す
3. FY2021 1Qまでにセグメント損失を現水準の半分程度まで縮小 |
| 業績の方向性 | ・ 収益性の改善を優先し、売上規模は短期的には減少を想定
・ セグメント損失は今四半期を上限に、短期的には減少見込み
・ 上記優先順位の全項目を実現後に、投資を拡大 |

出所：ラクスル_2020年7月期第2四半期決算説明資料

　つまり、広告宣伝投資の水準を抑えて昨年調達した100億円の大部分は残しておき、収益性が改善したら投資を拡大するスタンスに変更しているため、短期的には売上高が減少し、一方で赤字幅は縮小することになりそうだということです。

　そのため、運送事業の売上高がどの程度落ち込むのか、そしてセグメント損失の損失幅が縮小されるのかどうかを見ていきたいところです。

　また、中長期で見たときに運送事業に注力することはある程度明白なので、今後は運送事業で開始しようとしているSaaSビジネスの有料課金ユーザー数や、広告宣伝投資によるハコベルの注文件数、注文単価の伸び代等も見る必要が出てきそうです。

　ラクスルは、「仕組みを変えれば、世界はもっと良くなる」というビジョンを掲げているので、長期的には印刷業界や運送業界とはまた異なる業界にも入り込んでいく可能性が十分にあると言えます。まだまだアナログ業務が多い業界はたくさんあるはずなので、同社が今後どのような業界を再定義していくのか、非常に楽しみなところですね。

8-1のまとめ

- ラクスルが広告宣伝投資等で赤字を掘りながら売上高を拡大できたのは、上場前から規模の大きな資金調達を行なっていたことで潤沢な手元資金があり、純資産が厚くなっていたから
- 負債の方が自己資本より調達コストが低いため、リスクが相対的に低い投資を行なうための資金調達である場合は、積極的に負債を用いて資金調達をすべき
- ラクスルは投資内容に応じてうまく負債を活用しながら資金調達を行なっており、最適資本構成を意識していると考えられる

8-2
ソフトバンクグループは
本当に危険なのか?

❖ ソフトバンクを巨大企業たらしめた理由

　日本で最も有名な経営者の1人である孫正義氏。同氏により設立された
ソフトバンクグループ（以下、SBG）は、今から約40年前の1981年に設
立された会社で、創業一代で日本の時価総額ランキングトップ5に入るほ
どの規模に成長してきています。8-2では、そんなSBGの決算書をじっく
り見ることで、巨大な会社の実態がどのようになっているのかを探ってい
きたいと思います。

　まずは、図8-2-1から、SBGの過去20年間の売上高の推移を見てみましょう。

　こうして見ると、20年間で4,000億円から9.5兆円という驚異的な成長を
遂げていることが分かりますね。特に、07/3期と14/3期において売上高が
大きく増加しています。

　07/3期に売上高が大きく増加しているのは、2006年4月にボーダフォン
を買収したことによる影響で、ここからSBGにおける携帯電話事業が始
まっています。

図8-2-1　SBGの売上高推移

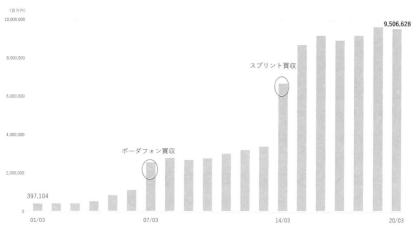

出所：SBG_各年の有価証券報告書及び決算短信より、筆者作成。なお、20/3期は非継続事業の売上高との合計値を記載している

　また、14/3期に売上高が大きく増加しているのは、2013年9月にアメリカの大手携帯会社であるスプリントを買収したためです。

　着目すべき点が、両買収とも買収実行後に売上高が倍になっている、つまり自社グループと売上高が同程度の会社を買収している点です。第7章で、日本電産がM＆Aを通じて成長を続けてきた点について触れましたが、SBGは桁違いに規模の大きな買収を行なってきたということが分かりますね。

　参考までに、SBGの過去の主要な買収歴を図8-2-2にまとめてみました（実際はもっとたくさんあります）。

時点	買収対象会社	事業内容	買収額 （百万円）
2004/7/1	日本テレコム	固定通信、企業向けデータ通信	339,800
2005/1/1	福岡ダイエーホークス	野球団体	20,000
2006/4/1	ボーダフォン	移動通信	1,782,519
2013/9/1	スプリント	移動通信	1,863,913
2016/9/1	アーム	半導体設計	3,367,004

出所：SBG_各年の有価証券報告書をもとに筆者作成

　仮に、SBGが「今後顕在化しうる需要等を考えるとこの会社を買うべき
かもしれないけど、今のうちの会社の規模からすると買収額が大きすぎて
リスクが高いから、もう少し自社の規模が大きくなってからにしよう」と
言って、このタイミングで大型買収を行なっていなかったら、今のSBGは
なかったことでしょう。

　もちろんM&Aだけではありませんが、SBGが巨大企業に至るまでの軌
跡を辿ると、そこには間違いなくリスク覚悟の大型買収があったというこ
とが分かります。

❖SBGの事業内容

　そんなSBGの事業内容を、ざっと確認しておきましょう。SBGの2020
年3月期第3四半期報告書を見ると、各セグメント名称と事業内容が記載
されています。

図8-2-3　SBGの報告セグメント

会社名	事業内容	主な会社
SVF事業*	・SVFによる投資事業	SB Investment Advisers（UK）Limited SoftBank Vision Fund L.P.
ソフトバンク事業	・日本国内における移動通信サービスの提供、携帯端末の販売、ブロードバンド等固定通信サービスの提供 ・インターネット広告やイーコマースサービスの提供	ソフトバンク㈱ Zホールディングス㈱
スプリント事業	・米国における移動通信サービスの提供、携帯端末の販売やリース、アクセサリーの販売、固定通信サービスの提供	Sprint Corporation
アーム事業	・マイクロプロセッサーにかかるIP及び関連テクノロジーのデザイン ・ソフトウェアツールの販売、ソフトウェアサービスの提供	Arm Limited
ブライトスター事業	・海外における携帯端末の流通事業	Brightstar Corp.
その他	・オルタナティブ投資の資産運用事業 ・福岡ソフトバンクホークス関連事業 ・スマートフォン決済事業	Fortress Investment Group LL 福岡ソフトバンクホークス㈱ PayPay㈱

＊正式名は、「ソフトバンク・ビジョンファンド等SBIAの運営するファンド事業」

出所：SBG_2020年3月期第3四半期報告書をもとに筆者作成

　SVFは、2017年5月に組成されたソフトバンク・ビジョンファンドの略で、「10兆円ファンド」として世間を騒がせた投資ファンド事業です。その他にも移動通信サービスを始め、様々な事業を展開していることが分かります。

　それでは、各セグメントごとの売上高とセグメント利益の推移を見てみましょう。ちなみに、SVF事業は売上高がゼロであるため、セグメント利益のみの開示となっています。また、20/3期はスプリントが「非継続事業」に分類されていることから、セグメント情報は非開示となっています。

図8-2-4　SBG_セグメント別業績推移

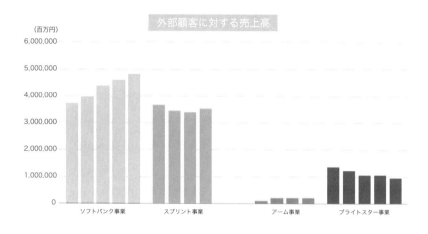

外部顧客に対する売上高

（百万円）

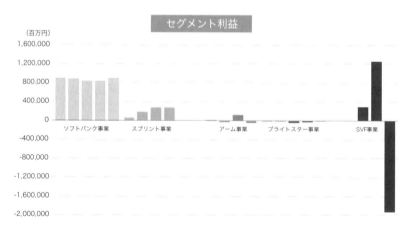

セグメント利益

（百万円）

出所：SBG_各年の有価証券報告書及び決算短信より筆者作成

　売上高はソフトバンク事業とスプリント事業が大部分を占めており、特にソフトバンク事業の売上高が継続的に伸びていることが分かります。

　一方でセグメント利益を見ると、これまで大きく稼ぎ出していたのはほ

とんどソフトバンク事業のみであったことが分かりますね。

　また、セグメント利益のグラフを見るとひときわ存在感を出している黒い線がありますが、これがSVFのセグメント損益を表しています。19/3期に1.2兆円ものセグメント利益が計上されたかと思いきや、20/3期にはものすごい金額の損失が計上されていることが分かりますね。なお、SVFについての詳細は後述します。

❖ のれんと無形資産の内訳は？

　さて、M＆A等を活用しながら急拡大してきたSBGですが、BSを見ると非常に面白い構造になっていることが分かります。

図8-2-5　SBG_2019年3月末の連結BS

出所：SBG_2019年3月期有価証券報告書

第8章　実践！各企業の決算を読み込んでみよう

343

総資産が36兆円という凄まじい規模になっていますが、中でも気になるのが、のれん、無形資産、投資その他の資産が非常に大きくなっているという点です。

　投資その他の資産は、SVFが保有している投資有価証券や、アリババ等の関連会社に対する投資がほとんどですが、詳細はSVFの箇所で後述します。

　では、この無形資産は一体何なのでしょうか？
　SBGの直近の四半期報告書の注記を見ると、この無形資産の内訳が記載されています。

図8-2-6　無形資産の内訳

		(単位：百万円)
	2019年3月31日	2019年12月31日
❶ 耐用年数を確定できない無形資産		
FCCライセンス（注1）	4,155,126	4,103,878
商標権（注2）	693,861	863,993
その他	12,763	7,341
❷ 耐用年数を確定できる無形資産		
ソフトウェア	739,879	725,343
顧客基盤（注2）	249,028	516,412
テクノロジー	471,884	435,777
周波数移行費用	159,522	151,458
マネジメント契約（注3）	94,723	76,993
FCCライセンス（注4）	68,092	64,292
商標権（注5）	56,726	12,061
有利なリース契約（注6）	13,226	－
その他	177,365	237,080
合計	6,892,195	7,194,628

出所：SBG_2020年3月期第3四半期報告書

　日本の会計基準では、無形資産については一定の耐用年数で償却を行ないますが、SBGが適用しているIFRSでは、無形資産を①耐用年数を確定できない無形資産と、②耐用年数を確定できる無形資産に分類し、①は償却せず、②だけ償却を実施するようになっています。

344

　SBGの場合、FCCライセンスと商標権が①に分類されていますが、同社の有報注記を見ると、それぞれの内容と、なぜ①に分類されているのかが記載されています。

図8-2-7　FCCライセンスと商標権の内容

> FCCライセンスは、米国連邦通信委員会（FCC）が付与する特定の周波数を利用するためのライセンスです。FCCライセンスは規制当局の定める規制に準拠している限り、その更新・延長は最低限のコストで行うことができることから、FCCライセンスの耐用年数を確定できないと判断しています。
>
> 商標権のうち「Sprint」、「Boost Mobile」などの事業が継続する限りは法的に継続使用でき、かつ、予見可能な将来にわたってサービスを提供することを経営陣が計画している商標権については、耐用年数を確定できないと判断しています。

出所：SBG_2019年3月期有価証券報告書

　要するに、これらはいずれも米国で携帯事業を展開するスプリント事業に纏わる無形資産であるということですね。つまり、FCCライセンスは、そもそも携帯事業を継続するために必要不可欠なものであり、かつ事業が継続している限り継続使用できることから、償却する必要もないということです。そのため、スプリントの事業が赤字続きとなるようなことがない限りは、この無形資産は減損も計上されずにずっとBSに残り続けることとなります*。

　このような無形資産については、のれんと併せて「どの事業から発生したものなのか」を確認しておきましょう。SBGの場合、有報の「のれんおよび無形資産」の注記を見ることで、のれんと、耐用年数が確定できない無形資産の発生要因別の内訳を把握することができます。

＊なお、スプリントは、2020年4月1日にTモバイルとの合併を完了しており、SBGの連結対象から外れることが決定しているため、今後はSBGの連結BS上、スプリントに関連する無形資産は載ってきません。

図8-2-8　のれん及び耐用年数の確定できない無形資産の会社別内訳

のれん

（単位：百万円）

報告セグメント	資金生成単位または資金生成単位グループ	2018年3月31日	2019年3月31日
ソフトバンク事業	ソフトバンク（注1）	909,463	920,479
スプリント事業	スプリント	313,942	329,389
ヤフー事業	ヤフー（注2）	16,519	16,519
	マーケティングソリューション	9,821	23,108
	ショッピング	56,847	58,136
	一休	72,044	72,044
	決済金融	20,891	20,891
	その他	1,524	1,524
	小計	177,646	192,222
ブライトスター事業	ブライトスター	16,609	18,831
アーム事業	アーム	2,860,738	2,833,051
－	その他	24,155	27,495
合計		4,302,553	4,321,467

耐用年数が確定できない無形資産

（単位：百万円）

報告セグメント	資金生成単位	2018年3月31日	2019年3月31日
スプリント事業	スプリント	4,591,131	4,813,851
ヤフー事業	ショッピング	20,130	20,130
	一休	10,120	10,120
	小計	30,250	30,250
ブライトスター事業	ブライトスター　米国・カナダ地域	2,868	3,191
	ブライトスター　アジア・オセアニア地域	1,225	1,695
	小計	4,093	4,886
－	その他	12,227	12,763
合計		4,637,701	4,861,750

出所：SBG_2019年3月期有価証券報告書

346

こうして見ると、のれんの大部分がソフトバンク（ボーダフォン買収時のもの）とアームから発生しているもので、耐用年数が確定できない無形資産のほとんどがスプリントから発生しているものであることが分かります。

これが分かると、「アームの赤字が続いたら、巨額ののれんの減損が計上されるかもしれない」とか、「スプリントは収益性が高くはないものの、現時点では赤字にはなっていないから、今後数年間は無形資産に減損が計上される可能性は低いだろう」といったことが理解できるので、セグメント情報を見る際にもどこを注視すべきかが分かります。

❖アーム事業は要注意？

ソフトバンク事業とスプリント事業は、多額ののれん及び無形資産が計上されてはいるものの、図8-2-4を見れば分かるとおり、両事業は比較的安定して利益を稼得しています。携帯電話の通信のようなインフラビジネスは、需要が急激に減退するとは考えにくく、また、ユーザーのスイッチングコストもそれなりに高いので、ユーザー数が大きく減少しない限りそこまで劇的に収益性が悪化するとは考えられません。

そのため、これらの事業に関するのれんと無形資産については、そこまで減損損失を警戒する必要はないように思われます。

一方で、アーム事業はどうでしょうか？　2016年9月にSBGがアームを3.4兆円で買収した際の、アームの時価純資産は0.7兆円でした。つまり、アームに対して相当高い期待値を設定した上での買収だったということです。

ここで、買収以降のアーム事業の四半期別売上高と営業利益の推移を見てみましょう（図8-2-9）。

図8-2-9　アームの四半期別業績推移

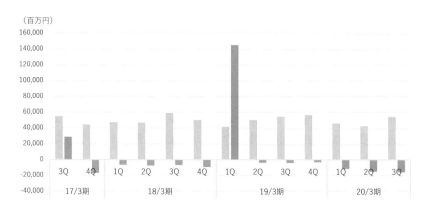

（百万円）

出所：SBG_各年の有価証券報告書及び四半期報告書をもとに、筆者作成

　　これを見ると、買収以降売上高はほぼ横ばい、セグメント利益は継続的にマイナスになっています。19/3期の1Qは異常に利益が大きくなっていますが、同四半期の四半報を見ると、この利益の大部分は、中国子会社を連結除外した際に発生した一時的な利益であることが分かります（図8-2-10）。この金額を除くと、同四半期も赤字となっているので、実質的には17/3期の4Q以降継続的に赤字になっているということです。

図8-2-10　アーム事業の一時利益

(d)　アーム事業

```
1.  中国事業を合弁事業化
    −中国子会社を非子会社化し、支配喪失に伴う利益1,613億円を計上
    −契約移行の影響で他の新規ライセンス契約締結が遅延し、売上高が前年同期比11.7%減

2.  研究開発の強化を継続
    中国以外の地域の従業員数が堅調に増加（前期末比162人（３％）増）
```

出所：SBG_2019年3月期第1四半期報告書

　SBGは、有報と四半報の前半部にある「経営者による財政状態、経営成績及びキャッシュ・フローの状況の分析」で、各事業のパフォーマンスやリスクをかなり詳細に記載しています。アーム事業についても、同事業が半導体市場の動向に大きく左右され、短期的には貿易摩擦等の影響により売上の減少が見込まれる旨が記載されていることが分かります。

図8-2-11　アーム事業の市場動向とその影響

市場の動向とその影響
　アームの業績は半導体市場の動向に強く影響を受けることがあり、アームの事業が関連する半導体市場の売上高は、2018年後半から減少し始め、2018年11月から前年同月比マイナス7が続いていましたが、2019年11月には前年同月比2.5%[7]のプラスに転じました。半導体市場には回復の兆しが見られるものの、足元で起きている貿易摩擦や特定企業への制裁などの影響が残っています。こうした状況から、ライセンシーの新規ライセンス契約締結の延期によるアームのテクノロジー・ライセンス収入とソフトウエアおよびサービス収入への影響が当期中は続く可能性があります。また、OEM（受託製造会社）による販売数の抑制や在庫水準の適正化によるテクノロジー・ロイヤルティー収入への影響が当期中は続く可能性があります。しかし、今後の半導体市場の本格的な回復にあわせて、アームは再度成長軌道に転じるものと見込んでいます。さらに、今後テクノロジーの高度化が進むにつれ、アームのテクノロジーが活用される機会は長期的に拡大していくと見込んでいます。

出所：SBG_2020年3月期第3四半期報告書

　こうして見ると、半導体市場の回復が遅れたり、テクノロジーの高度化によるアームへの需要増が遅れたことにより赤字が継続した場合、アームに対して計上されている莫大なのれんに対して、減損損失が計上される可能性もあります。

そのため、短期的にはセグメント情報のなかでも、特にアーム事業のパフォーマンスについて注視したほうが良いと言えるでしょう。

❖ ソフトバンク・ビジョン・ファンドの仕組み

さて、ここからはSBGにとっての目玉の事業となりつつある、SVF事業を見てみましょう（ちなみに、2020年3月期からSBGのセグメント表記の先頭がSVFとなっていることからも、SBGが今後SVFにフォーカスしていく姿勢であることが窺えます）。

SVFは、2017年5月に組成されたファンドで、ソフトバンク・ビジョン・ファンドとデルタ・ファンドの2つのファンドから構成されています。

直近の四半報を見ると、両ファンドの概要が記載されています。

図8-2-12　ソフトバンク・ビジョン・ファンドとデルタファンドの概要

当事業におけるファンドの概要
2019年12月31日現在

	ソフトバンク・ビジョン・ファンド	デルタ・ファンド
主なリミテッド・パートナーシップ	SoftBank Vision Fund L.P.	SB Delta Fund (Jersey) L.P.
出資コミットメント総額	986億米ドル（注1） 当社：331億米ドル（注2） 外部投資家：655億米ドル（注1）	44億米ドル（注1） 当社：44億米ドル 外部投資家：－（注1）
ジェネラル・パートナー	SVF GP (Jersey) Limited （当社海外100%子会社）	SB Delta Fund GP (Jersey) Limited （当社海外100%子会社）
投資期間	2019年9月12日に終了（注3）	2019年9月12日に終了（注3）
存続期間	2029年11月20日まで（原則）	2029年9月27日まで（原則）

出所：SBG_2020年3月期第3四半期報告書

注書も併せて概要の記載を見ると、SBGとその他の外部株主によるSVFへの出資コミットメント（これだけの出資をすることは約束しますよ、という枠）が986億米ドルあり、2019年9月12日時点で既にコミットメント総額の85%に達したことから、新規の投資を終了しているということが分かります。

コミットメントの残額については、今後既存投資先への追加出資や、借入金利息の支払、投資家への固定分配等に充当するとのことです。

SBGは、2018年11月7日付で、SVFの会計処理やビジネスモデルに関する説明資料を公表しています。若干専門性が高くて難しいかもしれませんが、この資料をベースにファンドの会計処理の概要をざっと押さえておきましょう。

まず、SVFの全体像を見てみます。少し複雑に感じるかもしれませんが、ポイントとなるのは、SVFはLP投資家であるSBGと外部投資家からの出資を受けて組成されており、SBIAの運営の下、投資実務が行われているという点くらいです。

図8-2-13 SVFの全体像

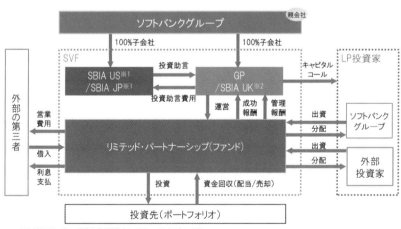

※1 SBIA UKに対して投資助言を提供する、日米のアドバイザリー会社
※2 SVFの運営管理者

出所：Softbank Vision Fund ビジネスモデルと会計処理

SVFは、外部投資家が存在するものの、孫正義氏等のSBG関係者によって投資意思決定等が行なわれており、実質的にSBGによって支配されてい

ると考えられるため、連結対象となっています。そのため、SBGの連結PL
は、SVFの投資成果が一旦100％営業利益に反映され（図8-2-14の①）、そ
の後、投資成果のうち外部投資家に帰属する部分を営業外損益で差し引く
ようになっています（図8-2-14の②）。

図8-2-14　実際のSBGの連結PL

（単位：百万円）

継続事業（注1）	2019年3月31日に 終了した1年間	2020年3月31日に 終了した1年間
売上高	6,093,548	6,185,093
売上原価	△3,567,185	△3,485,042
売上総利益	2,526,363	2,700,051
販売費及び一般管理費	△1,866,315	△2,024,167
子会社の支配喪失に伴う利益	176,261	11,879
その他の営業損益	△19,314	△121,051
営業利益（ソフトバンク・ビジョン・ファンド等SBIAの運営するファンドからの営業利益を除く）	816,995	566,712
❶ ソフトバンク・ビジョン・ファンド等SBIAの運営するファンドからの営業利益	1,256,641	△1,931,345
営業利益	2,073,636	△1,364,633
財務費用	△341,937	△300,948
持分法による投資損益	320,101	638,717
持分変動利益	44,068	339,842
為替差損益	10,894	△11,107
デリバティブ関連損益	158,423	△71,811
アリババ株式先渡売買契約決済益	—	1,218,527
FVTPLの金融商品から生じる損益	36,832	△668,463
❷ ソフトバンク・ビジョン・ファンド等SBIAの運営するファンドにおける外部投資家持分の増減額	△586,152	540,930
その他の営業外損益	△33,192	△285,562
税引前利益	1,682,673	35,492

出所：SBG_2020年3月期決算短信

　②は、単に外部投資家への帰属分を差し引きしているだけなので、「何か
よく分からないけど、利益や損失が別で出ているのかな？」とは誤解しな
いように注意しましょう。
　また、BSには、投資額と投資成果のうち、外部投資家に帰属する部分が
「外部投資家持分」として負債の部に計上されます。イメージとしては、連
結BSに計上される非支配株主持分に近いですが、負債の部に計上されると

いう点で異なります。

❖「含み損益＝意味がない」というわけではない

さて、そんなSVFですが、投資先が上場しているかどうかに関わらず、BS上、投資先を公正価値（≒時価）で評価しています。J-GAAP（Japan Generally Accepted Accounting Principlesの略。「日本の会計基準」と同義）だと、非上場会社の株式は取得原価で評価しなければならないので、これもIFRSとの大きな違いの1つであると言えます。

また、時価評価差額はPLに反映されます。要は、全ての投資先を売買目的有価証券の会計処理と同じように処理するということです。そのため、PLに出てくるSVFの営業利益が、未実現の評価益なのか、それとも実現した売却損益なのかをまずチェックする必要があります。

実際に、19/3期のPL数値を見てみましょう。SBGの有報の【経営者による財政状態、経営成績及びキャッシュ・フローの状況の分析】を見ると、19/3期におけるSVFからの営業利益1.2兆円のうち、大部分が未実現の評価益となっていることが分かります。

図8-2-15　実際のSBGの連結PL

（単位：百万円）

| | 3月31日に終了した1年間 | | 増減 | 増減率 |
	2018年	2019年		
ソフトバンク・ビジョン・ファンドおよびデルタ・ファンドからの投資損益	352,095	1,302,838	950,743	270.0%
投資の売却による実現損益	—	296,531	296,531	—
投資の未実現評価損益	345,975	1,013,228	667,253	192.9%
投資先からの利息配当収益	6,120	4,522	△1,598	△26.1%
為替換算影響額	—	△11,443	△11,443	—
営業費用	△49,114	△46,197	2,917	△5.9%
セグメント利益	302,981	1,256,641	953,660	314.8%

出所：SBG_2019年3月期有価証券報告書

「非上場会社の株式に対する値上がり益なんて、単なる幻想だ！」という意見は多くありますが、筆者個人的には、現在の投資先の情報を詳細に開示する限りにおいて、この情報も十分有用になりうると考えています。というのも、SBGの場合、決算書の読み手が本当に知るべきなのは、最終的なPLの数字がどうなっているかということではなく、投資先のパフォーマンスがどうなっているか、そして会社が投資先をどのように評価しているのかという点だからです。

　仮に、投資がずっと取得原価で評価されたままで、かつ投資先に関する情報開示がほとんどなされていない場合を考えてみてください。この場合、投資先の業績が大きく伸びて会社としての規模もかなり大きくなっていたとしても、BS上は取得原価で評価されたままで、PLにも何の損益も出てこないこととなります。

　このような場合、投資を売却した際に唐突に多額の損益が出てくることとなり、タイムリーに投資会社の業績を把握することが難しくなってしまいますよね。

　一方、投資先を公正価値で評価している場合、投資先が上場していなくても、急速に業績が伸びていたり、複数の投資家から多額の資金調達を行っているような場合は、アップサイドがPLに反映されることとなります。逆に、ここから投資先のパフォーマンスが悪くなったり、前回より安い株価で資金調達を行ったような場合は、このダウンサイドがPL上の損失として表れるようになります。

　つまり、投資先のパフォーマンスが投資会社のPLに速やかに反映されるということなので、含み益や含み損がPLに反映されること自体が意味のないことだと考えるのは、あまり正しいとは言えないのです。

❖ 公正価値評価の注意点

　とはいえ、間違ってもこの含み損益だけを見て一喜一憂してはいけません。というのも、スタートアップのような非上場会社の場合、上場会社ように不特定多数の参加者が存在する取引所で株価がついているわけではないため、価値の評価が主観的になりやすいという側面があるからです。

　そのため、SVFが投資先をどのように評価しているのか、ということを把握しておく必要があります。そこで、SBGの直近の四半報における金融商品注記を見てみましょう。

図8-2-16　レベル別公正価値の内訳

2019年12月31日

（単位：百万円）

	レベル1	レベル2	レベル3	合計
金融資産				
株式				
FVTPLで会計処理されているソフトバンク・ビジョン・ファンド等SBIAの運営するファンドからの投資	1,160,967	—	6,847,709	8,008,676
その他の株式	131,852	—	808,700	940,552
債券および貸付金	9,932	269,357	46,399	325,688
デリバティブ金融資産				

出所：SBG_2020年3月期第3四半期報告書

　FVTPLとは、公正価値の変動がPLの損益として認識（売買目的有価証券の会計処理をイメージしてください）されるものを指します。

　また、「レベル」とあるのは、どれだけ観察可能（≒客観的）な指標に基づいて公正価値を算出しているかを示すものであり、レベル1の方がより客観性の高い指標に基づいて公正価値が算出されていることを意味します。

　例えば、上場会社の株式は、取引所における「株価」という極めて客観性の高い指標をもって価値を測定できるため、レベル1に分類されます。

他方で、SVFの場合は大部分がレベル3に分類されていますよね。これはつまり、SVFの投資先の多くがスタートアップ等の非上場会社であるが故に、客観性の高い指標を用いて公正価値を測定できない投資がほとんどであることを意味しています。

では、この非上場会社の株式を、SVFはどのように評価しているのでしょうか？
同じく四半報の注記を見ると、公正価値の評価方法が記載されています。

図8-2-17　評価技法別公正価値の内訳

（単位：百万円）

評価技法	公正価値	
	2019年3月31日	2019年12月31日
株式		
取引事例法	3,514,046	2,576,895
取引事例法／割引キャッシュ・フロー法	1,644,479	2,457,740
割引キャッシュ・フロー法／類似会社比較法	97,116	985,765
割引キャッシュ・フロー法	260,634	808,813
類似会社比較法／純資産価値	－	13,909
割引キャッシュ・フロー法／純資産価値	－	4,587
取引事例法／割引キャッシュ・フロー法／その他（注1）	1,263,422	－
合計	6,779,697	6,847,709

出所：SBG_2020年3月期第3四半期報告書

こうして見ると、ほとんどが取引事例法で公正価値が決定されているということが分かりますよね。取引事例法は、スタートアップ等の非上場会社が資金調達を実施する際に決定される企業価値を基準にして公正価値を評価する方法です。
例えば、SVFがA社というスタートアップに株価100円で出資を行なったとします。この後に他の会社がA社に対して株価500円で出資していたとしたら、その分A社の企業価値も上がっていると考えられますよね。そのような場合に、SVFが保有するA社の株式の価値を5倍にする、これが

取引事例法のイメージです（必ずしも5倍になるわけではありませんが）。

　つまり、SVFが19/3期に1兆円を超える営業利益を計上したのは、SVFが投資を行なった後に、他の投資家が更に高い企業価値をつけて出資を行なっていたからだということです。

　例えば、19/3期のSBGの投資家説明資料を見ると、18/4月に投資したDOORDASHという会社は、その後の19/2月に7倍以上もの企業価値をつけて資金調達を行なっていることが分かります。

図8-2-18　DOORDASHの資金調達ラウンドごとの企業価値推移

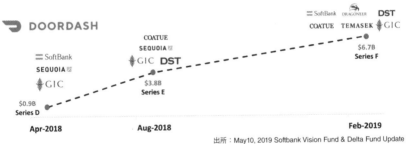

出所：May10, 2019 Softbank Vision Fund & Delta Fund Update

　ただし、その後業績が芳しくない状況が続いたり、市況が悪くなって高い企業価値をつけて出資してくれる投資家が減ってしまったが故に、次の資金調達時の企業価値が低くなった場合、今度は公正価値が減少してしまうので、その分損失を計上してしまうことになります。そのため、SVFから多額の利益が出ていた場合は、具体的にどこの会社から利益が出ているのか、そしてその会社の将来性はどの程度ありそうなのか等を可能な限り調査することが重要になってくるのです。

第8章　実践！各企業の決算を読み込んでみよう

図8-2-19　19/3期における含み益の主な内訳

継続保有する投資

　継続保有する投資の未実現評価益1,378,553百万円は、主にUber、Guardant Health、OYOⁱなど当期に公正価値が増加した銘柄について、投資の未実現評価益合計1,485,410百万円を計上したことによるものです。Uberへの投資について、同社の新規上場計画など市場の期待値を加味したことによる公正価値の増加418,140百万円を認識したほか、Guardant Healthについて当期における同社株価の上昇に伴い公正価値の増加203,412百万円、OYOについて同社の当期の資金調達などの取引を加味したことにより公正価値の増加154,189百万円を認識しました。一方、Zhongan Online P&C Insurance Co., Ltdⁱなどへの投資の公正価値の減少により、投資の未実現評価損失合計106,857百万円を計上しました。

出所：SBG_2019年3月期有価証券報告書

　とはいえ、投資先の多くが非上場会社なので、なかなか事業の将来性や財務情報を確認することができない場合が多いのも事実です。そのため、含み益を計上している会社に関する情報があまり掴めず、将来性を検討しようもない場合は、SVFから大きな含み益が生まれていたとしても、過度に好感視しないほうがいいと言えます。

❖ SBGは危険なのか？

　さて、2020年の初頭から流行し始めたコロナウイルスの影響により、SBGも影響を受けていることは間違いないでしょう。実際、SBGは20/3期の決算で、約8,000億円もの最終赤字を計上するに至っています。この数字だけ見ると、SBGが相当やばいことになっているのではないかと思ってしまいますよね。

　では、そんなSBGは実際、本当に危険な状態に差し掛かっているのでしょうか？
　まず、SBGの連結BSを見ると、20/3月末時点の有利子負債残高は14.2兆円にものぼることが分かります（図8-2-20）。

図8-2-20 SBGの連結有利子負債

		（単位：百万円）
	2019年3月31日	2020年3月31日
（負債及び資本の部）		
流動負債		
有利子負債	3,480,960	3,845,153
リース負債	―	378,383
銀行業の預金	745,943	873,087
ソフトバンク・ビジョン・ファンド等SBIAの運営するファンドにおける外部投資家持分	29,677	24,691
営業債務及びその他の債務	1,909,608	1,585,326
デリバティブ金融負債	767,714	9,267
その他の金融負債	10,849	248,010
未払法人所得税	534,906	164,298
引当金	43,685	11,448
その他の流動負債	1,158,355	596,499
小計	8,681,697	7,736,162
売却目的保有に分類された資産に直接関連する負債	―	6,454,971
流動負債合計	8,681,697	14,191,133
非流動負債		
有利子負債	12,204,146	9,286,729
リース負債		761,943

出所：SBG_2020年3月期決算短信

　同時期の現預金残高は3.4兆円なので、純有利子負債は10.8兆円です。これだけ見ると、相当危険なのでは？とも思えますよね。

　しかし、この連結の純有利子負債がどの会社に帰属するものなのかを見てみると、このうち3.9兆円は国内の携帯事業を展開するソフトバンクに帰属するものとなっていることが分かります（ソフトバンクは、SBGの子会社でありながらも上場しているので、有報や短信等から有利子負債を確認できます）。

　また、ソフトバンクの開示資料から過年度のFCF（フリーキャッシュフローの略で、一般的には営業CFから投資CFを差し引くことで算出されます）を見て、どの程度資金繰りに余裕があるのかを確認してみましょう（図8-2-21）。

図8-2-21 ソフトバンクのFCF

単位：百万円	16/03期	17/03期	18/03期	19/03期	20/3期
営業CF	772,914	890,844	724,222	965,526	1,249,535
投資CF	333,105	-440,152	-629,375	-586,272	-900,145
FCF	1,106,019	450,692	94,847	379,254	349,390

出所：ソフトバンク_各年の有価証券報告書及び決算短信をもとに、筆者作成

　なるほど、これを見ると、ソフトバンク事業においては営業CFがかなり安定的に出ており、直近期では1兆円を上回る水準にまでなっていることが分かります。

　これだけ安定的に営業CFが出ていれば、純有利子負債が3.9兆円にまで積み上がっていたとしても、特段返済能力に問題はないと考えられます。

　SBGの純有利子負債が10.8兆円で、そのうちソフトバンクに帰属する純有利子負債が3.9兆円ということは、ファンド事業やブライトスター事業等を展開するSBGが単体で負担しているのは、残りの6.9兆円程度であることが分かりますよね。

　となると、この7兆円弱の有利子負債を返済できるだけの原資を持ち合わせているかどうかが問題となってきます。

　改めてBSを見て、現金化ができそうな資産としてどのようなものがあるかを見てみましょう。

　連結BSから非流動資産を見ると、持分法で会計処理されている投資、SVFの投資、そして投資有価証券が、現金化可能な資産として計上されていることが分かります（図8-2-22）。

図8-2-22　ソフトバンクとスプリントのFCF

（単位：百万円）

	2019年3月31日	2020年3月31日
非流動資産		
有形固定資産	4,070,704	1,264,516
使用権資産	—	1,293,692
のれん	4,321,467	3,998,167
無形資産	6,892,195	1,985,972
契約獲得コスト	384,076	212,036
持分法で会計処理されている投資	2,641,045	3,240,361
FVTPLで会計処理されているソフトバンク・ビジョン・ファンド等SBIAの運営するファンドからの投資	7,115,629	6,892,232
投資有価証券	924,614	1,211,511
その他の金融資産	1,185,856	1,159,972
繰延税金資産	586,943	221,371
その他の非流動資産	215,959	140,519
非流動資産合計	28,338,488	21,620,349

出所：SBG_2020年3月期決算短信

　このうち、FVTPL（Fair Value Through PLの略で、公正価値と取得原価の差額をPLの損益として会計処理することを指します）で会計処理されているSVFからの投資6.9兆円については、先ほど見たように大部分が流動性の低い非上場株式であり、そもそもこの価格で売れるかどうかなど全く分からないものなので、あまりここを見て「6.9兆円もあるから、7兆円の有利子負債も余裕だ」とは判断できません。

　そうなると、持分法の投資と、投資有価証券の合計が4.5兆円なので、若干安全性に懸念がありそうとも思えますよね。

　しかし、SBGには切り札とも呼べるものがあります。それが、「持分法で会計処理されている投資」に含まれている、中国最大のECサイトを運営しているアリババの株式です。

　SBGは、2000年1月に、まだ設立から1年しか経っていないアリババの株式30%を、約20億円で投資しました。

　20年経った今、アリババの時価総額がいくらになっているかというと、なんと60兆円を超えるほどになっています。そんななか、SBGは持分比率

を単純に30%とすると、20億円が18兆円に化けたということです。投資時の約9,000倍の価値になったと言えば、SBGのアリババへの投資がどれほどの成功であったかが分かると思います。

　この投資のおかげで、SBGは今でも膨大な含み益を保有しています。ここ数年で少しずつ売却することで資金化していますが、依然としてまだ含み益があるのが実際のところです。ですが、アリババは持分法適用会社なので、投資が時価評価されるわけではありません。

　そのため、連結BS上は持分法投資が3.2兆円となっているものの、アリババ株式を時価評価した場合、この投資は16兆円になるのです。

　そう考えると、SBGはアリババの恩恵も作用して、仮にSVF等の事業が多少傾いてしまったとしても安全性としては十分余裕が確保できていると言えます。SBGの決算説明資料において、保有株式価値と純有利子負債を比較して安全性がアピールされているのも、そのためだと言えるでしょう。

図8-2-23　SBGのLTV（Loan to Value）

出所：SBG_2020年3月期決算説明資料

SBGは、アーム事業の減損リスクやSVF等の不確定要素が多分に含まれてはいるので、今後もPL上大きな損失を計上することがあり得るのは事実ですが、資金繰りに問題があるかと言われるとそういうわけではなく、冷静に決算書を見れば、巷で言われるほど危険な状況にあるわけではなさそうだということが分かります。

❖ 事業の時間軸を考慮して決算書を見ることの大切さ

SBGのPLで多額の営業損失が計上されたことを受けて、「SBGは経営危機だ!」とか、「だから含み益は幻想なんだ!」といった意見が散見されました。

しかし筆者は、このような見方をする人が多いということを受けて少し残念に感じています。というのも、これらの主張は、会社がやろうとしている事業の「時間軸」を無視して、四半期や年度の売上高、利益だけに注目する人がまだまだ多くいるということを示唆しているように思えるからです。

例えば、投資成果が出るまでに5年かかるプロジェクトに投資している会社があったとしましょう。そんなとき、この会社のPLから1年間の損益だけを見て良し悪しを判断することができるかといわれると、そうではないですよね。投資成果が出てくる5年後までは、投資が成功しているかどうかなんて分かりません。

そもそも、時間軸の異なる事業を、全て1年という期間で区切ることで正しい業績評価ができるわけがないのです(とはいえ、「じゃあうちは3年置きに財務諸表を開示します」と言うわけにはいかないので、ここはある種、会計の限界とも言えるでしょう)。

SBGがやっている「投資」という事業も、まさに足の長いビジネスであり、短期間で成果が出るものではありません。

Weworkへの投資が短期的には失敗であったことは明らかだと思います

が、これでSVF自体が失敗だったと判断するのは明らかに時期尚早ですし、先述のとおり現時点でSBGが危機的な状態にあるとは言えません。

　そのため、SBGのような足の長い事業を展開する会社を見るような場合は、単年度の損益に踊らされるのではなく、BSやCSから現時点における安全性がどの程度なのかを見たり、短期的な損益の変動がどのような要因で生じているのかを明確化することがより重要となります。

　このような足の長い事業を展開する会社のパフォーマンスを評価することが難しいのは事実ですが、短期間のPLの損益で一喜一憂せず、BSやCS、そして非財務情報を駆使して会社の実態を探りにいくことこそが、本当の意味で「決算書を読む」ということだと言えるでしょう。

8-2のまとめ

- ・SBGは、過去にリスク覚悟で大型のM＆Aに踏み切ってきたことで、創業一代でここまでの巨大企業へ成長することができた
- ・アーム事業にかかる巨額ののれんは、今後減損が計上されるリスクがあるので、警戒しておく必要があると言える
- ・SVFのパフォーマンスを見る際は、公正価値の評価方法と、どの会社から損益が出ているのかをチェックする
- ・SBGはアリババへの投資で大成功を収めており、10兆円超の含み益を抱えているため、現時点では安全性に懸念があるかと言われるとそうではない
- ・SBGのような足の長い事業を展開する会社の決算書を見る際は、単年度のPLの損益に踊らされるのではなく、BSやCSを見て安全性を確認したり、一定期間が経過した時点での累計損益を見ることが重要になる

会計の有用性は失われつつある？

　21世紀に突入して以来、テクノロジーのめまぐるしい発展とともに社会は大きく変化してきました。それに伴い、各業界のビジネスモデルや企業の経営戦略も大きく変わってきています。

　一方で、会計制度はどうでしょう？　急速なテクノロジーの発達に合わせて、より企業の実態を忠実に表すことができるように変化を遂げてきているのでしょうか？

　このような疑問が、バルーク・レブ氏、フェン・グー氏著の「会計の再生」（伊藤邦雄教授監訳）という著書において投げかけられています。

　同書では、利益等の財務情報と株価の相関が低くなっているという事実等を提示しながら、投資意思決定時における会計の有用性が近年低下している、ということが主張されています。その主たる原因として挙げられているのが「無形資産の費用化」で、昔と比べると現代は無形資産が主要な価値の源泉となりつつあるにも関わらず、有形固定資産だけが資産化されて、無形資産は「研究開発費」等の費目で費用化されることが多いため、PLにおける利益があまり意味をなさなくなってきているというのです。

　たしかに、本書でも2-2で触れてきたように、近年は企業における投資がBSではなく、そのままPLにおける費用として計上されてしまうことが多くなってきており、それによって例えばPLの利益が実態より悪く見えてしまうといったことが起こりやすくなっているのは事実だと言えるでしょう。

　加えて、昨今の会計基準は、「投資家等の利害関係者に有用な情報を提供する」という会計の本来の目的から逸れ、不必要に複雑化しすぎ

ているという声が多いのも事実です。

　では、果たして本当に、会計の有用性は失われつつあるのでしょうか？
　筆者は個人的に、会計制度が昨今のめまぐるしい経済社会の変化に追いついていないことはある程度事実だと思います。しかし、だからといって会計の有用性を高めるために必要なのは「会計基準の改正」だとは思っておらず、会計情報を適切に説明するための企業の対話能力の向上（IR情報の充実等）や、決算書の読み手が会計の性質や限界を正しく理解することが必要になるのではないかと思っています。

　そう考えると、会計の有用性自体が失われつつあるというよりは、情報の出し手側と受け手側が会計情報を有用なものとするために求められる知識や能力が高まっている、といった方が正しいのかもしれません。

おわりに

　持合い株式、透明性のない情報開示、株主利益を軽視した放漫経営等々、多くの国内上場企業が抱えていた「ガバナンス」の問題を是正し、日本経済の持続的な成長を促進することを目的に、2015年から「コーポレートガバナンスコード」が適用されました。コーポレートガバナンスコードでは、上場企業が遵守すべき「5つの基本原則」が挙げられているのですが、その中に「株主との対話」という原則があります。簡単に言うと、上場企業は、経営改善策の提案や、業績・戦略に関する質問を試みる株主を合理的な理由もなく拒絶せず、真摯に対話する姿勢を持ちましょう、というものです。

　この点、「株主との対話」が機能するためには、企業の努力だけでなく、中長期的な企業価値の向上を志向する投資家の存在が欠かせません。いくら企業が株主との対話に努めたところで、企業との対話を望む投資家がいなければ意味がないですよね。

　では、企業の中長期的な価値向上を志向する投資家が増えるためには、どうすればよいのでしょうか？　この問いについて筆者は、まさに「決算書を読める人が増える」ことが一つの鍵になり得るのではないかと考えています。

　決算書が読めるようになると、中長期の視点で企業の経営状況について考えるようになるため、企業に対話を持ちかける動機が生まれます。つまり、決算書を読める人が増えることで企業と投資家の間における対話が活性化し、ひいてはコーポレートガバナンスコードの策定目的である「日本の持続的な成長」に少しでも寄与するのではないか？と思うのです。

　大そうな話で馬鹿馬鹿しく聞こえるかもしれませんが、筆者は、少しでも多くの方が決算書を読めるようになることが、日本の持続的な成長やイキイキとした社会づくりにつながると本気で信じています。本書が、読者の皆様が「決算書を読むチカラ」を身につけて人生を豊かにすること、そして日本に活力を生み出すための一助となることができれば、これほど嬉しいことはありません。

　末筆になりましたが、ソシム株式会社の皆様には大変お世話になりました。特に、本書の執筆をお声がけいただき、的確なアドバイスや叱咤激励をいただいた編集部の皆様のご協力なしには、本書の刊行はなし得ませんでした。感謝の気持ちを込めて、ここに御礼を申し上げます。

2020年6月　　　　　　　　　　　　　　　　　　公認会計士　吉田 有輝

索引

◎ 著者紹介

吉田 有輝（よしだ ゆうき）

1993年生まれ。公認会計士。

関西学院大学商学部を卒業後、有限責任あずさ監査法人にて会計監査業務に従事した後、EYストラテジー・アンド・コンサルティング株式会社にて国内外の幅広いM&A案件における財務デュー・ディリジェンス等のアドバイザリー業務に従事。

その後、日本と東南アジアでスタートアップ投資事業を展開する株式会社REAPRAにて、投資実行業務や投資先支援業務、経営管理業務に従事。

2023年4月、株式会社Mutualを設立し、代表取締役に就任。現在は同社にて「真にプラスサムな資本市場の共創」に向けて、IR支援を中心に事業展開を行っている。

● Twitter（@yossamaaで検索）

様々な企業のビジネスモデルや決算書、IR資料等について解説しています。

● YouTube（決算ハックTVで検索）

企業分析や決算書の読み方に関するノウハウ等、様々な情報を動画配信しています。「本だけでなく動画でも決算書の読み方を学んでみたい！」と思われる方は、是非ご視聴ください。（チャンネル登録もよろしくお願いいたします！）

カバーデザイン：植竹裕（UeDESIGN）
本文デザイン・DTP：有限会社 中央制作社

けっさんしょ　よ　かた さいきょう　きょう か しょ
決算書の読み方 最強の教科書
けっさんじょうほう　　　　　　　　　　　つか　ぎ じゅつ
決算情報からファクトを掴む技術

2020年 8月 5日　初版第1刷発行
2024年 7月17日　初版第8刷発行

著者　　　吉田 有輝
発行人　　片柳 秀夫
編集人　　志水 宣晴
発行　　　ソシム株式会社
　　　　　https://www.socym.co.jp/
　　　　　〒101-0064　東京都千代田区神田猿楽町 1-5-15 猿楽町 SS ビル
　　　　　TEL：(03)5217-2400（代表）
　　　　　FAX：(03)5217-2420

印刷・製本　　株式会社暁印刷